集人文社科之思　刊专业学术之声

集 刊 名：中华文化海外传播研究
主办单位：大连外国语大学中华文化海外传播研究中心
主　　编：刘　宏　张恒军　唐润华
副 主 编：芦思宏

Chinese Culture Overseas Communication No.4

总第四辑

集刊序列号：PIJ-2018-254

中国集刊网：www.jikan.com.cn

集刊投约稿平台：www.iedol.cn

中华文化海外传播研究

CHINESE CULTURE
OVERSEAS COMMUNICATION
No.4

总第四辑

刘宏 张恒军 唐润华 主编

大连外国语大学中华文化海外传播研究中心 主办

社会科学文献出版社
SOCIAL SCIENCES ACADEMIC PRESS (CHINA)

卷首语

建设面向世界的中国话语体系

张恒军

在面临全球化大变局的世界中，中国作为世界话语体系建设的重要参与者，如何建设"面向世界的中国话语体系"，如何推动"面向世界的中国话语体系"建设，2019 第三届中华文化海外传播大连论坛在寻找答案。

2019 年 3 月 16 日，本次论坛在大连举办。论坛由大连外国语大学、中国新闻史学会全球传播与公共外交专业委员会、中国高校影视学会影视国际传播专业委员会联合主办，大连外国语大学新闻与传播学院、大连外国语大学中华文化海外传播研究中心、大连外国语大学"一带一路"人文交流机制协同创新中心承办。来自复旦大学、中国传媒大学、中国人民大学、上海交通大学、北京语言大学、杭州师范大学、德国明斯特大学、上海外国语大学、北京电影学院等高校的百余位专家学者与会并参加讨论。大连外国语大学副校长常俊跃在开幕式上致辞并指出，大连外国语大学在中华文化海外传播领域具有巨大优势。为此，学校专门成立中华文化海外传播研究中心，联合海内外专家学者开展研究，陆续推出了一批有影响力的成果。中国新闻史学会全球传播与公共外交专业委员会常务副会长雷蔚真指出，每年举办的中华文化海外传播大连论坛，营造了良好的学术氛围，成为交流中华文化海外传播成果的重要平台。

本年度论坛的主题是"聚焦国际影视传播 推动中华文化'走出去'"。影视既是国家文化软实力的重要组成部分，也是重要的公共外交领域，是建设面向世界的中国话语体系的主要路径之一。随着"一带一路"倡议和中华文化"走出去"工作的有效推进，我国影视的国际传播迎来了崭新的历史机遇与广阔的前景。影视成为未来中国构建文化认同的重要平台，成为塑造大国形象、树立民族认同、实现国际传播的重要公共外交品牌。

中国高校影视学会副会长、影视国际传播专业委员会会长李亦中教授认为，中国高校影视学会经历了从无到有、从小到大的发展过程。学会在1983年建立之初只有十余名成员，现在已经拥有成员千余人，研究者遍及全国各大高校和研究机构。中国高校影视学会下设十三个专业委员会，包括影视国际传播、体育传播、纪录片传播、动画传播等，其中，影视国际传播专业委员会于2017年成立后迅速发展壮大。他提出，文化传播要遵循"相遇、相知、相通、相连"的原则，影视传播作为文化传播工作的一部分，肩负着传播中华文化的重要使命。在2018年的上海电影节上，我们建立了"一带一路"电影联盟，对沟通丝路沿线国家将起到积极的作用。此外，李亦中教授认为要"用国际语言讲中国故事"，打破中国传统话语语境，以影视作品为手段激发各国、各民族人民的情感需求。在影视跨文化传播课题中，要有针对性地制定政策，注意"外外有别"，关注海外受众的反馈意见，真正实现"一带一路"的多边交流。

为聚焦建设面向世界的中国话语体系，本次论坛我们邀请了诸多著名学者，包括复旦大学教授、国家文化创新研究中心主任孟建，北京语言大学教授、汉语国际教育研究院院长吴应辉，杭州师范大学教授、长江学者特聘教授施旭，德国明斯特大学教授、中国研究中心主任周俊等。感谢他们的大力支持！

《中华文化海外传播研究》是以中华文化的海外传播为研究对象，由大连外国语大学中华文化海外传播研究中心和社会科学文献出版社联合编辑出版发行，是我国中华文化海外传播领域唯一的学术集刊，集中推出当前中华文化海外传播领域研究的最新成果。自2018年起，《中华文化海外传播研究》已被CNKI（中国知网）中国期刊全文数据库全文收录。我们的集刊正走在健康发展的大路上，蓦然回首，成长的路上已经留下一串串或深或浅的脚印，我们愿与您一路相伴，同中华文化海外传播事业一起茁壮成长。

目录
Contents

名家专访

星火燎原：讲好中国故事的路径探索

——周俊教授访谈录

宁晓晓　江尧婷　洪聪利*

嘉宾介绍： 周俊博士，德国明斯特大学中国研究中心主任，德国明斯特电视台中国部总监，湖北大学客座教授，德国明斯特地区记者协会副主席。长期以来，周俊博士一直从事中华文化的对外传播和德中城市管理对比研究，撰写了大量颇具影响力的文章，取得了许多前瞻性的成果。在中华文化对外传播领域，周俊老师和她的团队提出并实践用讲故事的方式介绍中国，提出中华文化对外传播应由粗放式向精细化转型，编译出版了面向德国图书市场的第一部中国城市童话故事《黄鹤楼童话故事》和系列故事《知音》，首次将社会学的调研决策机制运用到中华文化的对外传播中，这两本书先后被德国国家图书馆、德国儿童童话博物馆收录，引起各界的热烈反响。

一　中国故事的编译与出版

宁晓晓（以下简称宁）：周老师您好，欢迎您来到大外。首先感谢您从百忙之中抽出时间接受我们的采访。听了您上午的演讲，我们获益匪浅，借着这次机会我们也对您进行一次专访。首先请您结合上午的演讲，谈一下您在中华文化对外传播方面有什么新的观点？

---

* 宁晓晓，大连外国语大学新闻与传播学院讲师，研究方向为传播理论；江尧婷，大连外国语大学现当代文学专业硕士研究生，研究方向为当代文学；洪聪利，大连外国语大学比较文学与世界文学专业硕士研究生，研究方向为西方戏剧文学。

周俊（以下简称周）：中华文化的对外传播首先要考虑两个因素：一是人的因素，二是体制的因素。人的因素指我们的思路和方法需要和国际接轨。作为最直接的国际传播者，如果我们的思路和方法不创新，不用国际思路和方法指导具体实践，就很难把中华文化传播出去。所以我们需要对与文化"走出去"相关的工作人员进行系统培训。体制的因素是指文化"走出去"是个大系统工程，包含文化的生产、文化的传播、传播用户的研究、传播渠道的建设、传播体系的构建、传播的战略决策等，没有全局大系统的理论构建，是无法达到预期效果的。而每个系统里面又包含若干个小系统，比如传统文化的创造性转化和创新性发展系统；传统文化的当代价值和世界意义的挖掘系统；传统文化的战略资源作用发挥系统；城市文化和品牌传播在城市国际化合作中的功能和作用发挥系统；城市外宣、招商、文旅等部门打破各自为政，通过通力合作发挥最大效益的方法系统；通过文化传播对外展形象，对内承担起举旗帜、聚民心、育新人的使命任务的价值系统。这都是需要构建的小系统，而这些系统的构建不是仅靠某个部门某个机构就能完成的，它们需要统筹规划和顶层设计，将各个独立的部门统一协调。将小系统构建为大系统，需要有大局意识。

此外，我们还提出中华文化对外传播由粗放式向精细化转型的问题，包括（1）如何使传播对象精准化，即如何对传播对象分类分层，因为对象决定方法；（2）传播方式如何由短期动态性向长期可持续性转型；（3）单一传播向双向传播转型的重要性；（4）如何有效传播；（5）城市文化传播和城市国际化建设的关系；（6）科学的调研决策制在国际传播中的运用等。对传播市场进行科学调研和掌握用户思维非常重要，它们是大数据时代讲好中国故事的关键。比如我们在做武汉的国际传播策划时，经过前期市场调研，我们发现德国人很喜欢读书，而德国是童话故事之乡，德国市场恰恰又没有一本介绍中国城市的童话故事，所以我们就将原来的黄鹤楼传说重新创作后改编成《黄鹤楼童话故事》。正因为我们在前期进行了市场调研，又结合了德国受众的需求，所以图书一经上市，就深受德国各界喜爱和欢迎。

宁：我们了解到您在德国编译并出版了德国市场上第一部中国城市童话故事《黄鹤楼童话故事》，用童话的方式传播中华文化，那么这具体是个什么样的故事呢？

周： 黄鹤楼的故事和我们熟知的渔夫和鱼的故事比较接近，但也有差异。辛氏在蛇山开了一家酒馆，有一天她下山挖莲藕，看到一个衣衫褴褛的老先生饥寒交迫，她很同情，就带老先生回酒馆，拿出酒菜来招待老先生。老先生每天都在酒馆吃喝，从不说谢谢，辛氏也不介意。若干年之后，老先生说："现在我要走了，但走之前我要向你表示感谢。"于是老先生在墙上画了一只仙鹤。这只仙鹤很神奇，只要拍三巴掌，它就会从墙上跳下来跳舞。这只仙鹤吸引了很多顾客，辛氏靠这只仙鹤赚了很多钱。可是辛氏富有了之后就不再关注穷人了。有一天她碰见一位衣衫褴褛的老人向她乞讨，辛氏对老人说"对不起，你在我们这消费不起"，然后赶走了老人。后来辛氏忽然又意识到这个老人就是她曾经帮助过的那位老人，于是又把他请过来，请他吃喝。然后老先生就问她："你还有什么要求？"辛氏就提出了更多的要求，比如把池塘里的水变成酒、希望有人帮她挖莲藕。老先生见辛氏这么贪婪，感到很生气，就拍了三巴掌，把仙鹤从墙上唤下来，乘着仙鹤飞走了。经过这件事，辛氏意识到自己的贪婪，幡然悔悟，便筹钱修盖了黄鹤楼，用以警示后人不要太贪婪。

宁： 您把中国的传说改编成了童话故事，您所在的明斯特大学中国文化研究中心也是首次提出用讲故事的方式介绍中国，您最初是如何想到采用童话故事这种形式的？

周： 我们提出用讲故事的方式介绍中国这件事要追溯到 2004 年。当时我们想在德国介绍武汉这个城市，这种介绍以往都是用资料宣传片，通过山水、风景、自我解说的方式介绍城市，都是静态的描述。我们想换一种方式，用外国人在武汉的动态经历感受，如他与武汉人的交往，在武汉的情感体验、矛盾冲突，以及中西方的文化差异等，来介绍这个城市。所以我们拍摄了人物专题片《汉斯在武汉》，开创了通过讲故事的方式介绍中国城市的先河。而这次用童话故事的方式介绍城市，是我们前期对德国市场做过调研，德国有 70 多个城市有自己的童话故事，可能有人不知道这些城市，但是会知道这些故事，所以有很多人会通过童话故事去认识了解那些城市。而中国没有一个城市在德国市场推出自己的童话故事。当然，中国有很多城市有自己的童话故事，但没有在国际市场推出，所以我们就想到把传说改编成童话，用德国童话博物馆馆长安娜博士的话说，《黄鹤楼童话故事》是他们收藏的第一本来自中国的城市童话故事，我们实现了零的突破。

宁： 在讲述故事的过程中，您是怎样想办法化解中外文化的差异，让外国受众更好地理解中国童话故事的呢？

周： 应该说在把中国优秀传统文化推向国际市场的过程中，我们进行了两次再创作。在不改变故事原意的情况下，不仅要把跨越时空、超越国度的优秀传统文化用所在国的语言语境去表达，更重要的是要挖掘出本故事的当代价值和世界意义。通过一个童话故事破解世界认识中国的现代难题，是非常难的。我们在创作黄鹤楼童话故事德文版时，发现了一个问题，我们很多城市故事的中文原版本只是搭建了一个框架，在内容、形式及表述方面缺乏逻辑和完整的故事情节，很多基础性的工作没有完成，这与德国城市在城市故事挖掘和传播方面已形成的完善体系有非常大的区别。所以我们进行了两次再创作，先完善中文故事，然后再将其重新改编为德文版，用德国同事的话说，我们在做格林兄弟收集、整理、创作的工作。比如说黄鹤楼故事的原版本有一个非常大的逻辑问题：若干年以后，辛氏在赶走老人的时候，是如何突然想起这位衣衫褴褛的老人就是她曾经招待过的那一位的？这几年中，辛氏接待了无数客人，见过那么多人，她怎么能一下想起来呢？

宁： 是比较难说通。

周： 故事逻辑不通只是其中的一个方面，在原版本不完善的情况下，如果我们直接把它翻译出去，就会出现不少问题，这也是我们并不认同文化传播就是语言翻译的观点的原因所在。而如何解决黄鹤楼故事中的这个非逻辑问题？我们在故事中埋了一条暗线：羽毛。老人每次在辛氏的餐馆吃过饭后，都会在桌上留下一根羽毛。这根羽毛不仅是他的一个身份的符号象征，而且又与仙鹤的羽毛自然融为一体。若干年后，乞讨的老先生起初没有被辛氏认出来，他因此被赶走了。但通过老先生留下的一根羽毛，辛氏想起了他，就又把老先生请了回来。这样就很有逻辑性，故事就完整了。另外在传说中，武汉有龟山和蛇山。在改编的过程中，我们把龟山和蛇山拟人化了。龟、鹤、蛇这三种动物一方面可以吸引儿童，另一方面可以推动故事情节的发展。比如辛氏第一次带老先生回餐馆时，是乌龟和蛇把辛氏采摘的莲藕驮回餐馆的，而当辛氏发生变化，不再关照穷人时，这种变化是通过龟、鹤、蛇的对话体现的。我们通过它们三者的对话，完成了对辛氏发生变化的描述。相反，如果我们用第三人称叙述这个情节，就会非常枯燥。采用龟、鹤、蛇对话的方式则增加了故事的吸引力和童趣。

宁：这本书在德国出版后，传播的效果怎么样？

周：因为我们是针对国际市场做的宣传，所以我们在进入德国市场的时候非常受他们欢迎，《黄鹤楼童话故事》也成为第一部进入德国市场的中国城市童话故事。德国童话博物馆馆长拿到我们这本书的时候非常激动，她说在她的图书馆里有韩国的、日本的童话故事，唯独缺中国的。我们是第一个进入她们图书馆的，这样她们的学生就能很好地了解中国的童话。我们的第二部书在进入其他图书馆的时候，那里的研究员说，迄今为止，他从来没有接触过中国的童话故事，大家都以为中国没有童话故事，最终我们填补了这个空白。

另外，这本书不仅宣传了武汉这座城市，还传播了中国传统文化。有小朋友在看过这本书之后说，这是他认识的第二个中国的卡通动物形象，他认识的第一个中国动物是熊猫。书中的仙鹤、蛇和乌龟又让德国儿童认识了解了它们在中国的文化内涵，知道了它们是长寿、聪明的象征，而在德国，这些动物是没有这些意义的。这样通过对动物的介绍，又把中国文化传播出去了。

这本书还为武汉城市国际交流的升级合作奠定基础。德国北威州高校创新科研部部长舒茨看到这本书，欣喜地说，她本来不了解武汉，通过这本书，她看到武汉是一个充满活力和富有创新精神的城市，因为武汉知道该怎么打破传统，用德国人喜爱的方式向其推介自己的城市。她尤其喜爱书的结尾创新。她说，这是一个非常有特质的创新，书的前面讲述了一个动人的童话故事，而结尾则有武汉这个城市真实的图文介绍、黄鹤楼的实图介绍、武汉饮食和武汉市花的介绍，这些百科知识不仅与前面的内容融为一体，而且又对其做了恰到好处的补充。正因为武汉的这些创新吸引了她，所以后期她在推动武汉与德国合作的过程中做了大量工作。她不仅关注武汉这个城市，还把时任杜伊斯堡市长林克介绍给我们，因为杜伊斯堡和武汉是德中之间缔结的第一对友城。林克市长在接受我们采访的时候说："我们应该向武汉学习，因为我们的城市也有童话故事，但我们都没有想过用中文去介绍我们城市的故事，而武汉却率先用德文向我们介绍了武汉的故事，这一点是非常值得我们学习的。"随后我们又根据双方城市的特点，提出"一带一路友城共进"的方案，把"一带一路"倡议中的区域合作具体化，为新形势下双方城市合作寻找新的经济增长点，林克市长看了我们的方案特别激动，主动提出愿意做这个项目的德方监护人并且推进项目合作。没过多久，德国就出现了第一辆以"武汉号"命名的列车。

二　中华文化"走出去"的路径与方法

宁：我们知道您为中德两国之间的交往做了大量的工作，您所在的研究中心首次提出用讲故事的方式介绍中国，您认为我们应该如何讲好中国故事，做好我国文化的对外传播工作？

周：讲好中国故事、传播好中国文化是一个系列综合过程，如文化内容的生产、文化的传播、传播用户的研究、传播渠道的建设、传播体系的构建、传播的战略决策等元素，都需要综合考虑。仅就文化生产来说，也就是传播内容方面，我们很多城市的宣传片是同质化的，缺乏对本城市传统文化的挖掘。习近平总书记一直强调优秀传统文化传播，文化是城市的灵魂，是民族的精神命脉，但在现实中，真正用传统文化传播城市品牌的并不多，因为文化难做，就难在对传统文化的创造性转化和创新性发展，难在对传统文化当代价值和世界意义的挖掘。有些城市在面向国际市场的文化传播中选择以美食为方向，因为美食能够一下子吸引你的胃口，色、香、味、形俱全，但在实际传播工作中却流于对美食做法的介绍，对美食文化的挖掘力度不够，对美食背后的故事讲述不多。不少城市都有非常精彩的美食故事，在我们与德国几十年的交流中也发现其中不少故事很受德国人欢迎，但可惜的是很多城市没有发现和挖掘它的国际传播方式，而是普遍沿用短期断层流动的传播方式，没有用长期可持续性传播方式。所以说到底，还是存在我上面提到的一个综合性问题。优秀传统文化是最深厚的文化软实力，就拿城市故事来说，你们都能说出自己所生活和工作的城市的故事吗？国际上都知道你们城市的哪些故事？

　　宁：不太了解。

　　周：目前不少城市都存在对本城市故事挖掘力度不够的问题。所以当时我们希望能做出一个案例来，通过挖掘城市传统文化，树立城市品牌国际形象，因为品牌就是竞争力、生产力，能够达到对外展形象，对内聚人心的效果。传统文化是比较难做的，一方面要注重对传统文化当代价值和世界意义的挖掘；另一方面要注重对传统文化的创造性转化与创新性发展。而对于地方政府来说，最重要的是如何体现传统文化传播和城市国际化建设价值的问题，也就是说，文化传播能给城市的招商引资、国际化合作带来多大的现实效应。很多人看不到城市文化传播和国际化建设间的紧密关系及其巨大影响力，所以后期我们做了一系列实践和尝试，通过成功的案例让大家感受到文化的传播对城市国际化建设的重要作用和现实功效。国际上是非常重视一个城市的故事的，如果你去国外就会发现，很多人都是先被城市故事感动感染，然后就自然地记住这个城市了。我们在文化的国际传播中缺乏城市故事，我们宣传的城市形象当中缺乏震撼人心、能产生深刻影响的城市文化故事，而故事是让人记住一个城市的非常好的方式。

　　文化的对外传播不是单向的，而是双向互动的。文明因交流而多彩，文明因互鉴而丰富。很多欧洲的研究者看了我们的书后非常高兴，因为这些书丰富了他们对位于东方的另外一个国家的文化的认知了解。曾经有一个专门研究欧洲童话故事的图书馆馆长写信给我，说看了《知音》故事后，一定要给我写这封信，不吐不快。她说："《知音》是一个非常动人的友谊故事，不管是故事情节还是配图，我都非常喜欢，唯一不理解的是，俞伯牙最后为什么要把琴摔碎了？如果他不摔碎琴，继续演奏，钟子期在另一个世界里还可以继续享受美妙的音乐，故事的结尾会让我觉得好凄美！也许这就是东西方思维和处理方式的不同吧！它让我看到了东西方文化的差异，理解了原来中国文化有和我们不同的表述方式！"馆长的来信和反馈也丰富了我们对西方文化的认知理解。

　　此外传播对象的分类分层也很重要。对外传播的对象是海外华人还是海外主流？这是两个不同的主体。如果传播对象不一样，我们就需要用不同的传播方法，因为对象决定方法。

宁：也就是说我们首先要分清楚我们传播的对象到底是外国人还是生活在外国的华人，然后再有针对性地进行传播。

周：是的。我们在传播之前首先要了解这个市场。不同的对象不仅传播方法不一样，传播手段和方式也不一样。我们通过问卷调查，了解西方民众对中国文化的认识存在哪些误解和偏差，然后通过科学的统计分析，找到问题的症结，再用德国人喜爱、易接受的传播方式进行介绍。

宁：您提到要充分发挥传统文化的战略资源作用，用传统文化破解世界认识中国的现代难题，这在《黄鹤楼童话故事》中是如何体现的？我们知道，其实要做到这一步是非常难的，也正因为难，黄鹤楼故事的成功案例引起来不少学术理论界的关注和研究，你们是如何做到的？

周：确实，大家通常认为童话故事是给儿童看的，很难将其和破解世界认识中国的现代难题联系起来！而恰恰是这样一个童话故事，给外国人在认知理解中国当代问题上提供了新的思路，破解了认识中国的现代难题。

这个和德国人的思维模式和看问题的视角有关。很多德国人认为这本书不仅仅是给儿童看的，也是给成人看的。比如从故事的结尾中，他们看到了中西方文化和哲学理念的差异。黄鹤楼故事的结尾与渔夫和鱼的故事是不一样的。渔夫和鱼的故事以渔夫一无所有而结束。而黄鹤楼的故事中，辛氏最后意识到自己犯了错误，她反思了错误，修建了黄鹤楼警示后人。这体现了我们中华文化中的自我纠错能力，将这样一个深刻的哲学命题通过一个通俗易懂的方式表现出来，并不是一件容易的事，而在黄鹤楼故事中却用一个童话诠释了出来。

德国资深媒体人穆斯霍特博士看过这本书后说："很多西方评论家在谈到中国环保等一些问题时，总是义愤填膺，毫不客气，充满了偏见和成见。我前不久还和一个对中国有极大偏见的人士争论，我建议他说，让他好好看看《黄鹤楼童话故事》，看懂了就不会再发表极端的看法。辛氏的知耻自重、慎独自省，以及黄鹤楼酒壶'知足者水存，贪心者水尽'的寓意不仅仅体现在童话故事中，也融入中国人的精神内核和治国理念中。他们的传统文化精神具备鉴得失、知兴替的能力。中国过去在追求经济发展的过程中忽视了环境建设，但当它意识到环境的重要性以后，也在不断改进并实施大量举措。这种自我纠错能力在中国的传统文化中一直流传下来，也融进了中国人的治国理念之中。我对中国的发展充满信心。我认为《黄鹤楼童话故事》是讲好中国故事的典范，我也希望有更多更好的这类作品。"

宁：您在上午的演讲中提到，文化对外传播要由粗放式向精细化转型，您能否举例说明如何做到精细化传播？

周：《黄鹤楼童话故事》这本书在德国受欢迎，我想可能与我们在创作过程中所体现的精细化做事风格和工匠精神也有关。对于受众来说，他们感受的不仅仅是你的作品，还有你在完成这部作品的过程中所体现出的工作态度、风格，这让他们找到了共鸣和认同。就拿我们的创作团队来说，我们不是靠一个人简单地把中文翻译成德文，而是邀请童话故事专家、儿童心理学家、汉学家、社会学家、中德城市形象对比研究专家、漫画家及儿童，征求他们的想法和意见。在不改变原意的情况下，儿童故事专家从儿童读物的语言、风格上提出建议；汉学家根据德国人学中文的特点、中德故事的编撰异同提出德国人更易接受和理解的方式；社会学家从文化背景的异同剖析故事的内涵和定位取向；漫画家从故事的趣味性、可读性和视觉性着手，研究如何让国际儿童更好地理解它。在综合各方面意见后，我们通过分析总结，寻找出中国故事国际化的讲述方式。

而这种精细化和工匠精神又是我们在长期研究德国社会的过程中学习借鉴来的。比如我们有一个课题，研究德国人是如何把中国的一句话变成一个系统工程的。我们曾经对德国警察局做了近一年的实地跟踪调研，了解他们如何进行交通管理培训。他们不仅对培训对象进行分类，将他们分为老年、中青年、青少年、儿童等，而且针对每一类培训内容都做了大量的精细化工作。比如"红灯停绿灯行"这句话我们每个人都会背，而德国人是如何把这句话变为系统工程的呢？

在德国明斯特有一个专门的警察小分队，他们的任务是到德国的各个幼儿园进行培训。现在他们需要编排一个儿童剧，如果按中国传统的做法，一台儿童剧可能是编剧一个人完成的，而他们则邀请了心理学家、儿童专家、教育学专家共同完成这件事，因为要考虑儿童在观看这个舞台剧的过程中，不同的时间段注意力的转变情况，再根据实际情况找出对策。结果他们不仅创作出深受小朋友喜爱的卡通人物，并且创作出脍炙人口的歌曲。工作的精细化，需要投入大量人力、物力、财力，通过团队协作，集中力量把事情做精、做准。

此外，他们还会综合考虑，儿童交通管理的培训仅仅靠儿童自己是不够的，还需要家长、幼儿园的共同参与。同时，这种培训除了需要理论教学，还需要实践指导。所以在上午表演结束后，下午还要让孩子把违反过交通规则的家长请过来一起到马路上去实践。在实践的过程中，他们做得也非常细，一方面，告诉孩子们哪里是斑马线、自行车道，大家应该如何遵守交通规则；另一方面，警察指导孩子过马路的时候会蹲下来，用孩子的视角视线去观察周围的交通情况。因为有的车比儿童高，用成年人的视角感受不到孩子会遇到哪些视觉障碍，所以他们会细心的蹲下来，告诉儿童在这种情况下怎么规避交通事故的发生，同时还会告诉孩子，怎么防范不遵守交通规则的对方，以减少交通事故的发生。

我们团队在创作的过程中借鉴了德国人的这些思路和方法，在前期会花大量时间做很多细致的调研工作。比如在小百科中介绍武汉这座城市的时候，有三种选择：（1）武汉和杜伊斯堡是中德之间缔结的第一对友城；（2）武汉有和柯布伦茨一样的德国角；（3）武汉有著名的德国工程师格里希。在这三者中，我们选用哪一个介绍武汉？很多人选择（2）和（3），因为（2）和（3）在国内的宣传介绍多，而我们根据对德国市场的调研结果，选择了（1）。正因为选择（1），这次宣传的效果远远优于国内的传统思路。因为德国人会非常好奇，为什么中德之间缔结的第一对友城不是杜伊斯堡和中国的首都北京，而是杜伊斯堡和武汉？武汉这座城市有什么特点？一系列的问题会吸引大家去关注这座城市。

此外，精细化还体现在对故事的编排上。我们插入线索"羽毛"是其一。其二，我们在挑选城市元素的时候，融入了武汉市比较有特色的排骨莲藕汤、菜薹还有武汉市的市花——梅花等元素。其实我们作品中的每一个小元素和细节都是在很多选项中精心筛选出来的，都花了大量的心血。仅仅是确定藕和菜薹的时候，就淘汰了五六十种武汉其他的特色饮食。我们一个个进行甄别对比，判断哪一种德国人会喜欢，为什么会喜欢，喜欢哪一点。比如藕，德国人知道荷花，却不知道荷花下长着藕，更不知道藕可以吃，而且可以有各种吃法。还有莲子米，不仅可以生吃，老的莲子米还可以用来煲汤，并且具有营养价值，由此又衍生饮食文化。有的插图，我们拿捏不准小朋友是否理解，我们会咨询很多小朋友，听取他们的意见和建议。虽然我们前期投入了很多心血和精力，但市场的反馈证明我们的付出是值得的。

中国的文化元素，如果用数字做类比的话，我们不了解对方时，推出的是一二三，而对方感兴趣的恰恰是四五六。之所以发生这种错位，就是因为前期我们没做市场研究，不了解用户的需求和思维模式，所以我们非常重视前期调研，而我们研究中心刚好又有一批专业的调研队伍。

宁：我们了解到您的团队首次将社会学的调研机制运用到中国文化的对外传播研究中，能不能大致给我们介绍一下这种研究方法是怎么进行的？

周：过去传统的推介思路是：我是谁，我有什么。比如那些关于中国城市介绍的书，通常就是这样。而我们提出的是：我是谁，我有什么是你感兴趣的？这是两种完全不同的推广思路，我们的侧重点在于强调受众，在举旗帜的前提下，我们要研究了解受众的需求和思维模式，而如何了解受众，我们提出用科学的调研机制，用定性和定量的研究方法。

实际上市场调研也不是我们最早提出来的，习近平总书记在他的很多讲话报告里面都提到了调研决策制。他说，调查研究是一门致力于求真的学问，一种见诸实践的科学，也是一项讲求方法的艺术。要坚持和完善先调研后决策的重要决策调研论证制度，把调查研究贯穿于决策的全过程，真正成为决策的必经程序，提高决策的科学化水平。德国对调研决策制的运用比较广泛。比如政府要修马路，在动工半年前，马路周围的所有居民都会收到一份问卷，决策者需要知道修路的时间段会不会对居民的生活造成影响。因为只有居住在这个地方的人，才能很清楚地把意见反馈给你，你才能更好地、客观地去指导，有效地解决问题。

宁：您前面提到要将传统文化对外展形象与对内育新人、聚人心有机结合，您对此是如何理解的？

周：其实这是我们在实践中发现的问题。我们通过兴文化，在海外展示了武汉城市形象，受到国外受众的欢迎和好评。而反过来在国内，我们发现很多大学生对自己城市文化的故事都不够熟悉了解，甚至没听说过。我在清华、人大、复旦、传媒大学、华科等高校做报告，问了很多大学生关于他们城市的故事的问题，很多人都不清楚，如果一个人连自己城市的文化都不了解，他怎么可能爱上这个城市？一个不爱自己城市的人，怎么可能发自内心为城市奉献？从城市管理学的角度来说，这是一个很严峻的问题。

"二战"以后德国一片废墟，倒下的不仅仅是房屋，还有人心。为什么德国人对肯尼迪心存感激？"二战"后德国的复苏和崛起，不仅仅源于美国的物质援助，更重要的是人心复苏。肯尼迪总统当时在柏林发表著名演讲，说："我是柏林人。"这句话对全体德国人来说，具有非常大的精神感召力和鼓舞力，它让大家燃起重建城市的信心和决心。这虽然是一句简单的话，却包含两个意思：一是我以我是柏林人而自豪和骄傲；二是作为一个柏林人，我应该为这个城市做些什么？

这种理念应该更多运用到中国的城市管理之中。我们为什么要挖掘中国传统文化？是希望传统文化能够发挥育新人，聚人心的作用。很多人对他所在的城市情感淡漠，不是市民没有情感，而是我们城市的管理者缺乏对城市故事、文化的挖掘，缺少对市民和城市之间情感的培养和激发。一个城市真正能够打动人的，不是外在的风景、山水，而是这个城市的人，人是这个城市的精神和灵魂。而聚人心的前提是这个城市有让人们热爱的理由，我们应该挖掘优秀的城市文化故事，让市民爱上这个城市。所以我很感激武汉市委宣传部，他们率先在全国推行传统文化的国际传播活动。

三　跨文化传播的交融互鉴

宁：长期以来您一直从事中德城市对比研究，包括城市文化、城市国际形象传播等，取得了许多前瞻性的成果，请您跟我们分享一下这方面的研究成果。

周：我们的大背景是做中德城市管理对比研究的，文化传播是我们的一个子项目。我们以明斯特——这座世界上生活质量水平最高的城市为样本，撰写了一系列关于城市可持续性发展、城市形象设计、城市环保和交通管理等方面的文章，这些文章不仅在国内众多媒体上发表并被转载，而且吸引了国内一些城市相关部门前来明斯特考察学习，并与该市建立合作关系，一些沿海城市把这些先进管理经验运用到管理实践中去，为城市的两型社会建设提供了经验和思路。比如2013年浙江省派出由25名市长、书记组成的研修班在我们的课题组学习研究德国城市可持续性发展和新城镇建设经验，这些经验为浙江特色小镇模式的创建提供了有益的借鉴。

在我们的《黄鹤楼童话故事》传播中，就提到关于大学城建设的问题。武汉是大学城，明斯特也是大学城。国内大学城还处于从数量上定义的阶段，即大学集中，大学生人数多。而德国更注重"质"的定义，充分发挥大学在城市功能建设中的作用和价值，发挥大学在社区、企业、公共服务等各方面的作用，提高整个城市市民的素质等。他们有成熟的大学城管理理念和体系。所以在今年武汉"两会"上，作为海外列席代表，我提出构建大学城城市联盟的建议，这个建议受到武汉市委书记、武汉市市长的高度赞扬。

此外，明斯特在城市垃圾分类上有成功的经验，其不仅是德国学习的典范，也是欧洲各国学习的典范，就连日本都专门学习他们的经验。而中国从2000年提出垃圾分类起，各大城市做了不少试点，至今还有瓶颈没有突破，因此这些也都是可以学习借鉴的地方。

宁： 最后一个问题，大连外国语大学的发展定位是国际化，我们学校有许多留学生，有对外的项目，有孔子学院等，文化传播学院的人才培养方向也是国际新闻、文化传播、对外传播等。对于高校应该如何加强对外传播人才的培养方面，您能不能给一些建议？

周： 好的。在跨文化传播中，我们提出把社会学融入传播学中，把社会学的思路和方法引入我们的国际传播中。掌握用户思维是大数据时代讲好中国故事的关键，对用户市场的分析研究需要科学的调研方法。俗话说，知己知彼，百战不殆。我们现在在文化传播工作中最大的问题就是不知彼，而且不知道用什么方式去了解对方。在城市的国际形象传播过程中，很多团队帮别的城市做国际形象策划、分析，都是拿二手、三手的资料，通过这些资料自己构建城市国际形象，而不是直接面对市场和受众。

所以在对外传播的人才培养方面，应注重培养学生的跨文化研究视角和研究方法，对受众的生活习性、传播方式和手段要熟悉了解。

我们的对外传播是双向传播，我们既要把自己的优秀传统文化推出去，也要把外来的优秀文化吸引进来，听听他们的想法和声音，这需要我们有一个更开放、包容的心态。文明因交流而多彩，文明因互鉴而丰富，我们应该推动不同文明相互尊重，和谐共处，让文明交流互鉴成为增进各国人民友谊的桥梁。

宁：好，谢谢周老师今天跟我们分享的这些非常有价值的研究成果，加深了我们对中华文化对外传播的理解和认知。我们的采访就到这里，再次感谢您能在百忙之中抽出时间接受我们的采访。

周：不客气。

影视国际传播研究

"中国影像"纪录片的历史文化价值

尹　仑[*]

摘　要： 在 1902 年至 1904 年间，原法国驻云南总领事方苏雅
（Auguste François）在云南拍摄了一部时长 42 分钟的纪录默片《中
国影像》（*Images de Chine*）。作为中国第一部纪录片，这部经典的
影片留下了一百多年前云南的风土人情，使我们可以看到当时人们
的日常生活和社会状况，包括军事、戏剧、建筑、市井风貌等诸多
方面。影片里那些鲜活的人物影像，包括男女老少，来自不同的职
业和阶层，构成了一百年前中国社会的真实面貌，因此，这部影片
是非常珍贵和难得的历史纪录片。首先回顾方苏雅的生平，以及他
拍摄《中国影像》纪录片的时代背景，然后基于纪录片拍摄和表现
的内容，可以把《中国影像》的 32 个场景分为 8 大类主题，以此
分析和揭示近代中国的社会发展状况，进而发掘该片在中国纪录片
发展史和中国近代历史研究中的价值。

关键词： 方苏雅　中国影像　纪录片　云南　法国

20 世纪末，一批关于云南的老照片在法国再次被"发现"，随后这些
照片在中国引起了轰动，人们感到很惊奇，被认为地处偏远且发展水平不
高的边疆云南，在一百年前怎么会有如此内容丰富和画面清晰的老照片，
甚至超越了当时的北京、上海和一些沿海开放城市。随后这些老照片的展
览在中国国家博物馆举办，之后又在这些老照片的拍摄地——云南昆明等
地进行了巡展。这些老照片不仅带给人们穿越时空的视觉冲击，而且还使

---

　*　尹仑，博士，云南省社会科学院研究员，主要从事文化与历史人类学研究。本文为云南
省中青年学术技术带头人后备人才培养阶段成果（课题编号：2015HB084）。

得一个法国人的名字再次在中国大地，特别是在云南变得家喻户晓，甚至超过了他在一百年前的知名度。这个人就是方苏雅，法文名字奥古斯特·弗朗索瓦，清末时法国驻云南的总领事。

更令人惊喜的是，与这些老照片同时被发现的还有一部时长42分钟的纪录默片，这部纪录片是方苏雅在1902年至1904年间拍摄的，方苏雅把这部纪录片称为《中国影像》。本文首先回顾了方苏雅的生平，以及他拍摄《中国影像》纪录片的时代背景，然后基于纪录片拍摄和表现的内容，把《中国影像》的32个场景分为8大类主题进行论述，并进一步分析和揭示近代中国的社会发展状况，进而发掘该片在中国纪录片发展史和中国边疆地区近代历史研究中的价值。

一　方苏雅的生平

1857年8月20日，方苏雅出生在法国洛林地区吕内维尔一个殷实的中产阶级家庭，他的祖父是一位地主，父亲是经营呢绒的商人。方苏雅13岁时，德国与法国爆发了战争，随后德国占领了他的家乡洛林地区，由于战争带来的艰难生活，方苏雅的祖父母相继离世。15岁的时候方苏雅的父母相继离世，他成了孤儿。由于没有了家庭的支持，方苏雅不得不中断学业，而继承父亲的呢绒生意，但他的兴趣并不在此，于是在18岁的时候，方苏雅参加了法国军队，成为一名重骑兵。在军队服役期间，方苏雅发现如果没有军校的毕业证书，很难在军队有所作为，也很难有发展前途，更为不巧的是，他所在的部队参与了未遂政变，于是他不得不躲到沼泽地中以躲避抓捕。[①]

方苏雅青少年时期的人生经历是坎坷的，他经历了家乡被外敌入侵和占领、家人过早离世、辍学、未遂政变与逃难，这样一系列的人生磨难在成长的关键阶段影响了方苏雅，使他形成了喜欢冒险、坚韧不拔、刚强自信的性格，同时也有着善解人意、富有同情心的一面。这样的性格也使他

---

① Boris Martin, *L'Iconoclaste：L'histoire véritable d'Auguste François, consul, photographe, explorateur, misanthrope, incorruptible et ennemi des intrigants*, Les Editions du Pacifique, 2014.

后来在中国担任领事期间，成为中国官员较为信任的西方外交官。方苏雅善于与不同阶层的中国人打交道，并且不怕艰苦和困难，深入当时中国社会的底层、路途艰险的崇山峻岭和少数民族地区进行考察，这在客观上为他的影像拍摄活动奠定了基础。

1883年方苏雅的人生出现了转机，遇到了改变他命运和影响他今后事业发展的"贵人"。由于文笔优美，方苏雅被推荐到阿拉斯省做比胡省长的办公室主任，比胡省长很欣赏聪明机灵的方苏雅，于是认他为义子，后来又把他带到南希和巴黎，并推荐他进入法国内政部行政司做办公室主任。① 在巴黎的工作是呆板的，没有激情的，每天在办公室处理文件和杂事，这不是方苏雅喜欢的。于是方苏雅很快申请调到了外交部，从此开始了他的外交生涯，历任法国驻越南的外交代表、驻中国广西龙州领事、驻云南府名誉总领事兼法国驻云南铁路委员会代表、驻蒙自领事、驻云南省首席代表等职。② 正是在云南履职期间，方苏雅开始了他与云南影像的故事。

方苏雅精通摄影技术，并能够拥有当时还未普及的照相机，甚至拥有更为罕见的电影摄影机，这都与他在巴黎的生活密切相关。1826年，法国工匠尼埃普斯将一种沥青融化后涂在金属板上，经暗箱曝光后得到一张街景的照片。这是世界上存留下来的最早的一张照片。1837年，法国人达盖尔成功地发明了一种实用的摄影术，叫作达盖尔摄影术（银版摄影术），即把感光硝酸银湿料涂在玻璃板上进行摄影的方法。1839年，法国政府买下该发明的专利权，并于同年8月19日正式公布，因此这一天被定为摄影术的诞生日。和当时所有的法国年轻人一样，方苏雅对摄影这一时尚新鲜的事物非常感兴趣，而正好在他到巴黎的第二年，也就是1885年，摄影术取得重大突破，玻璃干底片问世了，这使得曝光时间提高到0.5秒，人们从此可以携照相机到各地进行拍摄活动。在这期间，方苏雅开始接触摄影，并迅速学习和掌握了这一新兴技术。善于交际的方苏雅还结识了卢米

---

① Désirée Lenoir, *Le Consul qui en savait trop-Les ambitions secrètes de la France en Chine*, Nouveau Monde éditions, 2011.

② *Le Mandarin blanc-Souvenirs d'un consul en Extrême-Orient 1886 – 1904*, éditions l'Harmattan, 2006.

埃尔兄弟，并与他们成为好朋友。卢米埃尔兄弟于 1895 年 12 月 28 日在巴黎发明了电影技术，于是在三年后的 1898 年，方苏雅到云南担任名誉总领事之际，卢米埃尔兄弟送给方苏雅一套当时最新的电影摄影机。[1] 凭借这套摄影设备，方苏雅成为历史上第一个拍摄中国西南地区动态影像的摄影师。

二　方苏雅眼中的"中国影像"

一百年前，方苏雅就已经在法国有一定的名气了，这一方面是因为他当时作为外交官在中法之间斡旋外交事务；另一方面是因为他的摄影。1900 年的法国报纸就曾大篇幅报道过方苏雅在云南的工作和他拍摄的照片："在三个星期之前，提及法国驻云南总领事弗朗索瓦时，只有处理中法之间外交事务的人知道他的名字和工作，但是今天，弗朗索瓦先生变得著名了，因为他独自在中国一个遥远荒凉的省份工作"，"在他担任领事期间，特别是 1898 年末途经中国南部几个省后就任驻云南总领事以来，弗朗索瓦先生拍摄了大量珍贵的照片资料"。[2] 通过上述新闻报道可以看到，方苏雅拍摄的照片在百年前的法国就已经引起人们的关注。今天，在方苏雅留下的手记中，并没有太多关于拍摄的记录，这也许是因为对于他而言，影像的拍摄只是一种业余的兴趣爱好。又或者，手记与拍摄一样，是他对云南生活的一种记录方式，因此拍摄本身并不值得再用文字赘述一遍。

1899 年 10 月，带着七架相机、大量玻璃干底片和一套电影摄影机的方苏雅到达当时被称为云南府的昆明，开始了对这片土地的风物和人们的拍摄活动，直至 1904 年他卸任回国。在这近五年的时间里，方苏雅在云南，特别是昆明，拍摄了大量照片和一部无声的纪录片。在这些照片和纪录片中，我们看到了一百年前云南凝固的和动态的历史，同时这也是方苏雅眼中的中国影像：从砖石建成的高大城墙到当时昆明的地标建筑——东

---

① *L'œil du consul-Auguste François en Chine*（1896 - 1904），textes et photographies d'Auguste François, édités par Pierre Seydoux, Le Chêne, 1989.

② "La Mission François au Yunnan," *Journal Universel*（1900）.

西寺塔,从人群熙攘的青石板大街到恬静的小巷民居,从威风凛凛的将军大人到市井街头的贩夫走卒,从华丽雍容的贵夫人到健壮彪悍的少数民族,从繁复的婚嫁礼仪到戴着枷镣的犯人……方苏雅事无巨细地拍下了他所观察到的每个场景和细节,构建了一个方苏雅的"他者"世界。

正如摄影底片的负转正原理,今天我们透过这些影像,也能反观方苏雅当时在云南府生活的景象:一个身穿西式礼服的洋人站在大街上的摄影机后,而一群身穿长衫马褂的昆明人正在他身后一起看镜头里的世界;作为法国外交官拜访云贵总督后,双方礼节性的合影留念;被盛情邀请的外国贵宾,在欢宴之后给主人一家拍一张全家福作为感谢;和将军大人称兄道弟的"中国通",把酒言欢后一定要给将军来个顶盔掼甲的摆拍;一个陶醉于远东文化的西方人,喜欢穿着清朝的官服和越南的龙袍来张自拍……太多的景象,反映了方苏雅在"他者"世界中的自我生活。

最难能可贵的是,方苏雅的拍摄对象不仅是像昆明这样的城市中的社会各阶层,他还把眼光投向了云南和周边省份的少数民族。方苏雅不畏艰险,翻越崇山峻岭,沿着茶马古道,深入昆明周围、红河、楚雄、大小凉山、康定、川藏交界等少数民族聚集地区,拍摄了几十张藏族、彝族、哈尼族、苗族和撒梅人等日常生活和劳作的照片,并写了大量日记。今天,从人类学、民族学的视角来看,这是近代中国目前时间最早和数量最多的民族志图片资料,具有极高的学术价值。

一百年前,方苏雅用2000多张黑白照片为我们构建了一个宏大的"他者"世界,他在这个世界的大部分时间里只是观察和记录,但有时也会参与进来并成为镜头中的主角。2000多张的黑白照片数量巨大,也很难有机会和时间一览全貌,庆幸的是方苏雅也为人们在今天一窥他的"他者"世界留下了捷径,那就是他拍摄的时长42分钟的纪录默片,这部纪录默片毫无疑问是方苏雅"他者"世界的浓缩和精华。

三 方苏雅纪录片的内容

方苏雅拍摄的这段关于云南的纪录默片时长达到42分钟22秒,采用固定机位拍摄,其中绝大部分场景是在云南府,也就是今天的昆明拍摄的。本文按照放映顺序将其分为 32 个场景共 40 个镜头，其中在第 27 个场景，还专门配有法文字幕："中国的司法审判"（Un Jugement en Chine），这也是整个纪录片中唯一有文字出现的地方。

通过分析总结其拍摄和表现的内容，本文把这 32 个场景分为 8 大类主题，具体包括：日常生活、戏曲娱乐、城市景观、人物特写、司法审判、练勇士兵、镜头中的方苏雅、庙宇烧香。方苏雅的纪录片通过这 8 类主题展现了一百年前云南人的生活和城市乡村的风貌，下面选择比较有代表性的 5 类主题进行分析。

（一）日常生活

日常生活类主题由杀猪（场景 1）、剃发（场景 4）、葬礼（场景 13）、菜市场的讨价还价（场景 14）、等待顾客的菜贩子（场景 32）等 5 个场景组成，反映了一百年前老昆明城中居民的城市生活。

在拍摄杀猪的场景时，方苏雅分别用了三个镜头从不同的角度来展现杀猪的过程。第一个镜头展现杀猪之前焚香、烧纸钱的仪式，第二个镜头展现放血的过程，第三个镜头展现杀猪之后一群小孩在旁围观的画面。

拍摄剃头的场景只用了一个镜头，表现了四个步骤，包括剃发、修面、按摩和掏耳朵。从画面中可以看到两位剃发师傅和两位顾客不时朝镜头微笑，但给人印象最深的还是当时人与人之间的关系融洽、相互尊重和礼节：剃完之后顾客们付款，然后很有礼貌地向剃发师傅微笑并拱手致谢，剃发师傅也拱手还礼。

片中所拍摄的葬礼场面是宏大的，应该是当时官宦或者富贵人家的葬礼。方苏雅用一个固定的镜头连续拍摄：首先是抬着灵柩的葬礼仪仗，然后是吹奏丧乐的乐队，紧跟着是沿路撒纸钱的人，最后是身着白色孝服、打着黑伞的家属们陆续从镜头前通过。

菜市场是非常热闹的地方，菜贩子挑着菜筐排成一行站在路边，买菜的人们熙熙攘攘地来往穿梭，和今天的农贸市场几乎一样。方苏雅把镜头对准一个菜贩子和一个正在买菜的顾客，当他们发现方苏雅正在拍摄他们时，只是非常淡定地瞥了一眼，然后继续在菜筐前讨价还价。

(二) 城市景观

城市景观是方苏雅拍摄次数最多的场景，分为城内和城郊两个部分。城内部分由街道（场景 2）、石桥（场景 3）、城门（场景 16）、忠爱坊（场景 21）、街市（场景 22）、城中心大道（场景 26）、金马碧鸡坊（场景 27）、河边石桥（场景 32）、街道（场景 33）等 9 个场景组成；城郊部分由土路（场景 15）、石桥（场景 25）、山坡（场景 31）等 3 个场景组成。

方苏雅拍摄的云南府城市景观，深深地触动着今天昆明人的心扉。在镜头里出现的已经消失的昆明城城墙、城门和城楼，正是我们小时候的儿歌所唱诵的"城门城门几丈高？三十六丈高"。方苏雅也在其手记中记载，昆明城是他在经广西、贵州最后到达云南的途中所见到的规模最为宏大的城池。今天，老昆明的城池已经被拆毁，仅在一些留存的地名中我们还能依稀寻到当年的痕迹：小西门、北门街……不过幸好还有方苏雅的纪录片。方苏雅还拍摄了忠爱坊、金马碧鸡坊等老昆明的地标建筑，在他拍摄之后，这些牌坊纷纷由于失火、街道扩建等被毁而后重建，通过纪录片我们可以在今天一睹这些建筑百年前的原貌。在拍摄到昆明城中心大道的时候，可以看到远处是城楼和城墙，一条笔直的大道顺着城门直通到拍摄地点下，大道两旁是并排的瓦房，大道上人群熙攘热闹，从镜头能够俯拍全景的角度来看，方苏雅和他的摄影机当时应该处于昆明城中心的最高建筑——鼓楼——的上面。在其他场景中，还有今天难以辨认的石桥、街道和城楼，以及不知是哪个城门外的城郊风貌。

在拍摄城市景观的场景中，另外一个触动人心的方面就是镜头里那些百年前的老昆明人。方苏雅为什么那么爱拍市井街头呢？我想这也许正是因为在市井街头才能真正触及一个城市的灵魂。市井街头好比一个舞台，每天上演着不同的众生相，这也许就是方苏雅拍摄了众多街景的原因。在方苏雅的镜头中，有衣冠楚楚、打着阳伞甚至戴着时髦墨镜的士绅，有骑着高头大马匆匆从城门穿过的军人，有坐在轿子中并且前后有举着"肃静"与"回避"的出行仪仗的官员，有肩负重担、蹒跚前行的小商贩，有赶着一群山羊进城的农民，有衣衫褴褛的乞丐……这些形形色色的人在面对方苏雅的镜头时也表现出不一样的态度：有的人、特别是妇女往往落荒而逃，像见到了摄魂的妖怪，有的人用扇子或者伞遮住自己的脸，有的人则主动走上前一探究竟，有的人泰然处之甚至不带搭理，有的人一瞥之后匆匆而过，但更多的人是聚集在镜头前好奇地围观和张望。我们有幸看到了我们百年前的先人，并可以仔细观察他们的穿着打扮和表情神态，这是一种只有影像才能带来的生动纪录。

（三）人物特写

人物特写主题是方苏雅拍摄时间最长的场景，分为富贵人家和乞讨者两个部分。富贵人家部分由鸦片床上的纨绔子弟（场景 8）、富家夫妇用餐（场景 9）、坐轿出行（场景 10）等 3 个场景组成；乞讨者部分由抓虱子的乞讨者（场景 5）、残疾的乞讨者（场景 17）、磕头的乞讨者（场景 18）、打闹的乞讨者（场景 19）等 4 个场景组成。

笔者在观看人物特写主题有关场景的时候，内心是复杂的，特别是鸦片床上的纨绔子弟这个场景。方苏雅用了两个镜头来拍摄鸦片床上的纨绔子弟：第一个镜头是一个青年男子斜躺在鸦片床上，挑弄着鸦片膏，然后准备吸食；第二个镜头是两个青年男子横卧在一张鸦片床上，面对面吸食鸦片。可以看到，镜头中两位头顶瓜皮帽的年轻人衣着华丽、体态雍容，使用的烟具装饰精美、材质用料昂贵，他们在方苏雅的镜头下睡在富丽堂皇的鸦片床上，慢条斯理，而且不无得意地炫耀着吸食鸦片的嗜好，但他们却是没有朝气和精神的，也许在方苏雅的眼里他们就是那个垂死帝国的象征。

每个历史时期、每个城市都会有无家可归的乞讨者，方苏雅把目光投向了当时云南府的乞讨者，这些乞讨者在镜头前衣衫褴褛，一副食不果腹的样子。但我除了看到他们的可怜以外，还有更多可悲、可恨的复杂感受和发现。首先，这些镜头都是摆拍的，而且方苏雅并不尊重这些被拍摄的乞丐，他在一个场景中让乞丐们依次在镜头前磕头跪拜，在另外一个场景中则让乞丐们相互打闹。其次，通过仔细观察画面，可以发现镜头中有一位中国人和其他乞丐不一样，他虽然穿着普通，但却是一个头目的样子。他的工作是协助方苏雅摆拍，组织安排那些乞丐在摄影机前排队磕头，并敦促那些乞丐相互打闹。这个人在面对乞丐们的惨状时毫无同情心。最后，也许是方苏雅给了他们钱和食物，那些乞丐在镜头前排着队顺从地依次磕头，在另外一个摆拍的场景中，乞丐们则被要求相互打闹，虽然他们面带笑容，但更多的是麻木不仁。

（四）练勇士兵

练勇士兵主题由军事操练（场景 12）、智胜团团勇（场景 28）、中督水军（场景 16 和场景 32）等 3 种场景组成，其中智胜团团勇的拍摄用了两个镜头。

在军事操练的场景中，一队头顶裹着包头、身穿宽大号衣的士兵扛着当时较为先进的后膛枪，开始进行持枪射击和换膛训练，随后进行正步行进操练。

智胜团团勇的场景分为两个镜头：在第一个镜头中，士兵们列队向城门外方向前进；在第二个镜头中，士兵们则列队从城门外方向回到城中。队列中的士兵们同样头裹包头，身穿号衣，大部分的士兵号衣上印有"智胜团团勇"几个字，有的则只印有一个"勇"字。队列分为三个部分，首先是扛着枪行进的士兵们，其次是举着各式军旗的旗手，其中一种军旗上有一个"令"字，最后是骑着高头大马的军官，军官头戴顶戴花翎、腰间挎着官刀。

中督水军的两个场景实际上是方苏雅对城门和街道的拍摄，与其他城市景观拍摄的不同之处在于镜头中出现了一个身穿"中督水军"号衣的士兵，只见他手拿一根长棍，在镜头前来回走动，对阻拦在镜头前的市民进行驱赶，让停下来围观的市民继续向前走。从场景中他的举动来看，这个中督水军的士兵正在维持秩序，以让方苏雅更好地拍摄，但无意中他却成为这幅场景的主角。由此也可以看出，方苏雅的拍摄行动是得到了当时云南地方官员的支持的，并有官员对其派士兵进行协助和保护。

（五）镜头中的方苏雅

方苏雅本人也出现在自己拍摄的纪录片中，包括与云贵总督会面（场景 23）和方苏雅出行（场景 24）。与云贵总督会面的场景包括三个镜头，分别是迎接云贵总督、再次迎接云贵总督和送别云贵总督。

在迎接云贵总督的镜头中，摄影机对准了进入大门的第一进院子中心，这是方苏雅给自己安排的正式迎接云贵总督的地方，门口的回廊则有一群低级的清朝官员在等候总督。也许是总督大人的轿子迟迟不进入大门，而方苏雅等得有些着急，于是镜头中第一次出现了方苏雅本人：头戴法式双角礼帽、身穿礼服、腰带佩剑的方苏雅从右方进入了镜头，他先是迅速走到大门口，然后向外左右张望了一下，又迅速沿着回廊往回走，最后敏捷地跳上台阶，走出了镜头。等了一会儿，在华盖下身穿朝服、头戴顶戴花翎的云贵总督在两位官员的引领下进入院中，这时方苏雅正式出现在了镜头中，只见他快步走向云贵总督，并向总督躬身行拱手礼，云贵总督也抱拳还礼，随后一位身着礼服的法方外交人员上前向总督躬身行拱手礼，云贵总督还礼后双方进入第二进院落。

在再次迎接云贵总督的镜头中，双方在第二进院落正式举行会面仪式，身穿朝服、头戴顶戴花翎的中国官员分列在院落两边，方苏雅从中堂大厅的台阶走下，迎向总督大人，站立后再次向总督大人躬身抱拳行礼，随后退到一边，两位法国外交官员依次向前，向总督大人躬身抱拳行礼，总督大人这时还驻足与一位外交官谈了几句，随后双方官员顺序进入中堂，这时院落中留下的带刀侍卫与随从人员纷纷聚集到镜头前观看。

在送别云贵总督的镜头中，总督大人的轿子已经准备好，大小中国官员在院落中等待，总督大人在方苏雅的陪同下来到院落中，并回身向方苏雅拱手道别，方苏雅也拱手行礼，随后目送总督大人上轿，并再次拱手行礼。

在方苏雅出行的场景中，方苏雅应该是准备前往拜会某位中国官员，镜头中的方苏雅站在一顶四人抬的官轿旁边，他身穿常服，腰带佩剑，并向镜头挥手致意，然后坐进轿中。随后一队练勇在前方开道，还有一位随从举着华盖，一位中国官员在轿子旁陪同，走出院落。

四　方苏雅纪录片的分析

透过方苏雅的纪录片，我们可以进一步了解当时云南乃至中国的社会情况和主要问题，也可以了解方苏雅与中国官员之间的关系，以及出现在镜头中的人物和他们的生平，从而加深对中国近代历史的理解。

（一）近代云南鸦片之害

方苏雅镜头下两位富家子弟在鸦片床上吞云吐雾的场景，反映了在当时的中国，特别是云南，鸦片烟毒已经对社会造成巨大的危害。在近代历史上，云南是中国最早种植罂粟和出产鸦片的省份，并一直以此而出名，云南产的鸦片也被称为"云土"。早在第一次鸦片战争之前，云南就有种植罂粟的纪录。1879 年云南的鸦片产量就已有三万五千担，在 1893—1898 年的五年间，云南每年约种植罂粟 30 万亩。云南产的鸦片大量向广西、四川和贵州等周边省份贩卖，甚至远销湖北，以及江苏和浙江等沿海省份，由此带来的收入也成为当时云南地方财政的支柱，特别是对于支付 1900 年的庚子赔款，以及军费开支而言。此时云南各县 70% 的财政收入都依赖于鸦片贩卖。更为严重的是，虽然当时相较于其他省份，云南的人口稀少，但其却是中国吸食鸦片的人数最多的省份之一，位列前三。鸦片不仅使人们丧失劳动力，还对人们的精神意志造成巨大的伤害，很多平民百姓因此倾家荡产，军队士兵也因此毫无战斗力，这使本来就贫瘠落后的云南更为困顿，形成严重的社会问题。当时的有识之士这样形容云南："男困于鸦片，女困于缠足，四民无一可存之业，必沦于红毛吐蕃不已。"① 直至方苏雅离开云南后两年，也就是 1906 年，清廷才下严旨在全国各地禁烟，云南也于次年成立通省禁烟总局，在全省境内开始禁烟。

笔者曾经无数次在历史书上读到近代中国因国人吸食鸦片而导致的国贫民弱的惨状，以及西方列强嘲笑中国人为"东亚病夫"的不堪，但那些只是文字的表述而非亲眼所见。当今天从方苏雅纪录片中看到那两个躺在鸦片床上吞云吐雾的纨绔子弟时，笔者才真正理解了鸦片这一毒物给近代中国带来的危害以及对那时的中国人造成的精神和肉体上的伤害，也才从内心更加崇敬像林则徐那样坚决禁烟、哪怕一战的民族英雄。

（二）清末云南军制改革

方苏雅在纪录片中拍摄了当时中国军队训练和行进的场景，在以往对

---

① 冷琪雯：《鸦片对清末云南社会的影响》，《云南警官学院学报》2016 年第 2 期。

这些场景的解读中，很多人以为方苏雅镜头下抬着洋枪的中国士兵是清末的新军，也有人从士兵头裹包头的特征而认为这是苗族士兵，然而这些解读都不正确。清朝云南驻军在编练新建陆军之前，不同时期称绿营、练勇、防军、巡防队，其制始于顺治十六年（1659），这些不同时期的军队是清廷的经制之师，也就是正规军。第二次鸦片战争后，特别是经过太平天国战争，清政府发现绿营军队毫无战斗力，于是开始了近代军事改革，中央以奕䜣、文祥为首，在地方上，则是"同治中兴后，藩臣列帅，惩前毖后，渐改练勇巡防之制"。当时，随着英法两国对缅甸、越南和老挝的军事占领，云南成为中国直接面对英法两国势力的边疆省份，并不断受到英、法两国的觊觎，边境疆土与土司领地不断被两国蚕食。光绪九年（1883），法国入侵越南，云贵总督岑毓英出关督师。战事结束后，乘战胜之余威，对绿营又加裁汰，抽调精壮补充"练军"。光绪十六年，云贵总督王文韶、巡抚谭钧培对云南"练军"、绿营统一整编，"挑练战兵，变去绿营名号，改称防军土勇"，编成防军 45 营，土勇 27 营。① 因此，方苏雅纪录片中的这些中国士兵应是当时清朝在云南的正规军队：练勇。

　　至于这些练勇士兵扛着的所谓"洋枪"，其实也是当时的中国制造。鸦片战争以后，清廷目睹了西方军队船坚炮利的优势，一些较为开明的官员主张利用西方先进的生产技术，强兵富国，从 19 世纪 60 年代到 90 年代，他们掀起了一场"师夷长技"的洋务运动。洋务派以"自强"和"求富"为口号，以"中学为体，西学为用"为原则，以"师夷长技以制夷"为主要宗旨，开始开办军工厂，仿制和生产当时世界先进的前膛枪和后膛枪，甚至还有后膛连发枪，包括七连发枪和十三连发枪，当时著名的兵工厂有安庆军械所、江南制造总局、天津机械局等。② 这些兵工厂生产的枪械配发各省练勇，也包括当时云南的练勇。从方苏雅纪录片拍摄的画面来看，云南练勇装备的枪械应该是当时江南制造总局生产的快利枪。

---

① 薛志清：《从绿营到新军：晚清云南驻防兵制发展述论》，《湖北民族学院学报》（哲学社会科学版）2016 年第 5 期。

② 陶新华：《洋务运动时期西方军事技术的引进及其对中国军事建设的影响》，《军事历史研究》2011 年第 4 期。

（三） 方苏雅与云贵总督魏光焘

在方苏雅的手记中数次记录了他与云贵总督等云南地方官员会面的情况，在一篇记述中他写道："我在我的庭院中不断接待来访，招待客人以扩大自己的影响，这使我的庭院常常成为节庆欢乐聚会的场所。总督大人已经完全是个老人了，公事谈完后他会问我贵国皇帝陛下一向可好？"在另外一篇记述中他写道："魏光焘阁下，宗通政台，负责云贵两省民政的最高官员，云贵总督，兵部尚书兼都察院监察御史。能结识大清帝国如此显赫的人物，能在家里招待他们并接受他们的友好祝福，我深感自豪。"① 在方苏雅刚到云南时，云南的地方官员对他并不友好，甚至不予接待，方苏雅在刚到云南府时的手记中写道："比起广西和贵州的热情，云南的地方官员对我的到来抱有明显的敌意。"② 但是在很短的时间内，方苏雅改变了这一状况，他主动结交和宴请云南官员，迅速成为云南大小官员的座上客，而云南官员也愿意与方苏雅打交道，因为他不像当时的其他"洋人"那样盛气凌人。从镜头中的方苏雅和他的手记记录中我们可以看到，方苏雅与当时包括云贵总督在内的云南地方官员有着良好的关系，并且私交紧密，显示出方苏雅通晓中国官场、善于结交中国官员的一面。

实际上，在方苏雅镜头中和笔下的那个垂暮老者——云贵总督魏光焘，却是中国近代历史上的一个了不起的人物，不仅是当时开展洋务运动和清末新政的重要地方官员之一，也是清末抗击帝国主义入侵的民族英雄。1884 年，清廷于新疆建省，调魏光焘入疆，为首任布政使，后又署理新疆巡抚，面对当时沙皇俄国对新疆的侵略，魏光焘据理力争，迫使沙皇俄国归还其占领的帕米尔地区。魏光焘的《湖山老人自述》中记载："帕米尔地区为中俄交界之所，方圆千余里。先我国立有御碑，后俄国占据，余软硬兼施照约力争，逼俄人交还原地。"③ 1894 年，中日甲午战争爆发后，魏光焘募兵北上，援辽抗日，在海城等地与敌多次激战，1895 年日军

---

① *Le Mandarin blanc-Souvenirs d'un consul en Extrême-Orient 1886 – 1904*, éditions l'Harmattan, 2006.

② "La Mission François au Yunnan," *Journal Universel*（1900）.

③ 赵维玺：《魏光焘与新疆建省》，《青海民族大学学报》（社会科学版）2017 年第 2 期。

进犯牛庄，魏光焘指挥所部重创日军。[①]

　　魏光焘与云南渊源颇深，他曾经两次到云南为官，第一次任云南巡抚，第二次任云贵总督，在昆明拓东路的老状元楼上，曾经高悬着有云贵总督魏光焘手书的"大魁天下"四个字的金字匾额。魏光焘在 1901 年至 1903 年间任云贵总督，这时也是清廷实行清末新政的重要时期。针对云南偏远和落后的现状，魏光焘在任内采用设置课吏馆、编练新军、派遣留学生和创办新式学堂等举措，大力推行云南新政，在一定程度上推动了云南地区的近代化进程。[②] 积极推动新政和巩固边疆防务，也是魏光焘主动与方苏雅结交的原因之一，他希望借此进一步了解西方世界和法国的对华态度。魏光焘主政云南之际，正好是方苏雅担任法国驻云南总领事的时间，1904 年方苏雅遭排挤而辞职离任回国，1905 年魏光焘也遭弹劾而告老还乡，不知在镜头中相互拱手的他们，可曾料到彼此的政治生涯有如此相似的结局。

五　结论

　　19 世纪末至 20 世纪初，由于世界局势的变化和西方国家对东南亚的殖民统治，作为边疆的云南成为直接面对英法等国殖民势力的省份，被动地成为中国开放门户的前沿。英法两国在云南建立领事馆，形形色色的西方人来到了云南，他们之中有外交官、探险家、传教士、学者和商人等，他们也把当时西方先进的技术和设备带到云南，例如铁路、自来水工厂、路灯等，甚至女性丝袜的流行也比上海早了三年，这一切使得云南这个在当时尚显落后的省份在某些方面似乎"跨越式"地发展了起来，方苏雅的《中国影像》纪录片也正是在这样一个时代背景下产生的。

　　今天，这部无声默片对研究清末中国的历史与社会发展有着重要的意义，特别是在与方苏雅的手记记录对照研究时，更显出了它的价值。而方

---

① 靳实、周晓红、程英梅：《甲午战争中的魏光焘与牛庄防御战》，《大连近代史研究》2006 年第 3 期。

② 赵维玺：《魏光焘与清末云南新政》，《史志学刊》2017 年第 2 期。

苏雅的这些文字记录，正是他这部无声纪录片的最好解说。

方苏雅在手记中这样写道："在我面前表现活跃的人代表着有五千多年历史的文明。我目睹了社会的生活、传统、家庭结构、风俗习惯，这些内容数千年来禁锢不变。这里的人们仍然活着，虽然还有呼吸，但已经僵化。"① 作为中国第一部纪录片，这部经典的影片留下了一百多年前云南的风土人情，使我们可以在今天直观地看到当时人们的日常生活和社会状况，包括军事、戏剧、建筑、市井风貌等诸多方面。影片里那些鲜活的人物影像，包括男女老少，来自不同的职业和阶层，构成一百年前中国社会的真实存在，因此，这部影片是非常珍贵和难得的纪录片资料。

除了直观的观察以外，方苏雅对当时的社会现实和晚清政府的腐朽统治也有着自己的深入思考："（中国）国家太大、太乱，不易管理、不稳定仍是主要因素，腐败、混乱和暴动到处都是。""就我现在所处的地位来看，如果该帝国是正在出现极大的倒退而不自知的话，那么那些官僚们，以及我遇到过的那些中国老朽，则是仍旧在竭尽全力地抵御进步。"② 方苏雅纪录片中的场景与人物，间接地展现出晚清中国社会面临的重大问题、逐步开始的变革和当时进行社会改良运动的代表人物，例如鸦片对社会的毒害、清朝军队制度的改革、洋务派地方领导人物魏光焘。通过发掘和研究镜头背后的历史背景和史实，我们可以对当时的历史、社会与人物有更为深入地理解，这也进一步显示出这部纪录影片的历史和文化意义。

① Désirée Lenoir, *Le Consul qui en savait trop-Les ambitions secrètes de la France en Chine*, Nouveau Monde éditions.

② *L'œil du consul-Auguste François en Chine*（1896 – 1904）, textes et photographies d'Auguste François, édités par Pierre Seydoux.

中国动画电影的跨文化传播

蔡盈洲[*]

摘　要： 中国动画电影在发展之初就有非常明显的跨文化传播特点。新中国成立以后，在确立民族化发展方向后，经过无数动画前辈的努力，我国动画电影创造了辉煌，成为享誉世界的"中国学派"。然而，现在我国动画电影市场基本被好莱坞动画电影占据，尽管也出现了一些具有市场号召力的动画影片，但总体力量还非常微弱，跨文化传播能力更是微乎其微。我们需要从历史之镜和现实之维出发，从话语重构的角度思考我国动画电影的跨文化传播。要建构话语空间，与世界展开对话，在此基础上形成有效的话语策略，从而提高我国动画电影跨文化传播能力。

关键词： 动画电影　跨文化传播　话语重构

一　跨文化传播的历史之镜

中国动画自诞生之初就有非常明显的跨文化传播痕迹。中国动画电影的发源地上海的影戏院里在 20 世纪 20 年代就能看到大量的欧美动画影片，尤其是星期天的早场"许多电影院都放卡通集锦"[①]。这些卡通集锦包括来自欧洲的动画实验片或短片，也包括来自美国迪士尼的动画长片。中国动画的先驱万氏兄弟也对当时上海放映的这些欧美动画片记忆犹新。"初期

---

*　蔡盈洲，上海外国语大学新闻传播学院教授，研究方向为新闻与传媒。
①　包蕾：《猪八戒与孙悟空．动画大师万籁鸣》，载彭新琪《动画大师万籁鸣》，海燕出版社，1988，第 108 页。

的欧美'卡通'片中的人物都是先从嘴里吐出一只小泡泡，然后变成一个小方框，讲话的内容是用字幕打在框框里，就像早期的连环画那样。"① 万氏兄弟创作的我国第一部动画故事片《大闹画室》就是对美国动画片《墨水瓶里跳出来》的借鉴。1938 年在上海公映的美国迪士尼动画电影《白雪公主》引发国人的轰动，在夏季公映后又在冬季接着重映，上座率依旧居高不下。这种现象带给万氏兄弟很大的震动，于是他们创作出我国第一部动画长片《铁扇公主》。

新中国成立以后，面对新的国内外环境，我国动画电影确立了民族化发展道路，创作出如《大闹天宫》《小蝌蚪找妈妈》《牧笛》《山水情》《哪吒闹海》《三个和尚》等极富民族特色的动画电影，在造型技法上借鉴民间美术，创造了剪纸片、折纸片和水墨片等动画片样式，丰富了我国乃至世界的动画电影造型形式。也正是这些具有民族特色的创新，让中国动画电影深受世界的欢迎，使中国动画电影在英国、法国、瑞士等发达国家举办的国际著名电影节上拿下了分量极重的大奖，形成了享誉全球的"中国学派"，这些成就成为我国动画电影历史上跨文化传播的亮丽风景。

从历史发展过程来看，动画电影具有相对其他电影样式更加浓厚的跨文化传播基因，这也和动画电影的别具一格有关。首先，动画电影具有形象适应性。动画电影塑造了很多经典的动物形象，比如米老鼠、唐老鸭、啄木鸟伍迪、兔八哥、猫和老鼠、机器猫（哆啦A梦）等。这些卡通动物在形象上超越了民族和国别，具有很强的跨文化适应性，受到全世界观众的欢迎，成为一代人的文化记忆。这些形象都是拟人化的动物形象，相对于电影中的人物形象，动物形象本身并不天然属于哪个文化族群，其形象具有文化通约性，可以打破族群之间的文化区隔。比如孙悟空形象，虽然其源于我国古典小说，但在动画电影中却有很多跨国版本。如英国 BBC 在北京奥运会期间创作的西游动画短片中的孙悟空形象，还有日本的《悟空大冒险》(1967)、《最游记》(2001)，韩国的《百变孙悟空》(1990) 等。其次，动画电影具有假定性。"假定"源于戏剧，是一种通过人们约定俗

---

① 万籁鸣口述，万国魂执笔《我与孙悟空》，北岳文艺出版社，1986，第 40 页。

成而以假作真的艺术表现手法，比如戏剧中的人物造型和时空呈现。动画电影同样采用这种假定手法来表现现实。假定性意味着作品不是对现实的直接摹写，也不是通过典型手法来反映现实，而是通过艺术想象的逻辑建构起来的艺术文本，是在现实的基础上进行形象化加工后的"超现实"，是超越现实的隐喻世界，是面向未来的理想追求。这些特点让动画电影在跨文化传播过程中具有独特的优势，能够大大降低文化折扣。

二　跨文化传播的现实之维

为了说明近年来我国国内动画电影市场的基本情况，本文选取了 2011 年到 2018 年的数据①进行分析。经过分析，我国动画电影市场在总体上表现出四个方面的特征。

（一）整个动画电影市场平稳发展

从总体票房来看，2011—2013 年的动画电影票房发展比较平稳，维持在十几亿元的规模。2014 年有一次跳跃式的发展，超过了 30 亿元。到 2016 年发展到一个巅峰，达到 70 亿元的规模，此后两年略有回落，但都维持在 35 亿元以上的规模。

2011 年国内一共放映动画电影（不含真人动画电影，下同）33 部，2014 年，公映的动画电影达到 52 部，2016 年达到最高的 64 部，2017 年略有下降，但 2018 年又达到 60 部，总体上保持增加的趋势。从进口来源国来看，2013 年以前，动画电影的进口来源国数量比较少，没有超过 5 个。此后更加注重从不同的国家引进动画电影，2014 年动画电影进口来源国达到 11 个，而且有 6 部与不同国家合作的合拍片。从 2014 年到 2018 年，动画电影进口来源国数量都保持在 7 个以上，合拍片每年都有 3 部以上。从 2016 年开始，引进的日本动画电影数量有明显的增加，2016 年达到 9 部，此后的两年都保持在 6 部左右。

---

① 数据来源除特别注明外均来自国家电影事业发展专项资金管理委员会办公室。

（二）国产动画电影总体水平较弱

国产动画电影公映数量占公映总量的比重较高。2011—2018 年，国产动画电影公映占比最低的是 2018 年，达到 50%。而最高的则是 2013 年，达到 75.8%，平均达到 64.1%。国产的动画电影票房总体不高，在 2014 年突破 10 亿元以后，基本维持在 13 亿元左右。2015 年，国产动画电影票房达到最高点，超过了 19 亿元。但即便是这个最高点的数额也没有达到总票房的 50%。其余年份国产动画电影的票房占比都低于 40%，平均只有 31.3%。两相对比，说明我国动画电影市场水平较弱，票房号召力较差。不仅如此，国产动画电影除 2017 年之外，每年都有 5 部以上未能进入院线。这意味着还有相当一部分动画电影的市场收益基本为零。2018 年有 19 部未能进入院线公映，是 8 年中的最高值。

（三）市场集中度较高

进口动画电影票房中，美国的动画电影票房占有率非常高，最高为 2016 年，其票房占总票房的 64.8%，最低时其票房占比也达到 33.9%，而且上映的美国动画电影平均每年不超过 8 部（加上合拍片也不超过 8 部）。其中在 2011 年和 2013 年，美国的动画电影用 6 部影片创造了超过 60% 的票房。这说明美国动画电影在我国比较受欢迎，单部电影创造的票房比较高。同时也说明我国动画电影市场集中度较高，尽管近几年也开始注意从其他国家引进动画电影，但从票房收入结构来看，这并没有改变美国动画电影独占鳌头的局面，整个市场仍然保持较高的集中度。

（四）头部效应比较明显

除去 2015 年和 2018 年，动画电影票房收入前两名的全部是美国的动画电影，显示出绝对的市场优势。只有我国的《西游记之大圣归来》在 2015 年和《熊出没·变形记》在 2018 年位列票房收入第一，以及日本的《哆啦 A 梦伴我同行》在 2015 年票房收入位列第二。从票房的绝对值来看，美国动画电影的优势同样无可撼动。从 2011 年到 2018 年，有 4 部动画电影票房收入超过 10 亿元，分别是《疯狂动物城》、《寻梦环游记》、

《神偷奶爸3》和《功夫熊猫3》，全部是美国动画电影。从数据上看，国产动画电影市场的头部效应也初步显现。最高票房动画电影为《西游记之大圣归来》（9.566 亿元）。位列前四的还有 2018 年的《熊出没·变形记》（6.055 亿元）、2016 年的《大鱼海棠》（5.655 亿元）和 2017 年的《熊出没·奇幻空间》（5.225 亿元）。

从上面的数据可以看出，现在我国的动画电影市场基本被美国的动画电影所占据。虽然在政策的鼓励下，近年来我国动画电影年产量基本可达50—60 部，但票房成绩不尽如人意，尽管也有《喜羊羊和灰太狼》《熊出没》等口碑票房俱佳的作品，但非常稀少。另外，我国动画电影在国际上的影响力非常微弱，更不要说打造中国特色品牌了。好莱坞动画电影一如既往的强势；日本的动漫在"酷日本"的国家战略支持下，成为后起之秀，成功地塑造了日本动漫的全球品牌。此消彼长，在这种格局下，虽然我国仍有一些独立动画电影可以在国际电影节上获奖，但整体上的国际影响力微乎其微。

三　跨文化传播的话语重构

历史更多的是某种启示。在全球化的今天，我国动画电影产业必须面对现实，从头开始，从话语重构的角度思考我国动画电影的跨文化传播。

（一）话语空间

构建动画电影新的话语空间，需要打破"本质主义"和"基础主义"思维的羁绊，将相互对立的精英和大众、形式和内容、审美和应用、表象和本质打乱并融合在一起，重新想象全球化时代的动画电影，重构一种分析框架。在这个新的话语空间中，中国动画电影和世界动画电影仍然是部分和整体的关系。也只有在这个空间中，我国的动画电影才可以被赋予世界性的文本形式和意义。话语空间的构成不是只有我国动画电影，也不是各国动画电影作品的集合，当然更不是各种动画电影经典形象的罗列，而是一个生产并体现权力关系的动态整体。其构成的总体逻辑是：一方面动画电影冲破了现实世界中国家的界限，拥有了世界性动画电影的身份；另一方面动画电影又遵循现实世界的组织和构建原则，既生产权力关系又表现权力关系。因此，这个空间不是超脱的天国，不是世界主义的话语霸权，而是叠加在现实话语逻辑之上的另一个世界，表面上在现实国家/政治的界限内，又在不断突破它。

尽管在新的话语空间中有对全球化时代动画电影的新想象，但接下来的问题是在现实世界的权力逻辑中，各个主体该如何相处才能避免对立、冲突和撕裂。在这方面，巴赫金的对话性思维也许可以带来启示。对于巴赫金来说，"对话"已经上升到哲学的高度，是世界的存在状态、构成方式，也是人的生存方式。巴赫金提出以参与性思维来处理主体间关系。"参与性思维，也就是在具体的唯一性中、在存在之在场的基础上，对存在即事件所做的情感意志方面的理解，换言之，它是一种行动着的思维，即对待自己犹如对待唯一负责的行动者的思维。"① 自己的存在是唯一的，他人的存在同样是唯一的，因此"我"和"他人"是两个独立而不可混淆的价值中心，他们原则上不同却又相互联系、相互观照和相互转换。② 用参与性思维展开对话是处理自我和他人关系的基本原则，目的是构建主体间关系而不是主客体关系。具体到动画电影，就是要既不满足于本民族动画电影的视域，又不贸然追求审美超越性的普遍本质，就是要将自身置于一个世界性的对话场中，并期待与不同民族的动画电影有一场活力十足的相遇。动画电影的根本还是要落实到人的问题上来，通过对艺术想象世界的构建，让处于世界不同地理空间的人们的命运联系在一起，重要的不是"他们"也是人，而是"他们"即"我们"，以此形成命运共同体。

（二）话语策略安排

尽管可以有成人向的动画电影，但面向儿童仍然是动画电影的主要选择。在市场化的今天，我们需要细心呵护面向儿童的动画电影创作，这本身就是电影多元化的表现。在全球化时代重构话语空间的基础上，我国动

---

① 〔苏〕巴赫金著，钱中文主编《巴赫金全集》（第一卷），晓河等译，河北教育出版社，1998，第45页。

② 〔苏〕巴赫金著，钱中文主编《巴赫金全集》（第五卷），白春仁等译，河北教育出版社，1998，第378页。

画电影在话语策略上应该形成可以和其他民族文化的动画电影对话的"童年叙事",为儿童成长建构时空维度,满足儿童在成长过程中对世界的想象。

1. 时间维度

这里的时间维度并不是指具体的时间,也不是简单地将不同的时间并置,而是指叙事的时间弹性。时间弹性是指时间的本质是流动、发展和动态的。动画电影在进行叙事安排时将时间的本质表现出来,可以增加故事时间的弹性,扩充文本的叙事容量,更重要的是可以给儿童成长提供参照。儿童和成人代表着时间发展变动的某个点,可以代表人生的现在、过去和未来。人在不同的人生阶段有不同的体验,也有不同的想象,这些体验和想象在不断运动变化中可以相互对照、冲突、交融。动画电影在体现儿童成长时间维度的叙事中,可以将话语策略置换为传统/现代、权威/叛逆、保守/激进等,并体现在复杂而共存的人物关系上。我国的很多经典动画电影中都有对师徒、父子关系的呈现,比如《三打白骨精》《铁扇公主》《哪吒闹海》等。哪吒和父亲、师父的关系体现了哪吒成长的时间维度。还有唐僧和孙悟空之间的师徒关系,为孙悟空的成长提供了参照。这些人物关系的存在增添了文本的叙事张力,扩展了电影的叙事时间容量,还体现了一种"引导式"的儿童成长观念。

2. 空间维度

除了时间上要增加弹性,动画电影在空间上也要进一步打破局限,将更多域外的典型空间纳入电影中,为"童年想象"提供更宽广的故事空间。目前我国动画电影在这个方面的尝试较少,只有少数一些合拍片中有这方面的探索。比如中日合拍的《聪明的一休之反斗公主》中有日本的寺庙空间,还有中德合拍的《劳拉的星星在中国》中有一些德国场景出现。值得注意的是,不同民族的文化空间需要通过叙事缝合在一个动画电影作品中,从而形成各种潜在和显在的对话关系,而不能只是简单并置。其实,动画电影的空间构建比一般电影更灵活,完全可以创造出超现实的"想象性空间"。在构建"想象性空间"时,可以面向世界撷取素材,进行创造性的组合。只要符合故事世界的基本逻辑,"想象性空间"就可以冲破现实的各种羁绊,超越国别和民族的区隔。《十万个冷笑话》就是在解构的框架中让国外的很多经典动画形象与我国动画经典形象相遇，由此形成别样的跨时空对话和交流。整个作品不仅充满叙事的张力，还大大拓展了叙事的时空容量。无论是哪一类空间，包括各种想象空间，都不能仅仅将它作为一种点缀性背景，而是要让它具有叙事功能，真正参与到叙事中，从而拉伸动画电影的叙事空间。德里达认为优秀作品就是"那些从某种意义上说其实现性在最小空间内有最大的可能的作品"①，这也是动画电影拓展空间维度的最终目标。

---

① 〔法〕雅克·德里达：《文学行动》，赵兴国译，中国社会科学出版社，1998，第13页。

中华文化"走出去"研究

余华小说中滑稽人物形象类型
与中华传统文化的对话

阮氏梅橙　　阮氏怀秋*

　　摘　要：余华小说中塑造的滑稽人物形象类型是作家与中华传统文化若干命题进行对话的独特艺术手段之一。通过对这种人物形象类型的讽刺、谐谑、黑幽默等几种样式的研究，可以集中展现作家反省人类和现实社会的精神，并由此肯定余华在思想和艺术上对中国当代文学的贡献。

　　关键词：余华　人物形象　喜剧小说　中国当代文学

一　引论

　　作为笔力深厚的作家，经过四十年的创作实践，余华在中国当代文学的多色彩画面中留下了深刻的痕迹。他的作品不仅生动地反映了时代思想的变化，而且还反映了中国从改革开放以来的文学面貌变化。从 20 世纪90 年代起，余华小说的陆续出版呈现出作家进行创作转向和寻找独特创作路径的意图。滑稽人物形象表现出作家对现实社会的一种认识和评价形式，作家可以通过塑造这种人物类型发现人生的悲剧和喜剧。这种人物形象类型在余华创作后期占据了重要的地位，说明他此时对现实社会的态度

---

　　* 阮氏梅橙（Nguyen Thi Mai Chanh），河内师范大学语言与文学系副教授，研究方向为中国当代文学；阮氏怀秋（Nguyen Thi Hoai Thu），茶荣大学社会师范学院讲师，研究方向为中国当代文学。

比创作初期更温和一些，没那么紧张。在坚持思想和笔法现代性，以及其一直存有的文化重构意识的基础上，余华以滑稽人物形象与中华传统文化命题进行对话，同时对那些命题表达其不信任的态度。"滑稽"这个术语有悠久的历史，其在早期就有谐谑、捉弄、灵活等丰富的含义。在这里我们使用广义的"滑稽"，它是包含谐谑、讽刺、讥刺、打击等多种色彩的"笑声"。"滑稽"的"笑声"使我们能以民主、辩证、多元和非规范的视野接近现实生活，而不是理想化、想象化现实生活。就文学创作而言，滑稽精神很重要，因为它是乐观精神的表现，是站在丑恶之上而对其讽刺的态度；是建构崇高审美理想的能力。

笑声被认为是人类精神的特权。除了智慧和心灵生活，人类还可以以笑声来增强自己的力量。余华作品中滑稽类型的人物属于不同的社会阶层，其共同点是都被放在日常生活之中进行塑造，因为只有在日常生活之中，他们不好的习惯、异疾和谐谑性才能被明显地揭开。这就是滑稽人物形象与悲剧人物形象的区分——悲剧人物形象一般都被放在特殊的场所和时间来塑造。滑稽人物在塑造时经常被放大其性格的一种表现，同时其性格的其他表现会被忽略，使之呈现出与现实生活中的人有点不相似的形象。余华小说中的滑稽精神是中华传统滑稽文学脉络和西方后现代的怀疑精神及新时代消除神圣的精神的融合，因此其具有与众不同的特点。

二　研究内容

（一）滑稽人物形象与人的劣根性的揭开

在余华小说中，读者经常遇到带有讽刺性的人物和捉弄其落后、丑恶、俗气的一面后的笑声。这种人物样式使作家能揭开人的劣根性，揭开中华文化历史中的各种虚伪。在这种意义上，余华值得被誉为鲁迅精神最有代表性的继承者和发扬者。余华的讽刺性人物形象表现出深刻的反省意识，作者看透了人的弱点、人类的"劣根性"，指出那只是一种口号、一种装饰而已。

在《兄弟》的滑稽人物世界中，李光头是中心主角。这个主角的突出性格是：淫荡和"不倒翁"。李光头能适应任何环境，利用社会的特点把亏折变成有利润，把灾祸变成战绩。社会的禁忌使他在"林红屁股"的那场买卖中获得很大的利润，在一年中能吃上本镇中所有男人的五十六碗三鲜面。而就是因为改革开放以来过分自由和开放的社会又与李光头的淫荡和"不倒翁"同谋，他如鱼得水一般顺利，从一个无廉耻的人变成主宰的人物。李光头是综合矛盾的人物形象：从被人们诽谤的人变成被称颂的人；吸收过去黑暗的力量以在青天白日的现在发光的人；在肮脏场所中变成众人渴望的皇帝，一个捡垃圾的人变成百万富翁；跟数百女人过夜的淫荡者却一直渴望拥有贞洁的女人并成为"纯洁爱情和充满热血"的象征。尤其是在小说开头和结尾中李光头坐在一个有名的镀金马桶上对现存生活感慨思考的情节，最集中地表达出这个人物形象的怪诞。他坐在马桶上，像坐在皇位上一样严肃地思考哲学的若干问题。

在《兄弟》的奇异世界中，李光头是中心，围绕他的是与他一样奇异和怪诞的人。这个群体呈现出两个特点，第一是奴隶的屈服的性格；第二是"不倒翁"本质，容易适应于环境。这两种特点其实是反抗和缺乏争斗以改变环境能力的两面。可笑的是，虽然完全被动于环境，但他们又非常相信自己已经主动适应于环境。正是因为容易屈服于环境，所以《兄弟》中的人物群体好像被程序化了，像一台机械一样。"文革"发生的时候刘镇人在大街上游行"大狗小狗似的喊叫和唱歌，他们喊着革命的口号，唱着革命的歌曲"①。这种场面令人难以禁笑。在这个轰动的群体中，每个人都有自己的口号。童铁匠雄浑地高举铁锤喊道："要做一个见义勇为的革命铁匠。"② 余拔牙高举拔牙钳子，呼喊独一无二的闹革命方法："要拔掉阶级敌人的好牙。"③ 张裁缝也提高自己的宗旨："见到阶级兄弟阶级姐妹要做出世界上最新最美的衣服"，给阶级敌人要做出"最破最烂的裹尸布"。④

雄厚的"革命队伍"中，卖冰棍的王老头也许是占到最大的便宜的人，因为他卖"永不融化的革命冰棍"，每个冰棍都是"一张革命证书"。

---

① 余华：《兄弟》，作家出版社，2012，第69页。
② 余华：《兄弟》，第71页。
③ 余华：《兄弟》，第71页。
④ 余华：《兄弟》，第71页。

谁买他的冰棍谁是阶级兄弟，谁不买他的冰棍谁是阶级敌人。相反，关剪刀父子又最困难地给自己创作"标语"："手举两把剪刀喊叫着'要做两个锋芒毕露的革命剪刀，见到阶级敌人就要剪掉他们的吊'。"① 他们充满"革命热情"，逢迎那些口号，但从未忘记自己目前的利益。尽管他们都真心或者努力表现出兴奋的样子，集合在共同的"革命"口号之下。不过就在那些表面上无害的口号下，他们慢慢沉溺于充满血腥味的拷问、抹杀、打斗之中。他们在呼喊自己的口号的时候，缺乏分析的脑子充满兴奋和愚昧，他们并不知道自己也会被溺死在那条"革命"洪流之中。

19世纪车尔尼雪夫斯基（N. Chernyshevsky）曾经肯定："喜剧是被自己骄傲地认为有真正的内容和意义覆盖的无意义和空白。"② 余华小说中的滑稽人物形象就是无意义的、非理的本质和夸张、虚伪的形式之间的完美结合。余华以敏锐的笑声揭开中华文化的空洞的一面和现代人的劣根性。

（二）滑稽人物形象对传统文化中一些象征的神圣性的化解

余华小说中更多的是谐谑性的人物形象，即笑声中有耍笑、开心、善意、积极的色彩。这种滑稽人物形象有严肃和可笑两个方面。就"游戏规则"而言，谐谑性的人物有"可笑面具中藏着庄严"的特性，因此其"复杂性有真正的内容，严肃性是真的，其本质有了哲理性"③。因为是充满善意的笑声，所以这种人物表达的是作者的乐观和包容精神。每次这种谐谑的笑声碰到谁，谁就被拉进来，导致崇高和卑污、神圣和俗气之间的边界被模糊化。因此，这是余华用来化解中华文化中的几个象征的神圣性的笑声。

天真烂漫的儿童是余华谐谑人物形象的特殊类型。好像他的所有小说中都有那种年龄小的人物形象。小说《兄弟》中李光头和宋钢是独特的一对人物。两个没有共同血统，性格完全对立，一直互相依赖，形成平行人物类型。他们曾经一起笑一起哭，经过儿童时候的患难，他们的天真令人们多次笑起来。那是他们在父母游行式的婚礼——悲喜剧中变成不得已的

---

① 余华：《兄弟》，第71页。
② 〔捷〕米兰·昆德拉：《小说的艺术》，〔越〕元玉译，越南通信文化出版社，2001，第42页。
③ 〔越〕赖源恩：《150个文学术语》，河内国家大学出版社，1999，第134页。

演员；那是他们快乐地以为已经掌握好父亲拉腿的秘诀，但最后被比他们大的小孩踢得摔倒等。和宋钢、李光头兄弟一样的还有《许三观卖血记》中的一乐、二乐、三乐三兄弟，《在细雨中呼喊》中的孙光林、孙光明、国庆等。他们都活在自己的儿童世界和自己的思考、想象和行为里。他们可以笑起来，同时他们在包括最悲惨的情况在内的任何情况下都能令读者笑起来。他们带来的笑声使读者在紧张阅读的过程中觉得放松一些。他们心灵的天真、纯洁是光点，营造出余华每部小说的诗意。尤其是，儿童人物对立于人生的黑暗、成人世界的恶毒和阴谋，因此，他们带来的谐谑笑声也是对自己本来认为是前辈、真理、榜样的成人世界的否定。塑造谐谑性的人物形象是作家对现实生活表达包容态度的方式。这种包容精神使余华小说中的滑稽人物形象有了双重性，有时候他们不再是评价是非、对错、好坏的对象了。如果讽刺性人物带来的笑声可以产生在单值世界中，带有双重性的谐谑笑声就只能产生在多值世界中，其中任何人、任何东西都可以成为笑的对象——那种没有褒贬，没有赞同和反对的笑声。余华也用这种视野看待人物的性本能。那些人物一旦被或者自己废除其性本能就会失去人的天真，那时候他们跟木偶没有什么差别。但当他们带着自己的本能继续活下去时，就变得非常活泼。《在细雨中呼喊》中，像妻子在被一对麻雀的本能行为诱惑时充满吸引力一样，丈夫的生动时刻就是其脱离白日道貌、庄重的外表以诚实于自己本能和"非常快"的动作的新婚夜里。另外，余华小说中也有不少被本能力量调遣的人物。《兄弟》中对性的渴望已经不少次把刘山峰、李光头父子和刘镇数不清的男人推向公共卫生间的粪坑下头。或者《在细雨中呼喊》中每个夜里孙光林在发现从自己的身体里流出什么东西的时候，虽然很害怕，但对自己的害怕、害羞和愤怒也屈服于生理诱惑，他的意志完全被打败，他在不知不觉间多次重复那种欢乐的颤抖。也许，干燥的理智不能控制生动的生活，或者性的本能实际上也是属于人本质的一种价值，它本身不受好坏的评判。这里性欲的出现既是人的根本的庸俗，又是恐怖的力量和无意义的底线。在谐谑视野下，余华小说中的人物不再，或者不可能"克己复礼"，理智不再是克制自己、制约欲望的可信的靠山。这里没有评判，没有偏见，只有非理性的生活习惯，和充满本能性、完全脱离中华千年历史营造出的道德规范的那些毫无遮掩的活着之人。

《在细雨中呼喊》中以记忆陆续重叠联系起来的数十个人物中，孙有元独一无二的、奇异的行为给读者留下深刻的印象。他是被"父亲虚伪的英雄气概"欺骗的儿子，也是把父亲做石桥工作遇到的最大的惨祸变成自己人生当中最辉煌也是唯一的辉煌时刻的儿子。因此，虽然他已经否定自己的父亲，超越自己的父亲，但是，落入悲惨境遇的时候，他又带着父亲的尸体跑到城市，打算把父亲的尸体押到当铺；虽然不断向肩膀上的死尸说对不起，但他还是以死尸作为武器打架，打得死尸的头都歪曲了，花了好长时间才修好。轮到自己，每次吃饭的时候孙有元都被自己的儿子教训并被视为家里人中的废人，因此他要不择手段寻找饭吃。后来，孙有元的儿子孙广材又被自己的儿子剪掉耳朵。孙家的历史就是后代对前一代的连续否定。中华传统文化中神圣的父亲形象因此被化解，被讽刺。这种对父亲的不孝行为已经成为颠覆传统的一种象征，也颠覆了千年文化生命的权威。这就是对思想中僵硬信条的颠覆行为，是给人带来最后解脱的行为。

在余华小说中，从天真的宋钢、国庆小孩到多谋的老头孙有元，从性本能的故事到儿子对父亲的对待等，所有的一切都融化于人物形象带来的谐谑而充满意味的笑声。这种人物样式使中华文化中的一些神圣象征变得亲切，甚至平庸。这种人物带来的笑声再一次肯定了巴赫金的观念："笑声表达笔者的一种心态：从容，安然，自信，不害怕于任何东西，不过分尊敬任何东西……笑声有把事物拉近来以容易观察，容易摸到和分析的力量。只有笑的主体平等，甚至站在比被笑对象更高的位置才能笑得出来。"[①] 余华小说中的滑稽人物形象因此带来化解中华传统文化中的神圣和化解思想中的大叙事的笑声。

（三）滑稽人物形象对与"尊卑秩序"的世界对立的非理性、混乱世界的呈现

黑幽默人物形象是余华小说中滑稽人物形象的第三种样式。这种样式

---

① 〔苏〕米哈伊尔·巴赫金：《小说诗学和理论》，〔越〕范永居译，阮攸写作学校，1992，第15—16页。

是由滑稽要素和恐怖要素、喜剧意味和悲剧意味相结合营造出来的。如果谐谑性人物带来了轻松、包容的笑声，那么黑幽默人物就带来了无力和酸涩的笑声。人物的搞笑话语和行为不再是减少悲剧色彩的叙事战略，而是对人物进退两难情形的表现，情势的荒诞和悲剧意味更加明显。黑幽默人物本来是余华"先锋"短篇小说中的特殊人物样式，却在长篇小说中更加发挥出艺术的力量。余华通过这种人物样式呈现出非理性、混乱、没有价值标准的世界，这种世界完全对立于"尊卑秩序"，对立于我军和敌手、黑和白、对和错分明的世界。

诙谐是余华小说中的人物对付人生不合理的一种反应。在世界进入暧昧可怕的状态的时候，所有的价值都有双重性，所有的情势都不可解，人们都不能分清善恶、好坏，他们只能倾听本体的声音，倾听促进生存渴望的声音。《在细雨中呼喊》中刘小青的哥哥和《活着》中的春生这两个青年人曾经以谐谑的方式面对不可对抗之死亡。刘小青的哥哥跟着"知识分子下乡"运动最后一次回到乡下，在生命一直被威胁的地方，他还努力叫一个小男孩靠近看自己的屁股是否被擦破，然后嘻嘻笑起来，轻轻地放屁，最后慢慢走进永恒的死亡。他接受死亡的方式就是以自己的最后呼吸再现年轻的调皮和谐谑。而被抓去当兵，每天都要看同队之死亡，一直等待死神点名之日的春生一直在害怕。但是他只要一日还活在战场上，就一日寻找生存的机会。在争夺救助食品的那次，春生非常聪明地不夺取包子而夺取同队的橡胶鞋子，那样即使被踩得破头也可以把它当成柴来做饭。这两个人物都要面对非常不合理的环境，他们知道自己即将走进死亡之地，却不是为了任何神圣目的，而只是他们没有其他办法。他们没有受到理想的促进，没有体现自己的渴望，没有爱国心的动力……他们只意识到自己的情况是"没有人能逃避"。春生甚至在参加军队的过程中从未跟敌人对抗，拉着大炮而从未开炮，不知道自己被包围的地方是哪里。最后，他从未关心战争的情势，而只关心自己的肚子，这种可笑的不合理使人物只好酸涩地笑起来。

随着时间的推进，余华小说中的人物越来越坚强，他们以民间嘲笑的力量来抵抗人生的不公平和不合理。《许三观卖血记》中的许三观不再以薄弱的活力对人生笑起来，或者让自己在无意义中缩小，而以谐谑和最非常的方式陆续超越人生的困境。在一场饥饿中全家要喝很多天稀玉米汤，而许三观已经用嘴给了家里每个成员一种好吃的，和他们一起用耳朵来满意地享受。小孩们的争取、妒忌和许三观对想象的饭菜的细心或者唠叨都使读者不禁地笑起来。不过这笑声的背后是对许家环境的无力。不仅如此，许三观还要面对不合理的案件，这案件中的任何人都可以成为判官，自己的任何话语和行为都会成为犯罪的证据，同时任何罪犯都不可能为自己辩护，虽然知道那种犯罪行为不是自己的，但不可不承认。"文革"期间，在"法院没有了，警察也没有了，这年月最多的就是罪名"① 的时代，许三观已经见证了许多人突然"被吊在了树上、有人被关进了牛棚、有人被活活打死"②。所以在妻子许玉兰受批斗时，虽然许三观知道妻子的"妓女"罪名是极为不合理的，但没有抵抗。这是家里人对许玉兰进行的一场悲剧与喜剧混合的批斗。在这个奇怪的批斗的时代，面对已经详细呈报自己"做妓女"罪名的诚实的许玉兰，面对天真的做"革命群众"的三个儿子（听供词的时候一直睁开眼睛，定罪的时候嘴半开了而结结巴巴说不出来），许三观作为严厉的法官给许玉兰定罪。许三观这样做是为了既遵守没有法律的社会的法律，又为妻子辩护，同时让小孩们正确地理解他们的母亲。许三观的假装严厉和家里每个成员的真实严肃的结合让这场断案更加荒唐和可笑。这样下去，许三观和家里人也算共同经历过人生的非理和灾殃。不过，从未对生活表达不平的态度，只会暗暗容忍，顺着生活河流而漂的许三观最后得出一个"真理"："这就叫屌毛出得比眉毛晚，长得倒比眉毛长。"③ 那是对不公平的不平，但也是无力于不公平的酸涩笑声。跟其他人物相比，许三观对生活有了更主动的态度。但说到底，那不是斗争的主动，而是忍受的主动——对人生非理本质的忍受。

　　明显的是，到了许三观这个人物，余华小说中的笑声已经成为不仅帮助人物面对而且还帮助人物超越生活中苦难的一种强大的精神力量。它成为人物加入自己曲折人生的车轮的润滑剂。这也算是人们在面对人生苦难

---

① 余华：《许三观卖血记》，作家出版社，2011，第163页。
② 余华：《许三观卖血记》，第162页。
③ 余华：《许三观卖血记》，第414页。

的时候用来保护自己并可以对其进行抵抗的方式。米兰·昆德拉的《庆祝无意义》中一个人物曾经说过"别把人生视为严肃的"这样一句充满哲理色彩的话。这也是余华小说中的人物们用来抵抗非理的世界的态度。正因如此，虽然余华小说中的人物要面对和超越不少困难，但是不能把他们称为"英雄人物"，恰恰相反，他们就是"反英雄人物"。他们战斗的时候没有崇高理想的助力，也没有任何高尚的目的。

对于黑幽默的人物而言，喜剧不使悲剧更轻松，恰恰相反，它剥夺受难人的最后安慰，这使悲剧拥有崇高的可能性。捷克作家米兰·昆德拉曾经做过一个比较："给我们营造出人的高贵是悲剧安慰人们的方式。喜剧更恶毒，它残忍地揭开给我们所有的无意义。"① 余华小说中的人物形象带来的黑幽默说明了人生中可怕的非理。读他的作品，我们对他表现悲剧的方式很惊讶，"他用喜剧的形式来表达悲剧的内容，用平和的承受、近乎逆来顺受的态度来体味地狱的苦难"②。这种做法已经最大化了人物的悲剧身份。作为"悲惨叙事"风格的作家，余华在20世纪80年代通过短篇小说揭开人生的非理面貌。但是前一个时期创作中的黑幽默人物被抹掉人性并奇异地出现，他们甚至是怪诞的；后一个时期创作中的黑幽默人物倒是平易、亲切，他们也许是这个生活中每天面对困难的任何人。

三　结语

余华小说中滑稽人物形象的多色彩，尤其是悲喜灵活结合的特色，营造出人物世界的多样和新奇。余华为了走向高尚价值而以笑声揭开人的劣根性部分，这是对中华嘲笑文学传统的继承，而余华以谐谑消解一些文化象征神圣色彩而带来的笑声和黑幽默对生活不合理性发出的酸涩笑声又是受西方文学现代思潮的影响，这也是他对中国当代文学的贡献。这种笑声给人物们力量，帮他们抵抗生活的困难，使他们没有像池莉的《烦恼人生》中的印家厚和《太阳出世》中的赵胜天或者刘震云《一地鸡毛》中

---

① 〔捷〕米兰·昆德拉：《小说的艺术》，〔越〕元玉译，第136页。
② 洪治纲编《中国当代作家研究资料丛书》，天津人民出版社，2007，第130页。

的小林等人物一样被日常生活的烦琐压住。特别是余华小说中的人物没有像鲁迅小说中的人物一样痛苦地寻找改变及改造生活环境，没有像卢新华的《伤痕》和张贤亮的《男人的一半是女人》中的人物们一样痛苦地渴望改变身份；而是努力适应和忍受人生的非理性质，并把它们视为生活的一个属性。因此，我们认为，人物们暗暗忍受的背后是对新时代信任与信念的破裂和对人类的文明和秩序的不信任。

　　不同于卡夫卡、路伊吉·皮兰德娄、莫言作品中的人物，余华小说中的人物虽然有荒诞色彩，被放大和变形，但没有幻想和怪诞；而且他们还穿着日常生活的衣服，活在日常生活之中。我们的生活中也许还隐藏着不少怪异的现象，只是我们还没有认出而已，所以面对余华画出的变样肖像，我们不得不吓了一跳，因为他已经画出既真实又诡诞的奇异的现实。跟 20 世纪 80 年代的短篇小说相比，余华后来的小说中荒诞色彩少得多，但他始终还坚持于思想中，于对现实的看法中保持现代性。那是充满反省、开拓和发现人类生活中异常的视野。

　　跟以前纯黑暗的世界相比，滑稽人物形象的塑造是余华创作过程中的新发展。它表现出作家和现实的新关系：作家和现实之间的紧张关系已经缓和很多。因此，余华可以站在现实中平静地观察、体验并与它笑起来。也是因为如此，他的人物和他讲的故事变得更加亲切，他对现实的视角变得更加敏锐。滑稽品质已经成为余华小说中人物的塑造理念，并成为文本建构活动中的一种艺术思维，同时也是作者控制故事演变的手段。这也是作家释放创作能量的方式，这种方式让作家的概括和现实生活的距离缩小并使作家获得艺术创作的新成就。

中国新时期小说在越南的翻译
与越南文学革新

阮氏妙龄*

摘　要： 本文从"革新"的概念入手来谈论中国新时期小说在越南的翻译与越南文学革新的关系。中国新时期小说从 20 世纪 70 年代末开始在越南得到翻译。越南文学的"文学革新"则从 20 世纪 80 年代初开始得到广泛的认同。在这个过程中，无论是从背景、前提、动力、标志还是从线索的角度来看，"革新"都是两者之间最值得关注的共同点。从这个角度来看，对中国新时期小说的翻译正是以"革新"为核心的越南当代文学的一种"同行者"。

关键词： 新时期小说　翻译　越南　文学革新

中国新时期小说兴起、演进以及解构的时间是从 20 世纪 70 年代末到 90 年代末，这个阶段正是发生中越战争而导致两国关系破裂的时期。1979 年中越边界事件不但直接造成了越南对于中国古代和现代文学的译介与研究活动的中止，而且给越南对中国当代文学的接触制造了一个巨大的阻碍。1986 年，越南开始进行改革开放，两国关系也慢慢好转起来，1992 年两国关系恢复关系正常化。这造成的结果就是，中国新时期文学包括中国新时期小说直到 20 世纪 80 年代末才开始在越南被译介。也就是说，中国当代文学开始进入"后新时期"的时候正是越南开始对其"新时期文学"进行译介的时间。这种时间的"间隔"在很大程度上影响了中国新时期小说在越南的翻译与传播。

---

* 阮氏妙龄，文学博士，河内师范大学语文系教师，研究方向为中国文学。

一　中国新时期小说在越南的翻译

中国新时期小说通过翻译、介绍和研究等不同的渠道进入越南，但最为重要的方式还是翻译。其中，进入越南时间最早的短篇小说通常首先在报纸、杂志上（列入"外国文学""文""军队文艺""文艺"等）刊登，然后通过中国小说选集或者作家小说选集得到出版。在中国新时期小说的发展历史上，短篇小说占有较为重要的地位，每一个文学思潮中都有具代表性的短篇小说。可是因为如上所说的时间间隔问题，它们从来没有得到翻译界、研究界和读者的关注，无法取得跟中篇和长篇小说一样的社会效应。从 1989 年至今，中国新时期中篇和长篇小说有 20 多位作家的 50 篇作品在越南得到翻译出版和再版。代表性的作家有莫言、刘震云、铁凝、张贤亮、冯骥才、贾平凹、韩少功、王蒙、王朔、余华、阿城、残雪、陈丹燕、陈忠实、古华、柯云路、霍达、李锐、苏童、叶辛等。其中，作品翻译出版最多的作家是莫言。[①] 张贤亮的小说《男人的一半是女人》是第一部在越南得到翻译出版的中国新时期长篇小说，张贤亮在越南因这部小说而成名。往后的《男人的风格》《绿化树》《青春期》等一系列小说的翻译和出版都离不开《男人的一半是女人》的影响。李锐是在越南最被关注的中国当代作家之一。从 2004 年到 2007 年，他自 1990 年以来写的四部小说由不同译者翻译并在越南出版：《无风之树》（陈庭献译，文学出版社，2004 年）、《旧址》（山黎译，作协出版社，2007 年）、《银城故事》（陈庭献译，作协出版社，2007 年）、《万里无云》（范秀珠译，作协出版社，2007 年）。然后，他于 1989 年写的《后土》系列小说集才被译介，而在越南译本中，出版社介绍《后土》是给作家李锐

---

① 笔者并不认为他在越南是中国新时期小说最为重要的作家。莫言在越南最著名的作品并不是新时期的小说。他在越南以《丰乳肥臀》和《檀香刑》两部长篇小说而成名。他的新时期小说大部分是因"莫言"在越南已确立的名声而被翻译出版（最为明显的现象是他的 4 部小说《欢乐》、《红蝗》、《筑路》和《白棉花》在 2008 年一年之内被翻译出版，但是没有引起任何反响）。在他的九篇新时期小说之中，其实只有中篇小说《红高粱》在越南是比较得到关注的。

带来国际名声的重要作品。贾平凹从 20 世纪 90 年代末到 21 世纪初在越南出版的三部新时期小说跟他于 90 年代初在越南受欢迎的一系列散文和短篇小说存在联系。冯骥才的小说在越南的翻译出版与范秀珠译者对其的关注密切相关。《三寸金莲》、《神鞭》和《阴阳八卦》三部小说的译本先被范秀珠陆续在《外国文学》杂志上发表，然后才被出版发行。铁凝的小说在越南的译介与她的"女性作家"身份以及她作品中所描写的"女性形象"有关系。铁凝的小说在越南最有反响的是《大浴女》，其他小说包括新时期小说《玫瑰门》的译介都离不开《大浴女》所引起的反响。在越南文学界与读者的印象中，王蒙是一位具有独特性的作家。他对人生哲理的思考以及他的"意识流小说"都很有吸引力。他的新时期作品在越南的译介虽然数量不多，但是较有全面性：有短篇小说选集，有中篇小说，也有长篇小说。

二 越南文学的"文学革新"

要厘清中国新时期小说在越南的译介与越南当代文学革新的关系，有必要对越南"文学革新"（越南语："đổi mới văn học"）做一个简单的梳理。革新文学首先是越南当代文学本身的需要。早在 1975 年之前，在文学界充满"为祖国统一事业服务"理想的氛围之中，一些作家已经预感到文学革新的必要性了。1975 年越南南部解放，南北统一，全国进入建设社会主义的阶段。经济建设与文化建设成为越南全国最为重要的任务。在这样的背景下，通过创作和争论的方式，越南知识界和文艺界都对"文艺革新"的问题表示强烈关注。20 世纪 80 年代初，越南文坛上出现了一些在题材与内容上跟以前完全不同的、以长篇小说为主的作品。例如：《白土》（阮仲莹著）、《站在边》（阮孟俊著）、《错位的星座》（周文著）、《快速火车上的女人》（阮明珠著）、《遥远的时刻》（黎榴著）、《Giat 逢集》（阮明珠著）等作品。这些作品主要不是写战争的胜利而是写战争的失败和痛苦，不以英雄形象而以个人的烦恼、曲折和复杂等方面为描写的重要对象，在这一系列作品中，以前最为普遍的歌颂调子也是很难找得到的。尽管如此，一直到 1986 年，越共第六次全国代表大会提出经济革新与对外开放两个政策之后，文艺和文学革新的主张才被公开承认。① 1987 年 10 月 6—7 日两天，在当时总书记阮文龄的参与下，一百位越南文艺界代表人物聚合在河内召开的座谈会，显示了对文艺革新的信念。1987 年 11 月 28 日越共政治局作出"5 号决议"，提出"改革与提高管理文艺的能力"和"发挥文艺的创造能力"等要求。文艺界包括文学界绝大部分人都积极响应"思维革新"的主张。从实际情况来看，1986 年以后，越南社会发生了一场重大的变革。生产方式和生活方式的变化影响到人们的世界观与人生观，从而改变了文学创作与接受的状态。正因如此，"文学革新"一方面是全社会对文学的要求，另一方面是文学内在的迫切需要。越南文联所提倡的"革新"政策引起了文学界、评论界和众多读者的关注与争论。从 1987 年初到 1989 年底，在当时跟文艺有关的期刊（如《文艺》报、《军队文艺》、《香江》、《文学与舆论》等杂志）以及其他期刊（如《共产》杂志、《人民》报、《西贡解放》报、《人民军队》报）上，纷纷出现了有关文艺革新和文学革新的文章。虽然在这场讨论中存在着许多不同的观点，但是大致得出了这样的共识：越南社会已经过巨大的改变——从战争走到和平状态、从南北分裂走到南北统一的局面、从抗战时期走到国家建设时期，因而人们的生活方式与心理状态也发生了大转变。在这样的背景下，进行经济、社会、文艺（包括文学）的"革新"是理所当然的。就文艺与政治的关系而言，"文艺与政治紧密相关"的方针已经代替了以前"文艺服从政治"的方针；就文学评价方面而言，在从 1945 年到 1975 年的三十年间占主流地位的革命文学，尤其是其社会主义现实主义创作方法和歌颂赞美的调子被重新评价。1987 年，阮明珠发表《为"图解文学"哀悼》的文章②和阮

---

① 经过实现计划化集中的经济体制的几年时间，越南于 20 世纪 80 年代初期产生了经济—社会的危机。在这样的情况下，越共第六次全国代表大会提出了"经济革新"——从"包产官僚"转到市场经济的体制，同时确立了对外开放的政策。

② 阮明珠（1930—1989），越南作家，战争时期与改革开放初期最为重要的作家之一，越南文学革新的先锋者之一。他写的《为"图解文学"哀悼》在《文艺》报第 49—50 期（1987 年 12 月 5 日）刊登，代表了当时越南作家对"文学革新"的激烈支持。

辉涉的短篇小说《退休的将军》① 引起了广泛争论，它们被看作文学革新的两个重要标志。1989 年，在越南作家第四次代表大会的论坛上，许多文学作家、研究家和批评家都不约而同强调在文学创作、研究以及批评方面的"革新"要求。1991 年，三部小说获得越南作协文学奖：《爱情的身份》（保宁著）、《寡妇码头》（杨向著）和《人多鬼杂之地》（阮克长著），这三部小说都是文学革新的代表作。文学的"新作家"、"新作品"、"新语言"和"新风格"成为社会的关注点。今天回过头来看，我们可以肯定："革新"无疑是那个年代文学的关键词。

越南当代文学革新的进程可以分为三个阶段。第一阶段是从 1975 年到 1985 年，可被称为革新的萌发阶段。这也是越南从战争状态转到和平状态的时期，当时虽然作家、研究界、评论界和读者都意识到"革新"的必要，但是"革新"的作品还没真正出现。第二阶段是从 1986 年到 20 世纪 90 年代初，这是文学革新最活跃的阶段。新文学的"思维"已经形成，这使得无论是文艺政策、文学理论、文学批评、文学创作还是读者对文学的接受等方面都围绕着"文学革新"问题展开。第三阶段是从 20 世纪 90 年代中期到现在，文学沿着革新的方向逐渐回到平稳的状态，而文学革新的关注点开始偏向于如何"革新"文学本身的艺术形式。根据越南文学革新的进程和中国新时期小说在越南的情况，我们可以看出，越南开始译介中国新时期小说的时候正是越南文学革新从第二阶段转到第三阶段的时候。

越南文学革新的特征是什么？关于此问题也存在不少争论。大体看来有两种不同的说法：第一种说法相信文学在不断进步，虽然文学革新存在很多曲折与难题，但革新的成就是值得乐观的；第二种说法认为文学革新当初曾取得较大成果，不仅在文学领域而且在社会各个方面都发挥了积极作用，之后文学革新却越来越显示出不足之处。但是无论如何，以下三个文学革新的特征已经得到了广泛认同：第一，与 20 世纪初期到 1945 年文

---

① 阮辉涉（1950—2021），越南作家。他的短篇小说《退休的将军》于 1987 年 6 月 20 日在《文艺》报上发表之后，立刻引起文学界与广泛读者的关注及争论。作品将一位将军退休之后的生活为题材，从而对越南当时社会、历史以及民族心理进行思考。

学的"现代化"和1945年到1975年文学的"大众化"与"革命化"的倾
向不同，从1975年至今的革新文学的大体倾向是"民主化"；第二，与三
十年革命文学的"共同性"不同，革新文学寻找和提高个人意识，尤其注
重个人意识的觉醒；第三，与以前文学的"统一性""单纯性"不同，革
新文学走向"多元化"，其文学面貌无论是文学思潮、文学体裁还是文学
风格都很丰富多彩，充满"体验性"。

三　"革新"：背景、前提、动力、标志以及线索

我们不难看出，越南文学革新的三个关键词即"民主化"、"个人化"
以及"多元化"也是中国新时期小说的特征。中国新时期小说开始进入越
南的时期正好是越南文学革新最活跃、最能引起社会反响的阶段，两者之
间又存在许多重要的共同点。因此，与其说文学革新给越南译介中国新时
期小说创造了良好的条件，不如说文学革新是越南译介中国新时期小说的
前提。不仅如此，越南文学革新在很大程度上已经决定了对中国新时期小
说的翻译选择、介绍态度以及研究方向。

谈起中国新时期小说与越南文学革新的关系，我们需要面对一个疑
问：在理论层面上，中国新时期文学是否可以被看作越南文学革新的一种
动力？换句话说，越南文学革新的发生有没有受到中国新时期文学在理论
方面上的影响？从表层看来，这种想法的产生不无道理。以发生的时间而
言，中国新时期文学以1976—1977年为起点，而越南文学革新在1986年
正式开始，这两个时间点跟两国"改革开放"的时间密切相关。以主要的
内容与特征而言，两者都需要处理许多共同的理论问题，如文学与政治的
关系、文学审美的功能、对现实主义以及社会主义现实主义的创新等。值
得关注的是，在很大程度上，以上所提到的理论问题在1986年之前都被
中国文学界解决了。那么，如果越南将邻邦中国的新时期文学当成自己文
学革新的一种启发，也不足为奇。但是，在理论上发生的可能性很大的
事，最终在实际上没有实现。从第一部分所阐述的中国新时期小说在越南
译介的情况和以上所述越南文学革新的背景、进程以及特征的内容中，不
难发现在20世纪80年代末90年代初中国新时期小说开始进入越南时，越

南文学革新已经定型,"革新"已成为全社会广泛承认的主张。此外,无论在理论方面还是创作方面,此刻的越南文学都有一定的"革新"成就了。因而我们可以肯定:中国新时期小说在越南的译介并不是越南文学革新的原因之一。这里又出现了一个值得思考的问题:在越南翻译中国新时期文学作品之前,同时也是越南文学革新活动的潜伏时期,越南文艺领导界以及文艺、文学界是否已经接触到中国新时期文学的精神,从而受其影响?然而,在当时两国关系破裂的背景下,"接触"的可能性虽然存在,但"受影响"的可能性几乎没有。实际上,越南文学革新发生的原因,除了内在的要求之外,还深受苏联改革的影响。但是,此问题并不属于这篇文章的范围。

20世纪80年代末90年代初中越关系逐渐走向正常化,给中国新时期小说进入越南创造了良好的背景。其中,对中国新时期小说来讲,两国的"改革开放"正是最具有决定性的因素。1991年,越南事实出版社(现为"国家政治–事实出版社")出版了《十年改革之后的中国》。该书收集了中国人写的关于中国改革开放的部分文章。具体的是:李鹏《改革开放要沿着健康的轨道前进》(载《人民日报》1990年2月25日);李鹏《努力启动市场 促进生产适度发展》(载《人民日报》1990年10月9日);程青《关于文化经济政策走向的探讨》(载《瞭望》1990年5月14日第20期);作者不详《牢牢抓住经济建设这个中心———论贯彻党的基本路线》(载《人民日报》1990年8月29日);杨雍哲《稳定·改革·发展——学习党的十三届七中全会关于农业发展思想的几点体会》(载《人民日报》1991年3月1日)。其中,第一篇文章讲中国改革开放各个方面的政策,第二篇文章讲工业改革的情况,第三篇文章讲文化经济的政策,第四篇文章讲"以经济建设为中心"的问题,第五篇文章讲农业改革的情况。总体来说,越南选择翻译介绍的五篇文章的内容主要讲中国共产党对改革开放的总体政策和经济改革方面的问题。值得注意的是,与普通出版社不同,越南事实出版社是越南共产党与越南政府的政治出版机关,它出版发行的书籍在很大程度上反映了当时官方的观点与态度。出版社在该书的"引言"中说明:出版该书的目的是推进中越两国关系正常化的进程,同时也向越南读者提供关于中国改革开放的参考资料。那么,越南官方话语既然已经承认中国改革开放的经验可以给越南的改革开放带来提示，在文艺以及文学领域中的改革开放也不该例外。同一年，越南还翻译出版一本书：《改革十年社会科学重要理论观点综述（1978—1988）》（张新京主编，于1990年由中国学苑出版社出版）。译本书名为：《中国社会科学理论观点——十年改革开放》，多人译，由越南理论通讯出版社出版发行。书中"引言"介绍，该书是一部有价值的专著，阐述了中国社会科学界在哲学、政治、经济、文化、艺术方面最新的理论观点，能够给越南读者提供重要参考。1990年在中国出版、刊登的关于改革开放的专著以及文章，1991年在越南已经得到翻译出版。由此可见，20世纪90年代初，中越两国关系走向正常化的时候，越南官方和人文社会科学界对中国的改革开放特别关注。中国新时期小说在越南的译介离不开这个背景。

越南对中国新时期小说的译介和越南当代文学的"文学革新"紧密联系在一起。这种关系凸显在两个方面：一方面，越南"文学革新"影响到越南对中国新时期小说译介的方向和态度；另一方面，越南对中国新时期小说的译介在一定程度上变成越南"文学革新"的一种动力、一种"同行者"、一种"参考"。谈起中国新时期小说在越南与越南当代文学的关系，我们可以毫不犹豫地用"革新"这个词将两者联系在一起。但是，在这种关系中，"革新"最终是什么？是"前提"，是"标志"，还是"线索"？似乎什么都是。首先需要肯定：越南文艺革新包括文学革新已经给中国新时期小说在越南译介创造了良好的背景。文学革新的进程同时也是文学走向世界的进程。世界上各个国家的文学成果都可以在越南得到翻译出版，从而参与越南的文学革新。何况中国新时期文学包括中国新时期小说和越南革新文学具有那么多的共同点。换句话说，在译介外国文学作品的过程中，越南已经将自己文学的"革新"当作一种"镜头"来看待外国文学。通过此"镜头"，越南翻译界、出版界已经发现，中国新时期小说所表现出来的问题与当时本国的文学问题很相似。

20世纪80年代末90年代初是越南开始翻译介绍中国新时期小说的时间。从1987年到1992年，在越南文坛上曾发生过以文学革新为主题的三场争论：关于文学与现实之关系的争论，关于文艺与政治之关系的争论和关于社会主义现实主义创作方式的争论。关于文学与现实之关系的争论由

文学理论家黎玉茶的《关于文学反映现实的问题》一文发起。文章于 1988
年在《文艺》报第 20 期发表。黎玉茶认为，反映现实并不是文学的功能
而是文学的属性："在艺术理论方面上（与反映理论方面不同），文学首先
并不是对现实的反映而是对现实的思考。"① 他也强调，马克思主义的经典
理论不将对现实的反映作为文学最重要的功能。黎玉茶的文章引起了
1988—1989 年间的一场激烈争论。1990 年，他的观点在《理论与文学》
（由胡志明市年轻出版社出版）这部专著中被进一步展示，再一次推动十
分激烈的争论，这场争论到 1992 年才得以平息。关于文艺与政治之关系的
争论是越南文学革新进程中十分重要的一件事。但是在 1986 年越南文学革
新正式被承认之后，此问题才变成全社会以及文艺界所关注的热点。1987
年 10 月 6—7 日，在阮文龄总书记的参与下，越南文艺界一百位代表人物
聚合在河内召开的座谈会。在论坛上所发表的文章后来被《文艺》报陆续
登载，内容都围绕文艺与政治之关系展开。之后，于 1988 年 3 月召开的由
《文艺》报主办的"关于文学的问题"座谈会和于 1988 年 4 月召开的由
《共产》杂志主办的"文艺在党的革新事业中"座谈会都以文艺与政治之
关系为讨论的重点。结果就是，以前"文艺为政治服务"的方针被"文艺
与政治密切相关"的方针代替。这场争论在很大程度上反映了越南文艺与
文学的民主化趋势。关于社会主义现实主义创作方式的争论其实是以上所
述两场争论的结果。这场争论的高峰在 1987—1989 年三年间。此时在
《文艺》报、《文学》杂志、《香江》杂志、《军队文艺》杂志等报刊中纷
纷出现了关于社会主义现实主义创作方式的文章。1989 年《文学》杂志召
开了"社会主义现实主义之时事问题"的研讨会。由此可见：虽然文学界
对此问题还存在许多不同的认识，但是无论在理论方面还是创作方面，他
们对社会主义现实主义创作方式的重新认识、重新评价是不可否认的。从
以上所述的三场争论中，我们不难看出，中国新时期文学与当时任何其他
国家的文学相比都更符合越南文学界与读者所关注的"革新""改革"
"开放性"的问题。

　　在探索此问题时，我注意到越南的中国文学研究者胡士协的《中国当

---

① 黎玉茶：《关于文学反映现实的问题》，《文艺》1988 年第 20 期。

代文学——对越南的良好经验教训》一文。文章的开头写道："我们的国家解放统一三十年了（1975 年—2005 年）……大致而言，越南当代文学的惰性还比较高。改革开放二十多年之后，越南当代文学无论在创作还是在理论、批评方面上都没有太大发展……与此同时，在改革开放时期中不断发展的中国当代文学已经进入越南。中国的文艺观点全面革新，很多作品所'提出的问题'都值得越南作家来考虑。中越两国的环境很相似：都是在共产党的领导下构建社会主义。因而，越南当代文学对中国当代文学如何接受是一个很值得关注的问题。"① 可惜，虽然胡士协提出了问题，但他还是没把问题弄清楚。将中国当代文学的成就进行梳理之后，他只得出一个结论："三十年之后的今天回过头来看，中国当代文学在理论与实践上的成功正是越南当代文学一个好榜样。"很明显，胡士协给越南人介绍中国新时期文学的方式其实深受他对越南文学革新的期待与失望的影响。笔者不完全赞成胡士协的想法，尤其是他对越南当代文学成就的否认。但是，他提出问题的方式显示了越南在接受中国当代文学时所采用的一个较为普遍的标准，正是文学在各个方面的"新"。

伴随越南文学革新本身的进程，"革新"的含义也有所改变。从 20 世纪 80 年代末到 90 年代初，"革新"是文学的热点，但是，总体方向还是被限定为向社会主义国家（特别是苏联）和世界"进步人民"的文学（包括中国新时期文学）学习；从 90 年代末到现在，"革新"不再被看作文学界的"口头禅"了，那种"方向限定性"也不再继续存在了，而文学革新也逐渐摆脱政治功利的意识，转回文学本身的命运。在这样的背景下，中国新时期小说仍然得到翻译出版，引起关注。那么中国新时期小说与越南文学革新的关系在两个不同的阶段如何转变？这也很值得深入考察分析。

在第一阶段，越南对中国新时期小说的译介侧重于其在思想与内容方面的革新。"思想解放"的要求和"文学革新"的需要紧密联系在一起。在第二阶段，越南对中国新时期小说的译介转到关注其文学形式与作品艺

---

① 胡士协：《中国当代文学——对越南的良好经验教训》，载阮文龙主编《1975 年后越南文学——研究与教学的问题》，越南教育出版社，2009，第 141 页。

术形式的革新。举一个具体的例子：如第一部分所述，在越南翻译界主译中国新时期小说的人中，范秀珠是为中国新时期短篇小说在越南的译介活动做出最大贡献的译者。在她 1991 年翻译编选的《背后的影子：中国短篇小说选集》的"引言"里，她在介绍中国伤痕文学和改革文学的八篇短篇小说时说："一切都通过艺术形象表达出来一个共同的愿望，就是民主、开放与革新。"① 范秀珠在这里所提到的"革新"在很大程度上是在思想方面的"革新"，与"民主"和"开放"两个因素紧密联系在一起。十多年之后，她在 2004 年翻译编选的《火烧花篮阁：中国短篇小说选集》的"引言"中也特意介绍了中国短篇小说的成就。但是，通过"引言"的内容与表达方式，我们可以看出，译者的注意力在很大程度上已经转到"写法"层面上的"革新"与"实验"了。

实际上，只要将中国新时期小说越南文译本的"引言"和出版的相关资料做一个简单的梳理，就不难看出：如果说 20 世纪 80 年代后期到 90 年代中期，在越南被译介的作品（如《男人的一半是女人》《人啊，人!》《男人的风格》《孽债》《芙蓉镇》等）常常与中国的"改革开放"、中国的"新时期文学""对禁区的冲破""社会主义现实主义创作方式"等问题联系在一起，那么 20 世纪 90 年代后期至今在越南被译出的作品（如《废都》《红高粱》《阴阳八卦》《活着》《酒国》《爸爸》《一地鸡毛》《玫瑰门》等）就经常被关联"思维与技术的革新""艺术世界""新的写法""中国文化特色"等问题。在研究方面，情况也是如此。将越南对中国新时期小说的介绍研究进行分析，可以看出：除了第一阶段对政治依赖性太大的"1989 年之前的研究"之外，第二阶段和第三阶段的研究方向都跟越南本身文学革新的演变密切相关。从 1989 年到 20 世纪 90 年代末的研究反映了越南文学界对中国新时期小说的初步了解。从 20 世纪 90 年代末至今的研究沿着较为稳健的轨迹前进。在这样的过程中，研究方向从侧重思想内容方面的革新转到侧重艺术形式方面的革新，从提高"政治价值""社会价值"转到提高"文学本身的价值"。这些转变完全符合越南文学革新

---

① "引言"载《背后的影子：中国短篇小说选集》，范秀珠选译，越南胡志明文艺出版社，1991。

的路程。

当然，如上所述的是大体的情况。实际上，文学的"革新"原本并不能绝对地分为内容革新与形式革新。何况在任何情况下，敏感的译家、研究者与评论家都有自己的想法。举一个例子，在接受笔者采访时，范秀珠译者谈过选择翻译作品的原则：首先是中国当代文学的代表作，然后根据作品对于越南社会和越南读者需求的符合性进行"选择"。就具体作品而言，她比较注重"新的写法"。1989 年她选择刘震云的《新兵连》的最为重要的原因是其使用了新的写法，后来她翻译冯骥才的一系列小说也是因为他已经在作品中"用新的写法来写旧的故事"。实际上，如上所述，越南对中国新时期小说的译介有十年左右的时间间隔。20 世纪 80 年代末越南开始译介中国新时期小说时，中国新时期文学已经从 80 年代初期兴起的伤痕文学、反思文学与改革文学转到 80 年代中期兴起的寻根文学与先锋文学了。因此，翻译界对中国新时期文学整个路程的概括能力以及对越南文学现状的敏感度是非常重要的。

文学史观念的变化（这里指的是文学"革新"的变化）总是与当时社会和历史的变化密切相关。在文学领域中的相同到底来源于在社会、思想以及文化等方面的相同。20 世纪 80 年代末 90 年代初，中国和越南都经过了一系列社会与文化的变化和冲击。"后革命时代"和"改革开放时代"是两国当代社会最为重要的共同点。以"改革"为核心的中国新时期文学和越南当代文学都追求"民主化"精神。按照越南文艺界最为普遍的说法，虽然"革新"的内涵随着时间的推动而有所改变，但是其精神——"民主化"是不变的："如果在文学革新初期，文学革新的主要动力来源于民主化社会革新的要求——这也是当时文学核心内容，那么在往后的时期，文学能将注意力转到文学本身的革新——包括写法的革新和体裁诗学的革新，这也可以被看作文学民主化趋势的一种表现。"① 对于这种精神，越南翻译界、研究界以及广泛读者是可以在中国新时期小说的身上找到的。

---

① 阮文龙主编《越南文学评论：1975 年—2005 年》，河内师范大学出版社，2012。

结　语

中国新时期小说在越南的翻译与越南文学革新的关系离不开中国和越南当代历史。一方面，越南战争与国家分裂以及两国的改革开放无疑是我们探讨中国新时期小说在越南的译介与越南当代文学发展的关系的一种"线索"。另一方面，客观的历史原因已经导致中国新时期小说进入越南"迟误"了十年。时间的落差给中国新时期小说在越南的译介与越南当代文学发展的关系造成了巨大影响。20 世纪 80 年代末到 90 年代初，中国和越南都产生了改革和变化，两个国家都因为"告别革命"而进入"后革命时代"，同时也由于采取"渐进改革"的政策而进入"改革开放时代"，这种深刻的变化与冲击给两国当代社会以及文化、文学带来了许多相同的处境、感受和需要面临的问题。

越南文学革新正是中国新时期小说进入越南的前提，而这在很大程度上决定了越南对其的翻译选择、介绍态度以及研究方向。反过来，中国新时期小说的"革新"精神可以给越南文学革新带来一个榜样或者一种参考。无论是从背景、前提、动力、标志还是从线索的角度来看，"革新"都是两者之间最大的共同点。以"革新"为核心的越南当代文学已经在中国新时期小说的身上找到一种"同行者"的意味。

论韩国学者崔溶澈的红学研究

张景业　李大博*

摘　要： 崔溶澈是 20 世纪 80 年代以来韩国红学界涌现出的红学研究者中的杰出代表，其红学研究涉及曹学、版本、评点、续书、传播与翻译多个领域，为《红楼梦》在韩国的传播与韩国红学的发展做出了巨大贡献。从崔溶澈对《红楼梦》在韩国传播过程的研究、对《红楼梦》韩文译本的研究以及崔溶澈对《红楼梦》的翻译实践三个维度，全面梳理和分析崔溶澈的红学研究成果，探究其研究特色，能够揭示其在韩国红学史上的重要地位。

关键词： 红楼梦　崔溶澈　韩国　传播　译本

《红楼梦》作为中国古典小说史上的巅峰之作，不仅在中国本土拥有最广泛的读者群和几乎超越其他所有中国古典小说的影响力，而且也长久地吸引着海外读者与研究者的目光，是中国古典小说中海外传播最为广泛的一部作品。早在 18 世纪末《红楼梦》便传入日本，随后又传入朝鲜半岛，并在日本和朝鲜半岛产生了巨大影响。随着翻译和研究等学术活动的展开，"日本红学"和"韩国红学"也成为"海外红学"中最为耀眼的两颗"明星"。与日本红学相比，韩国红学的起步较晚。韩国红学界一般将韩国红学的发展分为四个阶段。第一个阶段为朝鲜王朝末期。《红楼梦》传入朝鲜半岛后，主要在朝鲜王朝的上层贵族中传播，在民间的影响力并

---

* 张景业，大连外国语大学新闻与传播学院副教授，研究方向为汉语言文字学；李大博，大连外国语大学新闻与传播学院副教授，研究方向为元明清文学。本文为大连外国语大学 2016 年科研项目"《红楼梦》在东北亚地区的域外传播与接受研究"（项目编号：2016XJJS28）阶段性成果。

不大，虽然这一阶段出现了韩文全译本——乐善斋本《红楼梦》，但真正的红学研究并未开启。第二个阶段为日治时期①。梁建植和张志暎两位红学家尝试用现代韩国语翻译《红楼梦》，并撰写了介绍和研究《红楼梦》的相关论文，这在韩国红学史上起到开先河的作用。第三个阶段是从1945年韩国光复到20世纪70年代末。这一阶段出现了大量现代意义上的《红楼梦》韩文译本，包括全译本、节译本、缩译本和改译本。随着这些韩文译本的出现，《红楼梦》在韩国民间的影响力逐渐增大。第四个阶段是从20世纪80年代至今。这一时期涌现出一批具有代表性的红学研究者，也产生了大量的红学研究成果，包括作者研究、版本研究、成书背景研究以及思想、文化、美学研究。韩国高丽大学中文系的崔溶澈教授便是20世纪80年代以来韩国涌现出的红学研究者中的杰出代表，他不仅翻译、出版了韩文全译本《红楼梦》，而且还在多个领域对《红楼梦》进行了深入研究。笔者在大量查阅崔溶澈红学论著的基础上，将其红学研究成果归纳为以下七个方面。

其一，关于曹雪芹家世、生平及创作理论的研究。代表论著包括《曹雪芹家世考》（《中国论丛》创刊号，1984年）、《通过〈红楼梦〉看曹雪芹的小说创作理论》（《中国小说论丛》第2辑，1992年）等。

其二，关于《红楼梦》版本的研究。代表论著包括《〈红楼梦〉初期版本的研究》（《汉阳大学人文论丛》第11辑，1986年）、《〈红楼梦〉后期版本的研究》（《汉阳大学人文论丛》第13辑，1987年）等。

其三，关于《红楼梦》评点的研究。代表论著包括《〈红楼梦〉脂砚斋评语研究》（《汉阳大学人文论丛》第17辑，1989年）、《〈红楼梦〉的评点批评研究》（《汉阳大学人文论丛》第21辑，1991年）。

其四，关于《红楼梦》续书的研究。代表论著包括《〈红楼梦〉续书研究1——关于〈后红楼梦〉》（《中国小说论丛》第1辑，1992年）、《关于〈后红楼梦〉》（《后红楼梦》，以会出版社，2004年）等。

其五，关于《红楼梦》与韩国小说创作的关系研究。代表论著包括《〈红楼梦〉对〈九云记〉影响之研究》（《中国语文论丛》第5辑，1992年）、《〈九云记〉的作者及其与〈红楼梦〉的关系》（《红楼梦学刊》第

---

① 韩国的日治时期为1910—1945年。

56 辑，1993 年）等。

其六，关于《红楼梦》的传播与翻译研究。代表论著包括《乐善斋本全译〈红楼梦〉初探》（《中国语文论丛》第 1 辑，1988 年）、《〈红楼梦〉现代译本的考察》（《中国语文论丛》第 2 辑，1989 年）、《〈红楼梦〉的韩国传来及其影响研究》（《中国语文论丛》第 4 辑，1991 年）、《试论〈红楼梦〉的外文翻译：文化差异与韩文翻译》（《红楼梦学刊》第 115 辑，2006 年）等。

其七，其他相关研究。代表论著包括《〈红楼梦〉的文学背景研究》（台湾大学硕士论文，1983 年）、《清代红学研究》（台湾大学博士论文，1990 年）等。

通过对以上相关文献的梳理可见，崔溶澈的红学研究视角广阔而多元，但又在"《红楼梦》在韩国的传播与翻译"这一领域用力最多，尤其是对《红楼梦》韩文译本的研究，可以说超越了 20 世纪 80 年代以来的所有韩国红学研究者。

一　崔溶澈对《红楼梦》在韩国传播过程的研究

《红楼梦》究竟是何时传入韩国的？这是红学界一个难解的谜团。上海文萃书局于 1791 年和 1792 年分别刊印了"程甲本"和"程乙本"，此后程刻本《红楼梦》开始在中国广泛传播。当时的清王朝和朝鲜王朝接触极为频繁，朝鲜王朝每年都会数次派大量的燕行使节赴北京，因而来自朝鲜的燕行使节会很容易接触到《红楼梦》这部在中国广泛流传的小说，且《红楼梦》于 1793 年便传入日本，作为比日本距中国更近的邻邦，《红楼梦》怎么会没有传入当时的朝鲜王朝呢？所以，按常理来说《红楼梦》应该在程刻本出现后不久便通过燕行使节传入当时的朝鲜王朝，但目前在韩国却没有找到相关的文献记载，也未发现程刻本，只有程刻本之后出现的东观阁本等复刻本。正因如此，《红楼梦》传入韩国的具体时间，成为韩国红学史上的一大谜团。崔溶澈很早便对这个问题予以关注，并在大量查阅相关文献的过程中发现了两条重要文献。

其一为李圭景《五洲衍文长笺散稿》卷七《小说辩证说》中留下的一

段记载："有《桃花扇》《红楼梦》《续红楼梦》《续水浒传》《列国志》《封神演义》《东游记》，其他为小说者不可胜记，有《聊斋志异》，蒲松龄著，稗说中最为可观。"① 崔溶澈据此认为李圭景较早接触《红楼梦》的可能性很大，并结合李圭景的家庭出身进行了必要的推论。李圭景于1788年出生于朝鲜王朝的一个名门望族，其祖父李德懋曾作为燕行使节到访北京，且李德懋还曾做过奎章阁的检书官，家中藏书甚多，这种家庭环境对李圭景产生了巨大影响，并使其有机会接触一般人难以见到的清代文学作品。② 同时，崔溶澈根据李圭景于1839年完成的另一部著作《五洲书种》（共四册）推测，《五洲衍文长笺散稿》的完成时间大约在1830年，这条文献的写入时间也应在1830年以前，由此"推测《红楼梦》输入朝鲜的年代为1830年以前"③。

其二为赵在三在《松南杂识》卷七《稽古类·西厢记》中留下的一段文献记录："《西厢记》:《文苑查橘》中，《会真记》'待月西厢记'下一句巧演而成为山棚之戏，故莺莺上是也。《金瓶梅》《红楼浮梦》等小说不可使新学少年、律己君子读也。"对于这段文献中提到的《红楼浮梦》一书，有人认为是与之发音相同的《红楼复梦》。崔溶澈否定了这种说法，并认为在与《金瓶梅》一道被禁止的《红楼梦》续书中，只选择《红楼复梦》的可能性极小。④ 崔溶澈提出，《红楼浮梦》应该是赵在三将听来的《红楼梦》书名错误记录的结果，这段文献中提及的《红楼浮梦》指的就是《红楼梦》。同时，赵在三在这段文献中虽然贬斥《金瓶梅》和《红楼梦》，并提出要对这两部书保持警惕，但在崔溶澈看来，这恰恰从反面说明《红楼梦》在当时的韩国已经广泛流传的事实。⑤ 再联系赵在三的生卒年代（生于1808年，卒于1866年），崔溶澈认为，《红楼梦》在19世纪前半期便在韩国广泛传播。

---

① 崔溶澈:《〈红楼梦〉在韩国的传播与翻译》，肖大平译，中华书局，2018，第5页。
② 崔溶澈:《〈红楼梦〉在韩国的传播与翻译》，肖大平译，第5页。
③ 崔溶澈:《〈红楼梦〉在韩国的流传和翻译——乐善斋全译本与现代译本的分析》，《红楼梦学刊》1997年增刊。
④ 崔溶澈:《〈红楼梦〉在韩国的传播与翻译》，肖大平译，第6页。
⑤ 崔溶澈:《〈红楼梦〉在韩国的传播与翻译》，肖大平译，第7页。

　　基于以上两条重要文献的发现，崔溶澈认为《红楼梦》在 19 世纪初期甚至更早便已传入韩国，并于 19 世纪前半期在韩国广泛传播，这一研究成果无疑对于韩国红学史的研究具有重要价值。在基本确定《红楼梦》传入韩国的大致历史时段后，崔溶澈又对《红楼梦》在韩国的传播过程进行了全面梳理：首先，基于乐善斋本《红楼梦》的发现和对该译本的全面研究，崔溶澈认为从《红楼梦》传入韩国至 19 世纪末期，即朝鲜王朝末期，《红楼梦》的传播范围限于朝鲜王朝的宫廷和社会上层；① 其次，基于对 20 世纪前期韩国的两位著名红学研究者梁建植和张志暎的译本与研究成果的研究，崔溶澈认为《红楼梦》于日治时期开始由韩国社会的上层向下层传播，同时，梁建植和张志暎的《红楼梦》节译本与红学研究成果的发现，颠覆了以往韩国红学界认为韩国日治时期并无红学研究成果出现的错误认知，弥补了韩国红学史的一大缺页；② 最后，基于对从 1945 年韩国光复到 20 世纪 80 年代以前出现的大量现代韩文译本的研究，崔溶澈认为虽然这些现代韩文译本均存在一些"瑕疵"，但从中可以看出，韩国光复后，《红楼梦》在韩国民间的影响力逐渐增大③。

　　崔溶澈对《红楼梦》在韩国传播过程的研究既重视文献考查，又突出理据分析，在基本确定《红楼梦》传入韩国的时间后，又对《红楼梦》在韩国的传播过程进行了相对清晰的勾勒。这种研究视角和方法相对于 20 世纪 80 年代以前韩国红学界那种随感式、散点式的研究是一个巨大的提升，对于韩国新红学的建构具有开拓之功。

二　崔溶澈对《红楼梦》韩文译本的研究

　　译介传播是文学经典跨文化传播中最为重要的一种方式。《红楼梦》传入韩国后，出现了大量韩文译本。从朝鲜王朝时期的乐善斋本《红楼

---

① 崔溶澈：《南朝鲜乐善斋本〈红楼梦〉研究》，《红楼梦学刊》1990 年第 1 期。
② 崔溶澈：《1910—1930 年韩国〈红楼梦〉的研究和翻译——略论韩国红学史的第二阶段》，《红楼梦学刊》1996 年第 1 期。
③ 崔溶澈：《〈红楼梦〉在韩国的流传和翻译——乐善斋全译本与现代译本的分析》，《红楼梦学刊》1997 年增刊。

梦》到 20 世纪 80 年代出现的大量现代韩文译本《红楼梦》，我们可以从中窥视韩国受众对《红楼梦》的接受过程与接受程度。作为韩国当代成就斐然的红学家，崔溶澈对《红楼梦》韩文译本的关注与研究由来已久，这也为其最终推出韩文全译本《红楼梦》提供了重要前提。

（一）关于乐善斋本《红楼梦》的研究

乐善斋是李氏朝鲜宪宗时期（1835—1849）为纪念后宫金氏而建造的宫殿，高宗时也作为其休息的便殿，同时也是保存大量抄本书籍的宫廷图书馆，以便后宫女性阅读。乐善斋所藏 2300 多册抄本书籍一直没有公开，直到 1945 年韩国光复后才被人发现，后被转移至韩国昌庆宫藏书阁保管。我们这里所说的乐善斋本《红楼梦》是指由韩国昌庆宫收藏的韩文全译本《红楼梦》。自 20 世纪 50 年代开始，李明九、李家源和金泰范等韩国学者已然对乐善斋本《红楼梦》展开相关研究，但真正对此展开系统研究的是崔溶澈。

首先，对于乐善斋本《红楼梦》的产生地和产生原因，崔溶澈进行了深入而细致的思考。崔溶澈认为，由于迄今为止在韩国民间并没有发现民间翻译本的《红楼梦》，因此《红楼梦》在民间翻译以后传入宫廷的可能性几乎不存在。[①] 第一个韩文全译本《红楼梦》为什么会出现在朝鲜王朝的宫廷中？对于这个问题，崔溶澈既考虑到当时的朝鲜王朝喜读通俗小说的社会风尚，又考虑到《红楼梦》对宫廷成员的实用价值。从 18 世纪开始，大量的中国通俗小说传入朝鲜半岛，虽然当时的朝鲜王朝受中国正统儒家思想的影响，对通俗小说采取排斥态度，但在民间已然形成喜读中国通俗小说的风尚，这种风尚也必然会从民间传入宫廷。另外，由于当时的朝鲜王朝将汉语作为最重要的"第一外国语"，所以，上至宫廷，下到民间，学习汉语成为一股热潮。因为《红楼梦》的语言非常接近当时的北京官话，加之乐善斋本《红楼梦》采用的是汉语和韩文对译的形式，所以崔溶澈认为，"当时朝鲜宫中在翻译《红楼梦》的时候，存在将它看做学习

---

① 崔溶澈、高旼喜：《〈红楼梦〉在韩国》，《博览群书》2008 年第 5 期。

汉语的一种教科书的意图"①。笔者认为，这种思考问题的视角无疑是全面、客观的，纵观《红楼梦》的海外传播史我们会发现，早期的海外读者接触《红楼梦》的主要动力是学习汉语的需要，作为将汉语视为最重要外国语的朝鲜王朝来说，《红楼梦》无疑是极为重要的汉语教材，这也是朝鲜王朝宫廷中出现全译本《红楼梦》的一个重要原因。

其次，崔溶澈对乐善斋本《红楼梦》进行了非常细致的文献学考察。崔溶澈认为，乐善斋本《红楼梦》是原文、译文和注音兼具的特殊译本，书写形态也与众不同。乐善斋本《红楼梦》每页一般分为上下两段，上段约占整个页面的1/3，下段约占整个页面的2/3。上段以朱笔书写原文，并以特殊的韩文标注当时的中国音，下段以当时的韩文宫体字书写译文，译文中偶有双行行注。崔溶澈根据这种书写形式推测，乐善斋本《红楼梦》的书写过程是先书写译文，然后根据译文书写原文，最后在原文上注音。②崔溶澈的这种推测既考虑到此时印刷技术并不发达的时代因素，又考虑到这一译本产生于宫廷的特殊环境因素。印刷技术的粗陋使当时的译者只能采用手抄的方式进行翻录，但译本又是供宫廷的后妃与贵族女性阅读的，加之宫廷中大量翻译官与抄写官的存在，于是乐善斋本《红楼梦》能够以这种精细化的抄写方式完成。

再次，崔溶澈对乐善斋本《红楼梦》的译者和所采用底本的研究也极为精准且富于开创性。关于译者，由于目前并未发现可靠的文献记载，所以先后有几位学者推测乐善斋本《红楼梦》的译者为李钟泰，崔溶澈也基本认同这一说法，并强化了这一说法的可信度。崔溶澈认为，将70余万字的《红楼梦》翻译成韩文是一个巨大工程，必须由政治地位较高和精通汉语的人承担这一重任，考虑到李钟泰科举及第、译科出身，又做过高官和外语学校的校长，所以李钟泰受命翻译《红楼梦》的可能性极大。此外，由于乐善斋本《红楼梦》并没有序文、跋文和评论，因此自然没有记载其翻译过程中所依据的版本，崔溶澈通过对部分回目和正文进行对比研究后

---

① 崔溶澈：《〈红楼梦〉在韩国的流传和翻译——乐善斋全译本与现代译本的分析》，《红楼梦学刊》1997年增刊。
② 崔溶澈：《〈红楼梦〉在韩国的传播与翻译》，肖大平译，第46页。

认为，乐善斋本《红楼梦》主要使用了程甲本系统的本子，其中"本衙藏本"和"王希廉评本"的使用频率最高，综合来看，乐善斋本《红楼梦》并不是根据某一固定版本翻译而成的。①《红楼梦》版本系统非常复杂，只有确定了译本所依据的版本，才能对其翻译效果做出客观的评价。崔溶澈之前的韩国学者，均没有对乐善斋本《红楼梦》所依据的底本进行考察，崔溶澈对乐善斋本《红楼梦》所依版本的明晰考察，既表现了其深厚的版本学研究基础，也为韩国红学中的译本研究和翻译实践提供了重要的方法论。

最后，崔溶澈在基本确定了译者和底本的基础上，对乐善斋本《红楼梦》的翻译情况进行了系统考察。这在韩国红学史上也是一种富于开创性的研究。通过对原本和译本的整体对比，崔溶澈认为乐善斋本《红楼梦》删除了原本的序文、跋文、总评和目录，采用直接翻译原文的方法。就翻译方法来说，乐善斋本《红楼梦》主要采用对译的方式，同时崔溶澈将其具体的翻译方法归纳为以下五种："一、对于汉字语并不转换成纯粹的韩国语，而是按照汉字的发音书写；二、中国语词汇以其他的汉字语进行替代；三、完全用纯粹的韩国语进行替换，逐字直译；四、恰当的意译；五、文物制度与固有名词等以双行注释的方式进行。"② 同时，崔溶澈还注意到乐善斋本《红楼梦》的注音方式，并通过细致研究对其使用的注音标记进行了分类。对乐善斋本《红楼梦》翻译方法的系统考察在崔溶澈之前并没有出现过，所以崔溶澈的这一研究在韩国红学史上无疑具有开创性，这也为后来崔溶澈从事《红楼梦》的翻译实践奠定了重要基础。

（二）关于梁建植和张志暎的《红楼梦》翻译研究

乐善斋本《红楼梦》是迄今为止我们发现的世界上最早的海外全译本，在韩国红学史和《红楼梦》的海外传播史上具有里程碑式的意义。在很长的一段时期内，韩国红学界认为，从乐善斋本《红楼梦》产生后直到韩国光复（1945）的这段时间是韩国红学发展的空白期，直到崔溶澈发现了梁建植和张志暎两位学者的红学研究成果，才弥补了韩国红学史的这一

---

① 崔溶澈：《南朝鲜乐善斋本〈红楼梦〉研究》，《红楼梦学刊》1990 年第 1 期。
② 崔溶澈：《〈红楼梦〉在韩国的传播与翻译》，肖大平译，第 57—58 页。

缺页。1990 年，崔溶澈在撰写完成其博士论文《清代红学研究》的时候尚未发现梁建植和张志暎的研究成果，直到 20 世纪 90 年代中后期，崔溶澈才逐渐发现了梁建植的红学研究成果，并在这一过程中发现了张志暎。

梁建植是韩国日治时期一位非常重要的文学评论家和翻译家，他对《红楼梦》的关注很早，其红学研究成果包括《红楼梦》评论和翻译两个方面，基于本文的论题所限，我们在这里只关注梁建植的《红楼梦》翻译。崔溶澈通过对相关材料的整理、研究发现，梁建植对《红楼梦》的翻译主要有两次：第一次是从 1918 年 3 月 23 日至同年 10 月 4 日，在《每日申报》上共连载了 138 回，按原著来看是翻译到第 28 回为止；第二次是从 1925 年 1 月 12 日至同年 6 月 8 日，在《时代日报》上连载 17 回，按原作来看是翻译到第 3 回为止。通过对梁建植译文文本的考察，崔溶澈认为梁建植所采用的《红楼梦》底本基本属于王希廉评本或王希廉·姚燮合评本系统，同时崔溶澈认为梁建植的译文主要有两大特点①。第一，文体上采用当时的通俗语言和现代白话。乐善斋本《红楼梦》是由数名宫廷译官共同翻译，以朝鲜王朝宫廷固有的"宫体"笔法抄录而成，而梁建植的翻译则完全摆脱了古典的翻译方式，采用通俗的现代韩文，虽然译文中偶尔还有"韩汉文混用"的情况（韩国语言中的汉字词汇直接用汉字），但综合来看，梁建植的译文大大强化了语言的通俗性和生动性。第二，利用韩国古典文学中的诗歌传统，采用"时调"②的方式来翻译《红楼梦》中的诗词。乐善斋本《红楼梦》往往采用直译或汉文音译的方式翻译其中的诗词，而梁建植则大胆采用韩文"时调"，既凸显了韩文的文体特征，又保留了中国古典诗词的韵律感。在笔者看来，梁建植的译文所采用的于文体上进行转换的翻译方式在《红楼梦》韩文翻译史上具有划时代的意义，因为他开创了用现代韩文翻译《红楼梦》的先河，对 20 世纪 80 年代之后众多现代韩文译本的出现起到重要的引导作用。此外，梁建植在于报纸上连载《红楼梦》译文的过程中还经常与读者展开互动，这对其翻译活动无疑

---

① 崔溶澈：《1910—1930 年韩国〈红楼梦〉的研究和翻译——略论韩国红学史的第二阶段》，《红楼梦学刊》1996 年第 1 期。

② 时调，又称短歌、诗余、长短歌、三章，是朝鲜半岛传统文学中一种具有代表性的诗歌形式。

具有促进作用，这种方式也是由在报刊上连载译文的特殊形式所决定的。

至于张志暎的《红楼梦》翻译，是崔溶澈在研究梁建植红学研究成果的过程中发现的。张志暎对《红楼梦》的翻译主要有两次：第一次是从1930年3月20日到1931年5月21日，在《朝鲜日报》上连载了302回，按原著来看是翻译到第40回为止；第二次是1932年，张志暎再次试图在《中央日报》上连载《红楼梦》译文，但仍是无疾而终。由于张志暎自幼深受儒家思想的影响，汉学造诣很深，并且他后来又参与了现代韩文普及运动，所以在崔溶澈看来，张志暎翻译《红楼梦》的最主要动力来源于其对现代韩文的研究，换言之，张志暎翻译《红楼梦》是普及韩文运动的产物。① 另外，笔者认为，张志暎曾多年从事汉语教学，他很可能会将《红楼梦》作为重要的汉语教材，这也是其翻译《红楼梦》的一个重要原因。通过对张志暎译文回目和正文的考察，崔溶澈认为张志暎所采用的《红楼梦》底本可能是清代中期以后流布最广泛的王希廉评本，当然张志暎的译文也有与王评本相抵触的地方，所以崔溶澈认为，"张志暎在翻译《红楼梦》时在以王希廉评本为底本的同时，参考了程甲本与《金玉缘》本的可能性也存在"②。通过对译文文本的细致考察，崔溶澈总结出张志暎《红楼梦》译文的三大特征。第一，主要采用韩文词汇进行翻译，并充分注意到译文的乡土化和通俗化。在梁建植的译文中偶尔还会出现"韩汉文混用"的方式，而在张志暎的译文中除了人名和地名这些不可避免的情况外，都使用韩文进行翻译，而且译者特别注意译文的乡土化和通俗化，从中可以看出运用现代韩文翻译小说的基本方法。第二，不是逐字全译，而是采用以故事为主的翻译策略。作为同时精通汉语和韩语的学者，张志暎发挥了他独特的语言能力，遇到典故较多或文化差异较大的地方就采用意译的方式，只把故事的大概内容传达给读者。第三，译文配有插图。为了便于读者阅读，强化阅读时的形象感，张志暎的译文中配有很多插图。《朝鲜日报》上连载的译文插图为安硕柱所作，《中央日报》上连载的译文插图为李用雨所作。在译文中配有插图，在《红楼梦》的韩文翻译史

① 崔溶澈：《〈红楼梦〉在韩国的传播与翻译》，肖大平译，第205页。
② 崔溶澈：《〈红楼梦〉在韩国的传播与翻译》，肖大平译，第212页。

上属于首次。① 张志暎将《红楼梦》翻译成流利的现代韩文，在韩国红学史上具有重大意义，因为这不仅扩大了《红楼梦》在韩国民间的影响力，而且也在一定程度上促进了韩国光复后一系列现代韩文译本的出现。

（三）关于现代韩文译本的研究

韩国光复后，出现了一系列的现代韩文译本《红楼梦》，崔溶澈对这些译本的情况进行了全面梳理，并对每一种译本的翻译特点进行了诠释。② 这些现代韩文译本包括金龙济翻译的正音本（1955—1956）、李周洪翻译的乙酉本（1969）、金相一翻译的徽文本（1974）、吴荣锡翻译的知星本（1980）、禹全民翻译的瑞文本（1982）、金河中翻译的金星本（1982）、冽上古典研究会的平民本（1988）。崔溶澈对以上 7 种现代韩文译本的翻译特点均做过细致研究，这里笔者依据崔溶澈的研究对以上 7 种现代韩文译本的总体特点进行归纳：第一，基本采用缩译的形式，并不存在真正意义上的全译本；第二，除个别译本可以确定采用程乙本系统的本子为底本外，大部分译本难以明确其采用的底本；第三，多数译本是在日文译本基础上进行的二次翻译；第四，基本采用流动意译的方式，对诗词、典故的翻译并不十分恰当。此外，崔溶澈还对中国出版的两种韩文译本即延边本（1978—1980）和外文本（1978—1982）予以关注。两种译本均为集体翻译，延边本采用程乙本为底本，译文基本符合韩国人的审美习惯；外文本前 80 回采用戚序本为底本，后 40 回采用程乙本为底本，语言运用上遵循朝鲜半岛北部的语言规则，表现出中国朝鲜族的语言习惯。

三　崔溶澈的翻译实践与 Nanam 版《红楼梦》

崔溶澈不仅多年来一直坚守红学研究的阵地，同时还身体力行从事翻译实践，并与高旼喜教授一道，通过 9 年的潜心钻研，于 2009 年推出了 6

---

① 崔溶澈：《1910—1930 年韩国〈红楼梦〉的研究和翻译——略论韩国红学史的第二阶段》，《红楼梦学刊》1996 年第 1 期。

② 崔溶澈：《〈红楼梦〉在韩国的传播与翻译》，肖大平译，第 234—247 页。

卷全译本《红楼梦》（该译本由 Nanam 出版社出版，以下称"Nanam 版《红楼梦》"），这一译本的推出在韩国红学史和《红楼梦》的海外传播史上具有非常重要的意义。与以往的韩文译本不同，Nanam 版《红楼梦》是第一部从中文原著出发的直接译本。除乐善斋本外，大多数韩文译本都是以日文译本为基础的再译本，而崔溶澈与高旼喜则是从中文原著出发直接翻译，这不仅表现出译者严谨的学术态度，更主要的是，这大大优化了翻译效果。同时，Nanam 版《红楼梦》也是第一部由《红楼梦》研究者翻译的韩文译本。韩国的红学研究始于 20 世纪 70 年代，而崔溶澈与高旼喜两位译者恰恰是在这一时期进入红学领域并长期坚持红学研究的学者，他们对《红楼梦》的深入研究与对文本的细致解读必然会融入他们的翻译实践中。冯其庸在为该译本所作的序文中曾这样说："《红楼梦》是一部很难翻译的书……我与两位教授相识多年，我深知他们对《红楼梦》的研究是很有成就的，对《红楼梦》的理解也是很深的，因此他们是以红学专家的身份来翻译这部书的，所以他们自然会很理想的解除这些难点，取得非常理想的成果的。"[①]

通过对该译本的细致考察，我们发现了 Nanam 版《红楼梦》超越以往韩文译本的鲜明特征。第一，明确了使用的翻译底本。Nanam 版《红楼梦》之前的韩文译本所使用的翻译底本均不明确，对译者和读者都容易产生误导。Nanam 版《红楼梦》以中国艺术研究院红楼梦研究所校注的《红楼梦》（1996 年第二版）这一 20 世纪 80 年代以来在中国最为流行的版本为底本，这既为译者的翻译提供了明确的指向，也为读者的阅读提供了极大的便利。第二，在翻译语言上，Nanam 版《红楼梦》尽量使用当下韩国使用范围最为广泛的通俗韩语，通过通俗化的语言强化译本的可读性。"在译文中，注意语言的精准、通达、流畅，在翻译回目、诗词时注意韩国语的音律，在音节和韵脚上花了很大功夫，力求将《红楼梦》原文营造出的氛围传达出来。"[②] 第三，为了便于读者阅读，译者创设了独特的"助读系统"。比如对回目和诗词中理解难度较大的部分详加注释；译者将全

---

① 冯其庸：《〈红楼梦〉韩文译本序》，《红楼梦学刊》2009 年第 5 期。
② 赵冬梅：《〈红楼梦〉在韩国——访〈红楼梦〉韩文本译者崔溶澈教授》。

书分为 6 卷，每卷 20 回，这 6 卷的题目分别是"幻生""葬花""盛宴""秋声""别殇""归元"，除去首尾两卷，中间 4 卷的名称显然是以季节的变化暗寓《红楼梦》所表现的盛衰兴亡的主旨，这无疑会便于读者理解《红楼梦》的主题内蕴；同时译者还在译本的开头和结尾处撰写了解题和后记，对《红楼梦》的主题、线索、结构、作者、海外传播和翻译过程做了详细交代，这对读者客观正确地理解、品读《红楼梦》具有重要的启示作用。另外，在 6 卷全译本之外译者还增加了一册由译者编辑的《〈红楼梦〉大观》供读者参考，这无疑也是一种重要的助读资源。第四，将文化翻译置于最重要的层面上。海外译者在翻译《红楼梦》时面对的最大困难往往是历史文化的隔膜。中、韩文化虽然具有同源性，但在细节上存在很多差异，基于此，Nanam 版《红楼梦》的译者将文化翻译置于最重要的层面上，尽量用韩国读者所熟知的韩国本土文化形态去整合翻译过程中的文化冲突，但也视具体情况有差异地对其进行处理。① 比如，韩国并不存在中国北方人所使用的暖房设备——火炕，韩国传统的暖房设备叫"突温"，因此译者便将怡红院中的"炕"译成了"突温"。再如，"女儿"是《红楼梦》中的一个重要价值话语，也是曹雪芹对大观园中众多少女的普适性称谓，但在韩国文化中"女儿"一般是指四岁以内的小女孩，因此，译者将"女儿"译成了"少女"。另外，韩国语是一种有语体的语言，人物对话时要依据他们的年龄、身份、关系来决定哪一方使用敬语，哪一方使用平语。比如，贾宝玉与怡红院中的众丫鬟是主仆关系，他们之间的对话本来应该有语体，但贾宝玉恰恰是一个追求个性解放的博爱之人，身边的丫鬟在与他对话时往往没有尊卑之别，所以译者只能根据上下文的整体语境反复斟酌翻译时所使用的语汇，这时，译者作为红学研究者的身份便再次发挥了重要作用。

如果说梁建植对《红楼梦》的研究在韩国红学史上起到了开先河的作用，那么崔溶澈则是韩国光复后涌现出的新一代红学研究者中的杰出代表，他的研究涉及曹学、版本、评点、续书、传播与翻译多个领域，尤其是在"《红楼梦》在韩国的传播与翻译"这一领域用力最多，他在潜心研

---

① 崔溶澈：《〈红楼梦〉的文化翻译——以韩国语译文为主》，《红楼梦学刊》2008 年第 5 期。

究多种韩文译本的基础上，与高旼喜合作推出的 Nanam 版韩文全译本《红楼梦》不仅扩大了《红楼梦》在当代韩国的影响力，更重要的是，它在最大限度上将一个本真的"红楼世界"呈现在韩国读者的视线中，进而让他们能够深切感受《红楼梦》所蕴含的中华文化精神。关注崔溶澈的红学研究，不仅有助于我们了解他的研究视角和特色，也为我们了解《红楼梦》在当代韩国的传播和译介提供了一个窗口。

红色题材舞台作品的对外传播策略

——以广州芭蕾舞团《浩然铁军》为例

李海宾*

摘　要： 我国的红色题材经典舞台作品以特定时代为背景进行创作，是优秀文艺作品的重要组成部分，这些经典作品蕴含中华民族深厚的文化底蕴和精神内涵。本文以广州芭蕾舞团的国家艺术基金资助项目《浩然铁军》为研究对象，在从剧目内容创作、制作的角度对其主要创作人员进行深度访谈，并对部分观演人士包括部分外国观众进行访谈后，研究发现，由于红色题材舞台作品在创、制过程中对剧目市场定位的不同，其对外传播的作用和意义并没有得到足够重视；在演出后的专家研讨会中，主要创作人员从多方研究探讨中也意识到在创作制作过程中，题材背景只是艺术创作所考虑的一部分，更需要深谙的是在故事情节、艺术表达上更贴近观众的审美情趣，如此才能使艺术作品带给人们深层次的情感、精神感染。

关键词： 对外传播　红色题材　舞台作品　浩然铁军

在中国政府"一带一路""人类命运共同体"等发展倡议理念的推动下，中国政治、经济、社会的发展备受世界瞩目，中国文化自由、包容、开放的魅力也吸引着世界的目光。自 2006 年发布的《国家十一五时期文化发展纲要》对中国文化"走出去"战略进行明确界定后，习近平总书记在全国宣传思想工作会议上强调指出"着力打造融通中外的新概念新范畴

＊　李海宾，中国传媒大学传播研究院博士研究生，研究方向为戏剧影视传播。

新表述，讲好中国故事，传播好中国声音"①，让文化、新闻工作者们在新时代文化"走出去"的号召下，更加明确方向、清晰任务，争先承担起应有之义、践行之责。广州芭蕾舞团的国家艺术基金资助项目《浩然铁军》就是在习近平新时代中国特色社会主义思想指导下，以创新的构思选材、阔达的历史视野、全新的故事视角创作的作品。笔者通过对该剧主创的深度访谈，以及对部分观演观众进行的访谈，从内容生产者的角度思考红色题材舞台作品对外传播存在的不足之处，提出相应的建议对策，力求使未来的红色题材舞台作品不仅能够在国内传播其崇高的价值理念，而且能够在提升作品的舞蹈艺术和艺术审美价值的同时，进而寻求在全球范围传播的可能。

一 红色题材故事：蕴含时代特色的中国故事

综观世界各国文化作品的创作和传播，在特定历史时期背景下创作的文化作品中常常会涌现出不少经典之作，尤其是战争、革命年代背景的作品，像苏联时期的《钢铁是怎样炼成的》《战争与和平》《静静的顿河》等优秀舞台作品，至今仍然活跃在世界的舞台上，在中国也被观众赞不绝口、广泛传播；还有世界音乐剧历史上的不朽经典之作《悲惨世界》《巴黎圣母院》，也都是以革命、战争为背景，创作出个性鲜活、令人印象深刻的角色，这些剧目至今仍在世界范围内广泛传播，向广大观众展现特定历史时期的法国社会的人间百态和价值理念，这些剧目也在中国舞台上绽放异彩、好评不断。

我国的红色题材经典舞台作品也是在特定时代背景下创作的经典之作，这些作品不仅蕴含深厚的中国文化底蕴和精神内涵，而且也是中国故事组成的重要部分。深入挖掘和展现这些优秀的故事内容，积极地对外传播，也是在帮助世界范围的观众从不同角度了解中国的历史文化。这些具有时代烙印的故事镌刻着不同时期的中国记忆，饱含特定历史时期中国人民特有的思想意蕴。革命文化是从中国共产党带领中国人民与不同时期敌人的抗争中

---

① 《习近平谈治国理政》，外文出版社，2014，第156页。

产生的特有文化形态，蕴含深刻丰富的中华民族精神内涵，它虽然诞生于烽火连天的时代，但它的精神魅力在和平年代依然可以绽放光芒。

芭蕾舞剧《浩然铁军》正是以中国革命为创作背景，用舞蹈语汇演绎再现革命先烈激昂赤诚的革命精神，将革命情怀与舞蹈艺术表现融合在一起，运用大开大合的叙事结构，将革命大爱的情感升华，成功唤起了观众的家国情怀和民族意识，让大家在为陈铁军二人舍己为国的壮举而感动之余，又悲恸于二人的凄美结局。浩然的正气，感人的故事，高超的技艺，别具特色的岭南风情深深地打动了观众。正如习近平总书记在文艺工作座谈会上的讲话指出的："国际社会对中国的关注度越来越高，他们想了解中国，想知道中国人的世界观、人生观、价值观，想知道中国人对自然、对世界、对历史、对未来的看法，想知道中国人的喜怒哀乐，想知道中国历史传承、风俗习惯、民族特性，等等。"① 所以，作为中国故事的重要组成部分，红色题材的故事通过这样一些经典艺术形式进行表现，更能让世界知道在某些特定历史时期背景下，中国人民的思想内涵和价值追求，也才能让世界更全面地了解真实、立体的中国。

所有作品都离不开特定的时代背景，这是毋庸置疑的。因此，在创作作品时，一定要考虑它的时代历史背景，确保使其成为落实"以科学的理论武装人、以正确的舆论引导人、以高尚的精神塑造人、以优秀的作品鼓舞人"② 理念的重要阵地和载体。此外，我们对艺术作品应当宽容，对红色主题作品中反映时代特征的表达方式应当给予充分的肯定，因为只有这样，才能使艺术作品具有真实性和客观性，也才能使艺术作品在观众的心中引起强烈共鸣。

二　红色题材舞台作品对外传播的现状及问题

近年来，国内艺术团体践行习近平总书记在文艺工作座谈会上的讲话精神，创作和演出了多部作品。但是，能够"走出去"的红色题材经典作

① 习近平：《在文艺工作座谈会上的讲话》，《人民日报》2015 年 10 月 15 日。
② 谢金：《革命文化：社会主义核心价值观的重要载体》，《中学政治教学参考》2019 年第 21 期。

品却为数不多，涉及红色题材经典文艺作品对外传播研究的文献也甚少。基于此，笔者对该剧主创人员进行了深度访谈。访谈前，为了避免主创人员做出先入为主的"有关对外传播"的方向考量，笔者做了细致的安排，客观地从艺术作品创作本身出发，讨论关于创作背景、故事结构、人物塑造、情感传递、动作技巧、宣传推广、观众考量、海外巡演等方面问题。研究发现，红色题材舞台作品对外传播在观念认知、艺术融合、受众考虑方面还存在不足。

（一）观念认知有突破，已有对外传播考量

在对《浩然铁军》主创人员的访谈中，谈到该剧海外传播的问题时，主创团队成员内部也是存在不同看法的。如总策划认为不同作品在创作前是有不同市场定位的，这种红色题材的作品在创作时一般面向国内市场。笔者发现这部分主创在思想中主观认为"红色革命题材"的舞台演艺作品更适合针对国内的观众，并没有过多考虑海外传播的可能。这有一些在观点认知上的固化，毕竟在以往中国对外文化交流活动当中，大部分创作者认为只有具备带有比较显著的中国特征的中国文化元素的一些内容才适合向海外传播。这样的观念导向也使海外的观众对于我们的舞台认知还停留在中国的京剧、中国的杂技等特定文化象征符号的表层，并没有从不同维度、不同深度去了解中国文化，去了解中国的舞台艺术。这也让我们的创作者们反思自己在做文化对外传播策略的时候，是否也应从不同层次、不同角度去考虑对外传播的内容生产呢？以《浩然铁军》为例，其实中国不同历史时期下的舞台作品就是很好的维度，如果结合上述理念对在战争、革命背景时期下体现不同的价值理念、人物性格、思想追求等方面的作品形成有规划的创作生产，相信中国不同历史背景下的社会形态、人文特点也会以不同的层次展现在世界各国的舞台上，海外的观众也相应地不会将对中国文化的认知只局限在对少数形式标签的认知上。这就像过去曾观看过中国京剧的海外观众的感受一样，当时绝大部分海外观众也只是停留在对京剧脸谱、唱腔感到稀奇上，尽管他们很有兴趣深度了解甚至学习其所以然，但从中国创作生产者的角度来看，他们并没有过多考虑和深入研究如何让海外观众能够深入了解和学习作为中国国粹的京剧。这些年在国家大力推动中国传统文化走向世界的政策下，这一点应该有些好的转变。

所以，笔者在采访中也发现主创人员对"红色题材""革命题材"概念的认识在主观上有了转变，虽然他们认为这些是和中国社会政治生活有关的题材，但同时也认识到"红色题材""革命题材"的概念只是中国人自己的叫法而已，国外观众的视角中并没有此种概念；这种定义相应地让中国的创作者先入为主地忽略了此类题材的舞台文艺作品也可以在世界的舞台上广为传播，因为同类题材的他国舞台艺术作品也是能吸引世界观众的，像我们看到的经典舞台剧《切格瓦拉》《战争与和平》，那些精彩的艺术表现早已超越它所反映的时代背景，打动观众更深的是这些作品的艺术本身，是音乐、舞蹈、故事情节等方面的艺术表达，而不是对"这是一部所谓的'红色''革命'背景的舞台作品"的刻意意识。所以，在这些经典剧目创作初始的时候，艺术创作者在主观认知上就已突破了传统的思想，而站在了"艺术无国界"的更宽广视野。

（二）作品创作视角丰富，深度引发观众共情

好的舞台作品实际上对创作本身应该力求艺术性、观赏性和思想性的统一。既要对艺术作品本身有艺术素养、艺术表达、艺术创新、艺术审美等诸多方面的诉求，也要在创作初期考虑观众的感受。优秀的艺术作品更要有精神、思想上的追求，能够在思想上引发观众的共振、共鸣的艺术作品才是真正有价值的艺术作品。《浩然铁军》的编导在访谈中，也谈到很多关于作品中如何将中国舞蹈特点、岭南文化风情等与西方的芭蕾语汇融为一体的问题，作品也在一定程度上成功地实现了这种融合。总体来说，他们不仅仅站在创作者的角度去生产舞台作品，而且还从受众的角度，尤其是海外受众的角度去考虑作品创作。我们在对观看完该剧的部分国外观众的访谈中发现，国外观众认为这是一部爱情题材的舞剧，他们能感受到爱情故事在该剧中细致化的展现和演绎；因为在外国观众眼里的芭蕾作品更多是像《天鹅湖》《罗密欧与朱丽叶》等名作那样，在对唯美爱情的演绎中展现美的舞蹈。所以，作为中国芭蕾舞剧的创作者，如果考虑海外市场的推广，首先应该从舞剧总体上多去考虑符合外国观众审美的视角，然后再斟酌如何从形式上实现和展现，这样才能更多地吸引世界的眼光来了

解学习中国文化。习近平总书记在文艺工作座谈会上的讲话也指出文艺工作者要"深深融入人民生活，事业和生活、顺境和逆境、梦想和期望、爱和恨、存在和死亡，人类生活的一切方面"①，才能创作出好的与市场接轨的作品。

（三）文化融合浮于表面，叙事结构亟须优化

在当今世界，开放、融合、发展是大势所趋，闭关锁国只会逆势倒流。中国今天的迅猛发展及取得的成就也离不开与世界的融合共进，尤其是改革开放四十年中与世界各国的交流互鉴。其间，与世界各国文化的舞台艺术交流也不断取得大的进展。从早期以官方交流的方式引入国外有影响力的舞台演绎作品、推广中国的优秀传统文化舞台作品到海外，到现在通过市场化运作引入或推出市场所需、观众所爱的舞台演绎作品，要讲好中国故事、传播好中国精神，尤其需要强化中华民族的精神内核，同时也需要善于"立足本来、吸收外来和面向未来"②，这样才能更广泛地向世界传播博大精深、源远流长的中华文明。

从客观上看，中国之所以拥有这么快的发展步伐，也是由于逐渐革新了固有的文化模式，从而具备了吸收外来文化资源营养的能力。中西方文化的更好融合也是创作者们普遍追求的，因为艺术创作是民族的，也是世界的。作为以西方芭蕾表现中国革命历史题材的作品，《浩然铁军》重在讴歌英雄人物、弘扬民族精神。在对该剧编导的访谈中，她重点阐述了该剧在西方芭蕾足尖舞的基础上，融合了大量的岭南特色、现代舞的语汇与技法等，追求舞剧整体既有西方艺术的贵气，又有民族文化的风韵，还有中国战士英勇战斗的影子，力求很好地运用表演者的肢体语言把西方芭蕾舞和中国民间舞更好地结合起来的创作理念。虽然该剧是一个红色题材的作品，但在芭蕾语汇下也没有不自然，不和谐。她以军警的动作设计为例，如扭胯是有点西方爵士舞蹈风格的舞步，而她们却希望通过这种表现

---

① 习近平：《在文艺工作座谈会上的讲话》，《人民日报》2015 年 10 月 15 日。
② 习近平：《在哲学社会科学工作座谈会上的讲话》（全文），原文载于新华社，网址：http：//www.npopss-on.gov.cn/n/1201610519/c219468-28361739-7.html，最后访问时间：2018年 5 月 19 日。

手法使剧目跟现代产生一点共鸣和思考。当然，编导在从自己的角度来看这部作品时，觉得该剧还是很适合海外推广的，因为里面含有包括比较符合中国传统的岭南文化元素在内的中国传统文化部分，她甚至觉得可以通过调整把这部分内容加重成为一段华彩篇章。所以，在访谈和演出后的研讨中，主创们都同意在接下来的创作改进中加重体现岭南风情的文化特色。

该剧的确在结构上借鉴西方戏剧构作的理念与实践，结合使用了现当代创作手法，打破了正常的时空，不再平铺直叙。戏剧构作是戏剧中包括时间、空间、舞台、人物等各元素的一种融合、一种相互作用。但编导对叙事结构的态度却是不同的，她认为再度创作的时候在叙事情节上是需要削弱的，反而是一些意向性的表达需要加重，经过这样处理的剧作节奏不再拖沓，比较紧凑；而在对交代情节转折的地方简明化的同时，还有一些其他的艺术加工处理，但还留了空白的地方，希望可以让年轻观众在此剧中找到存在感。

从整体上看，该剧无论是舞蹈语汇还是审美视角都在努力将"中西合璧"实现得更好，但过于强调形式上的融合也会导致在故事情感深度表现方面挖掘的不足。当然，这种融合也有可圈可点的部分，从对观演观众的访谈中可以看到，他们最喜欢第二幕恰恰是由于其在简单故事情节中对人物与人物之间感情的细腻化展现。因为芭蕾舞的柔美特征在展现丰富的情感变化时，相应地在舞蹈编排、情节体现上都会有其独到之处。

三　红色题材舞台作品对外传播策略建议

（一）传播立足展现文化自信是前提

对文化的不自信主要表现在对红色题材作品的市场定位方面，因而访谈的内容有些在意料之内，却又在有些方面有意外惊喜。意料之内当然就是对红色题材作品的对外传播考虑甚少，意料之外则收获颇丰。观众的反馈其实是对创作者最大的鼓舞，让创作者更有信心从对观众更具吸引力的故事情节、艺术表现、情感表达方面完善创作；更大的意外惊喜则是创作者在这次编排中其实已经体现出更深层次的融合中西方文化元素的技术技巧和表达呈现,这就为作品的海外传播奠定了坚实的基础。习近平总书记强调四个自信"说到底是要坚定文化自信",凸显了"文化自信"在"四个自信"中的引领作用。因此,对文化自信的培养关系到是否能够坚定不移的践行习近平总书记的指示精神;只有坚定文化自信,才能使我国优秀传统文化与世界文化融合发展,才能有力推动中华优秀文化创新性转化、创造性发展;要努力用好红色革命文化资源,① 同时吸收世界先进文化的精华,为向世界传播好中国故事添砖加瓦。只有对本国的文化充满自信,才能在更充分地展现中国优秀文化的同时更好地融合其他文化,成就"美人之美、美美与共",也正如 2013 年 12 月习近平总书记在十八届中央政治局第十二次集体学习时的讲话中所指出的那样,"把跨越时空、超越国度、富有永恒魅力、具有当代价值的文化精神弘扬起来,把继承优秀传统文化又弘扬时代精神、立足本国又面向世界的当代中国文化创新成果传播出去"②。在推进文化和价值观对外传播的创新发展过程中,我们必须基于中国的历史传统和社会发展现实,提炼出适合描述中国道路、反映中国力量、体现中国价值、表达中国精神的中国话语。

(二) 拓宽视野融汇中西文化是关键

在《浩然铁军》中,我们能看到广州芭蕾舞团学习借鉴了西方芭蕾语汇,融合了中国地域民族风格,并巧妙地将中国岭南地区舞蹈动作的婀娜多姿、小鸟依人融入了轩昂挺拔、柔美动人的芭蕾语汇中。虽然故事的情感表达需要更细微化的展现,但是该作品的情感脉络还是始终贯穿全剧的设计,用当代人可以产生共鸣的情感让人物更丰满,角色更立体。并且创作者还让年轻的演员用一些当下的故事来代入角色。虽然故事发生的年代久远,但在创作当中,创作者还是静静地埋下了当代人的审美习惯以及哲学观。该剧将革命先烈陈铁军的人生经历化为舞台艺术作品,再现中国革命的峥嵘岁月,讴歌人民英雄的信仰之坚,同时弘扬岭南传统文化。不难

---

① 常静:《习近平文化观的时代特色及目标指向》,《文化学刊》2019 年第 9 期。
② 《习近平关于全面深化改革论述摘编》,中央文献出版社,2014,第 87 页。

看出主创在融合发展方面也是煞费苦心，幸而效果显著，也收获了肯定。

（三）艺术创作扎根受众土壤是原则

《浩然铁军》主创人员对于海外传播受众的考虑是从艺术展现形式上出发的，而恰恰也是其在作品创作上的反映，反过来给予这部剧更多对外传播的自信。因为只有考虑到受众对艺术作品的美的诉求，才能生产出适合不同受众的美的作品来。正像习近平总书记指出的"要把满足人民精神文化需求作为文艺和文艺工作的出发点和落脚点，把人民作为文艺表现的主体，把人民作为文艺审美的鉴赏家和评判者"① 那样。所以，无论是在创作中创造不仅内容美、形式美而且意境美、价值美的作品，还是从观众审美的角度出发，将情真意切的情感抒发、思想迸发都能淋漓尽致地展现出来的作品，一定是符合观众品鉴趣味的好作品，因为如果创作的前提是把创作的目标对象的审美当作创作的土壤的话，那创作者们就会无时无刻不考虑从这片土壤中汲取养分而茁壮成长。

四　结语

广州芭蕾舞团的《浩然铁军》引发了对红色题材舞台作品对外传播的深入思考。我们要将习近平总书记关于文化自信的内在逻辑与借鉴世界人民创作的优秀文艺作品的理念融会贯通地践行，让红色题材舞台作品的创作者们从创作中意识到其对对外传播、海外受众考虑的不足，融合创新的不够深入，才能树立更坚定的信心，更精巧地将中国元素、中国故事融入艺术创作中，进而更有效地以实际行动实现"讲好中国故事"的当代理想，让中国文化超越时代、跨越国界，让世界更充分地了解中国。

---

① 习近平：《在文艺工作座谈会上的讲话》，《人民日报》2015 年 10 月 15 日。

跨文化传播研究

跨文化传播视域中的文明互鉴
与文化误读探微

傅守祥　魏丽娜[*]

摘　要：文化因交流而多彩，文明因互鉴而丰富；不同文明间的交流互鉴，是推动人类进步发展的重要动能。在跨文化交流中，客观的文化差异形成各种形式的文化"误读"，而各类主体的盲点、偏见甚至敌意则加剧了"理解的变异"。从思想生成的正向博弈与文化传播的文化增殖角度说，正读、反读抑或误读都有价值；特别是在文明史上，有不少文学艺术经典在外传过程中所经历的"创造性"误读，不仅没有扭曲，反而丰富了其"现实生命"，完成了一种意料之外的文化之根的漂移与嫁接，如寒山诗在欧美的文化旅行与经典化、流散文学的文化间性特征与文化融通可能、迪士尼系列电影《花木兰》的文化误读的善缘与恶果等。疫情防控常态化时代或许是争端初现端倪的时代，新冠肺炎疫情带给人类社会的撕裂远比人们想象的严重，国与国之间的信任和协作大幅减少，敌意式误读助推文明冲突达到高潮，人文奇缘被迫蛰伏待机。祈盼人们早日恢复理性，以开放的心态在跨文化碰撞中促进"和而不同"。

关键词：跨文化传播　文化误读　文明互鉴　和而不同

在全球化时代日益频繁的跨文化交流中，文化知音和文明契合的事例不多，文化误读和文明曲解的事例却比比皆是。当今时代，世界多极化、

---

* 傅守祥，温州大学特聘教授、博士生导师，浙江省"钱江学者"特聘教授，研究方向为跨文化传播与文化哲学研究；魏丽娜，湖州师范学院外国语学院教授、硕士生导师，研究方向为比较文明学与跨文化批评。

经济全球化、文化多样化、社会信息化深入发展，人类社会充满希望。同时，国际形势的不确定性更加突出，人类面临的全球性挑战更加严峻；应对共同挑战、迈向美好未来，既需要经济科技力量，也需要文化文明力量。与文化多样化一体两面的文化差异，不应是世界冲突的根源，而应该成为人类文明进步的强大动力，以利于实现"美美与共，天下大同"①。

文明因多样而交流，因交流而互鉴，因互鉴而发展；不断深化人文交流文明互鉴，是消除隔阂和误解、促进民心相知相通的重要途径。人们应该秉持世界主义立场，努力加强世界上不同国家、不同民族、不同文化间的交流互鉴，促进"和而不同"、兼收并蓄的文明交流。各种文明本没有冲突，只是要有欣赏所有文明之美的眼睛；激发人们的创新创造活力，最直接的方法莫过于走入不同文明之中，发现其优长，以启迪自己的智慧。同时，在跨文化交流日益深入的今天，我们需要客观正视与恰当处置文明互鉴过程中的诸多"文化误读"现象，疏解中外文化交流中的障碍，尽力减少文化壁垒、避免文化冲突。

一 跨文化交流中的误读生成与带入性理解

在跨文化交流中，"误读"的原义是指歪曲了文本或其他阅读对象的原本含义，是对原文化的错误阅读和理解；其引申义是指一种文化在解析另一种文化时出现的错误理解和评估，以及文化错位。翻译的本意在于使不同语言间得以直接沟通与理解，但因译介效果、质量的不同，翻译也成为产生和深化"误读"的重要环节，误译、节译、转译甚至错译、乱译源源不绝；由于每种语言都深植于其背后的历史文化，所以绝对对等的译介是不存在的。因为在不同的语言中，词语的语义场只建立在相应的文化之上，翻译仅能传达其核心含义而无法翻译其背后复杂的文化背景、情感因素和思维方式。法国比较文学学者阿兰·雷认为，文化传统的不同形成了思维方式的不同，由此产生了阅读的困难；因为信息生产者的社会语言编

---

① 费孝通：《反思·对话·文化自觉》，《费孝通文集》第 14 卷，群言出版社，1999，第166 页。

码和读者、听者的编码系统不同,所以出现译码的困难。他说:"就是一位现代的中国读者对孔学原著的阅读,或是现代的一位英国人、一位美国人和一位澳大利亚人对莎剧的观看都会提出无数的问题,出现了许多信息的缺失和大量的曲解。"①

今日世界看似信息发达,但文化误读仍不可避免,这可能主要有两方面原因,一是存在盲点,二是存在偏见,因为很多人往往带着历史惯性来看待他国文化。文化作为有意义的符号系统和符号的有意义系统,它必须能够被人们互译,并通过解释而达到理解、学习和接受的目标。但是,由于文化解读中的对应性框架的缺失,误读或误解文化就成为一个不可避免的客观事实。在跨文化交流过程中,人们因为自身的文化传统、思想背景不同,导致人生观、价值观、世界观的不同,因此,即使对待同一个事物或文本,也会产生截然不同的理解。人们总是习惯以自己熟悉的思维模式和已有的知识构成去理解对象,进行一种具有"先见"性、"成见"性的解释,这便是"文化误读",即按照自身的文化传统、思维方式、自己所熟悉的一切去解读另一种文化。实际上,跨文化交流是由自身特定视界出发去理会和梳理他者,从关注与研究的角度看,每一种文化都具有被特定视界关注和整合的趋势。具体从文化哲学、现代阐释学的角度看,由于"前见"与"视界"的存在,误读实际上是一种代入性理解,文化误读与文化融合一样具有其合理性与必然性。因此,面对语言文化差异不能只在"文字技巧"上下功夫,更要以开放的态度寻求中西文化对话过程中的互动与合作。②

很显然,文学经典的跨时代、跨媒介重构是推动世界文化交流和传承的重点,是解读世界文化变迁的重要方面,其不但能使文学经典在新时代焕发出新的生命力、折射出新的光彩,更能促进世界各国民众在人类命运共同体思维下的文化重构与文明转型。德国接受美学的代表性理论家汉斯·罗伯特·尧斯认为:"一部文学作品并不是独立自足的、对每个时代每一位读者都提供同样图景的客体。它并不是一座文碑独白式地展示自身

① 〔法〕阿兰·雷:《文化沟通的障碍》,黄荭译,载乐黛云、〔法〕李比雄主编《跨文化对话》(一),上海文化出版社,1998,第 148 页。

② 谢华:《跨文化交流中文化误读的合理性与不可避免性》,《江西社会科学》2006 年第 1 期。

的超时代本质，而更象是一本管弦乐谱，不断在它的读者中激起新的回响，并将作品本文从语词材料中解放出来，赋予它以现实的存在。"① 文学文本本来就是一个等待读者开掘和创造的充满无数空白点的存在，其存在的意义和价值就在于，人们可以对它做出不同的解释。尽管这些解释因人而异，尤其是对不同时代和不同民族的解释者来说，时空的差异必然会拉大乃至变异文本的原始意义。但是，从思想生成的正向博弈与文化传播的文化增殖角度来说，正读、反读抑或误读都是有价值的；特别是在文明史上，有不少文化艺术经典在外传过程中所经历的种种"创造性"或"有意味"的误读，不仅没有扭曲、扼杀，反而丰富、拓展了它们的"现实生命"，完成了一种意料之外的文化之根的漂移与嫁接。

文化误读在多数情况下会阻碍跨文化交流，有时也可能产生意想不到的积极效果。客观地讲，"误读"是跨文化交流中的普遍现象，大体上具有正面和负面两类影响。从正面影响来说，人们对艺术或人文作品的误读有可能是一个激活想象力、创造灵感和革新思想的过程，譬如法国大思想家伏尔泰因"误读"中国古代政治是"最有人权的制度"而建构起自由、平等的君主立宪制，因"误读"中国儒学是具有崇高理性的"理性宗教"而批判并重建了"神示宗教"。但是，"误读"的负面影响更加常见，它们往往建立在对事实不当的感受、对认知对象的材料占有不充分或分析不科学的基础上，譬如"盲人摸象"就是以局部代替整体，其结论注定是错误的。可见，在很多情况下，"误读"是由主体对认识对象的曲解而造成的。

一般来说，"文化误读"往往直接引向"文化误导"、"文化误判"甚至"文化冲突"，它歪曲认知对象，加深两种文化彼此之间的鸿沟。"误读"有两种常见的形式。第一种是下意识的误读，主要是双方文化上的差别造成的，它是零碎的、不系统的、粗疏的，常常是当事人以己方的价值观去衡量他方的行为，以自己的文化为中心，得出否定或肯定对方的结论。第二种情况是有意识的误读，它与下意识的误读迥异；有意识的误读是系统的、理性的，有一种较深的文化沉淀。这种误读往往与政治、意识

---

① 〔德〕汉斯·罗伯特·尧斯：《文学史向文学理论的挑战》，朱立元译，载蒋孔阳主编《二十世纪西方美学名著选》（下），复旦大学出版社，1988，第477页。

形态相连，或是出于某种实际需要，往往囿于成见。此种误读一般比较稳定，难以与认知对象沟通和对话，也不易在短期内改进。西方不能理解教化在中国传播中的主宰地位，而中国也难以理解为什么西方报道总是不停地揭露阴暗面，因此相互攻讦的情况时有发生①；世纪之交关于"妖魔化中国"的论争，则为"文化误读"现象再添生动的注脚。

文化误读是文化交流、碰撞的必然结果，不可避免且广泛存在。当下的媒介，在空间意义上已然成为连接物之世界、虚拟现实之世界、精神之世界的集散地，在时间意义上则将过往与未来叠合于当下。遗憾的是，在信息技术"照亮"全球的今天，"误读"的惯性也并未消失，不同的文化体在彼此眼中仍多是"熟悉的陌生人"。文化误读可能是有意也可能是无意的，不同的意识形态、相异的文化背景或个体性的工作粗疏都可能造成误读。误读的常见后果是远离事物的本来面目、堕入谬误泥沼，避免误读是促进跨文化交流的必要条件，它要求人们详尽地占有事实、准确地进行分析；在鼓励人们对认知对象做大胆解析的同时，要使他们避免远离真理的误读，其间的探索、反复必不可少，而艰辛也是可以想见的。中外文化的沟通和理解需要无数的"反"误读方能完成，且唯其如此才能达到双方的相互理解和互补。可以说，文化误读是跨文化交流的伴生物，时时处处都在发生，我们应当以更加开放、包容、平等、尊重的态度来面对误读，而理解和对话是减少、疏解误读的重要途径。

二 寒山诗的文化旅行与"创造性"误读

从一般原理上说，误读是主体由于自我理解不足而进行的有目的选择。美国学者哈罗德·布鲁姆认为："阅读作为一种延异的行为，总是一种误读。"②可以说，他眼中的误读是对先时文本的一种修正，是一种创造性误读。而在美国学者保罗·德·曼看来，在文学交流活动中，主要由文化过滤，或发送者与接受者之间文化的差异，引起发送信息减损或接受者文

① 张威：《文化误读与比较新闻学》，《国际新闻界》2001年第2期。

② Harold Bloom, *A Map of Misreading*, New York: Oxford University Press, 2003, p. 3.

化渗入，从而造成影响的误差或创造性接受，进而就形成误读。① 他通过分析文本的语法和修辞之间的矛盾造成的张力，证明任何阅读和阐释行为都无法超越语言的修辞本性，因此也就注定是一种误读行为。但是，他一反人们对误读的负面理解，转而指出误读既有盲点又有洞见："批评家们对批评假设的最大盲目性时刻也是他们获得最大洞见的时刻，而在他们最富洞见的地方，往往同时隐藏着最大的盲视。"② 因此，人们必须正视误读的双重特性。

文化误读在某种意义上是"文化冲击"，是文化交流和演变的必经阶段，它离日常生活实践并不遥远。文化误读更准确的说法应该是"理解的变异"。由于个体的差异，理解必然存在多样性；理解的变异是难以避免的，而减少文化误读的最好方法是深层次对话。③ "文化误读"的产生既有深刻的历史渊源，又有强烈的现实针对性；既涉及语言、历史、政治、经济、文化和宗教等多层面的理论探究，又可对当下的文化传播实践提供借鉴和指引。误读不仅存在于符号层面，更存在于生活方式和思维方式层面；我们不仅需要矫正对符号的误读，更应该传达自身独特的生活方式和思维方式，使"他者"在对二者的体验中更深入地理解我们的文化。在跨文化交流中，经由"他者"的目光反观自身，也能够点亮我们对自身认知的盲区，使我们的视野更加开阔而免于狭隘。

在异质文化间的交流伊始，文化误读便无可规避地存在于历史进程中。由于它在某种程度上阻碍了对他者文化真实而全面的认识，故而长期被传统观念斥责为错误的、负面的。但是，纵观世界文明史，在一定条件下，误读既可以成为促进理解的有效方式也可以成为启迪共同进步的途径，有时还可以"神奇"地打开文化间交流甚至敌对国家间交往的大门，譬如 20 世纪 50 年代"麦卡锡主义"笼罩下的"寒山热"以及寒山诗在美国的"文化旅行"，就为后来的中美建交预留下一道人文"后门"并奠定其民意基石。因此，对文化误读的研究不应仅仅集中在它带来的负面影响

① Paul de Man, *Blindness and Insight：Essays in the Rhetoric of Contemporary Criticism*, New York：Oxford University Press, 1971, p. 109.

② Paul de Man, *Blindness and Insight：Essays in the Rhetoric of Contemporary Criticism*, p. 109.

③ 傅守祥：《尊重文化差异 减少文化误读》，《中国文化报》2019 年 7 月 3 日第 3 版。

上，其在文化交流中的积极意义和正面价值需要更全面更科学的评价，同时，它在翻译史上的地位问题也有待进一步研究。

20世纪中期美国的"寒山热"作为中美文化交流与文明互鉴的一段佳话，已为人们熟知。唐代的寒山，作为一位诗风独特的诗僧禅客，其人其诗①长期游离于中国文学正典之外，基本上是被忽视被冷落的。相对于在中土的寥落景象，寒山诗在旅行至一衣带水的东邻日本②时，却获得了几乎所有中土"主流诗人"永远都无法与之比肩的巨大成就。寒山诗的各种译本、注本和评论在日本纷纷问世，有关寒山的各种神话传说亦被改编成小说，寒山的形象也开始走入日本画史和神坛。从在故国文学中的"被边缘化"到在日本文学中的"被经典化"，对寒山诗的翻译活动在翻译文学史上塑造了一个不朽的神话。③

更为传奇的是，在故国历经千年冷落后，寒山诗经由日本再次漂洋过海，在美国和欧洲众多国家声名大噪且备受青睐，在20世纪五六十年代的美国更是掀起一股颇具规模的"寒山热"。在寒山诗被翻译、传播乃至误读的过程中，美国民众在特殊年代、特殊文化背景下的"期待视野"，以及寒山诗直白通俗的风格与禅机微妙的内涵，皆为一种善意的文化误读打开了大门，大大促进了不同文化间理解上的必要性与生发力。不可否认，美国人加里·斯奈德④是这股"寒山热"兴起的关键人物，他选译的24首寒山诗问世后，寒山从一个在故国备受冷落的诗人一跃成为美国"垮掉的

---

① 寒山诗是中国古代诗国中的一枝奇葩，它长期流传于禅宗丛林，宋代以后受到诗人文士的喜爱和摹拟，号称"寒山体"。寒山诗在20世纪上半叶的中国文学史研究中始终只是一个"陪衬"和"工具"的角色，对于寒山诗的研究也仅仅限于"为我所用"的功利主义层面。在中国，真正的寒山诗研究肇始于著名国学大师余嘉锡1948年的《四库提要辨证》。此书卷二十（集部一）对《寒山子诗集序》的证伪以及对于寒山生平的缜密考证，让寒山和寒山诗有了真正的在学术研究上的互动。

② 寒山诗集是由北宋神宗熙宁五年（1072）五月，来天台山巡礼参拜的日僧成寻（1011—1081），从国清寺僧禹珪处得到《寒山子诗一帖》后，于翌年命其弟子赖缘等五人带回日本流传开来的。

③ 区𨱑、胡安江：《寒山诗在日本的传布与接受》，《外国文学研究》2007年第3期。

④ 加里·斯奈德（Gary Snyder，1930—），是20世纪美国著名诗人、翻译家、禅宗信徒、环保主义者，2003年当选美国诗人学院院士，先后出版十六卷诗文集，其中《龟岛》获得1975年度普利策诗歌奖。斯奈德是"垮掉派"硕果仅存的少数人之一，与该派其他诗人的张狂相比，他比较内敛，是清晰的沉思大师，深受中日禅文化影响，翻译过寒山诗，喜欢沉浸于自然，其诗"更加接近于事物的本色以对抗我们时代的失衡、紊乱及愚昧无知"。

一代"膜拜的精神领袖。之后,随着寒山相关研究成果的频繁问世,寒山诗逐渐完成了从本国边缘化的尴尬处境到美国翻译文学经典的升华。如果说寒山诗在日本的经典化基本上不存在语言障碍,那么,寒山诗在美国的经典化却必须经历语言上的考验。斯奈德翻译《寒山诗》,立足于本国主流意识形态和诗学传统,对寒山诗进行了创造性"误读",从而使寒山诗在旅行至美国后获得了合法身份并一跃成为其文学体系中的经典;同时,对寒山诗的创造性"误读",又进一步强化了译者所代表的文化身份。

根据美国学者爱德华·赛义德在其《理论旅行》中的观点,观念和理论可以从一个人、国度、情境和时代向另一个人、国度、情境和时代旅行;这种旅行或是对原有理论的全部照搬,或是部分借鉴和变异,或是面目全非的改造,以适应异国文化。显然,寒山诗在美国的跨文化跨语言的旅行中,出现一定的借鉴和变异是必然的、合理的,英译本《寒山诗》吸收、借鉴异质文化以及同异质文化进行交流,是在自身文化本质特征的过滤下进行的;同时,寒山诗的经典化历程更启发人们进一步关注、挖掘其自身蕴藏的经典性及其在跨文化交流中的共识性价值。文化间交流的实质并非一定要取得价值观的一致,更可能是文化交流的双方获得一定的共识,在求同存异的前提下,使得各自的价值观尽可能保持多元并存。历史告诉我们,文化交流并不是一种文化取代另一种文化,在很大程度上,文化交流是用一种文化丰富另一种文化。文化的多样性决定了文化交流渠道的多元化。在文化"走出去"的过程中,从国家对外宣传与翻译策略的制定,到个体译者的兴趣取舍,都是一种多元并存的态势。

英国思想家汤因比认为所有文明都具有同时代性和可比较性,这为文明间的对话打下了基础。汤因比的文明观念中存在两种对话类型:一是已夭折文明间非交往性的静态对话,二是现存文明间在交往过程中的动态对话。前者表现为一种没有交往的静态,以间性和关系为基础,以差异为表征;后者是动态对话,包括同一文明的历时性对话和不同文明的共时性对话。文明因差异、互补、共生、创新而互鉴,而文明间的动态对话则体现了间性的对抗与交融。当今世界进入了全球一体化与文化多元化的历史轨道,体现出"文化趋同与趋异"的动力学的间性张力和开放性的辩证运动。随着时代的不断发展,各国之间的交往日益密切,彼此存在的差异性开始凸显出来，形成一系列文化冲突现象。如何正确处理各国文化之间的关系，如何实现民族文化认同与传承，构建一个和谐世界，成为当今社会不得不慎重考虑的重要问题。

三 流散文学的文化间性与文明嫁接

除了寒山诗的美国文化旅行与经典化这类文学接受中的文明互鉴佳话，还有流散文学（diasporie literature）这类将两种甚至两种以上异质文化集于一身、发而成文的独特现象，它书写被放逐后的无根人生之苦闷、两种文化融通后新的视野优势，以生命中不可承受之"重"或"轻"演绎着"文明互鉴"之"痛"或"欢"，以"左右互搏术"操弄"一心二用"，既重构了"世界文学"又重新定义了"世界公民"，为新型全球化和"地球村"塑造了最早一批"新人"。

在全球化潮流和新通信技术的支撑下，以各类移民、流亡者和外籍劳工等群体为主体的流散族裔在全球范围内建构超时空的新的共同体，对于这些处于双重甚至多重文化空间之中的流散群体来说，身份认同、文化认同是核心的问题，这涉及对世界格局差异、文化的分裂—冲突—融合以及族群的迁徙—共生的反思。在以互联网技术为基础形成的网络虚拟空间中，流散族裔暂时脱离了地理的局限，建立和维护了族群的共享文化和身份认同，穿梭于现实和虚拟、本地和故国的文化空间，追寻新的意义和共同体的建构。

流散文学作为对流散（diaspora）现象的历史文化内蕴进行诗性表征的文学样式，滥觞于希伯来圣经正典和次典，近代犹太文学是一种典型的流散文学。流散最初指犹太人散居世界的历史事实，但并非为犹太人所独有，尤其是在全球化的今天，它已成为一种世界性现象。流散族裔运用居住国的语言，书写在异质文化条件下的文化境遇与精神困惑，涌现了大量流散文学作品与作家。伴随 19 世纪后期以来全球范围的大规模移民潮，许多流落异国他乡的流散作家创作质量上乘，其复杂性与差异性令人目眩神迷，其相通处则体现为物质求新与精神恋旧之间的尖锐冲突、边缘生存中的深重异化与精神分裂。流散文学深度展现流散族群的生存体验及文化心理，作家的双重身份赋予其独特的多维视野，使这类越界写作具备非比寻常的流动性与普遍性。①

文化间性（intercultural）是一个当前视域与过去视域、自我视域与他者视域相融合的过程，流散作家以"他者"的眼光审视母族的历史与文化，这起码是"双重视域"的融合过程。对故国而言，他们是代表西方视域的"他者"；对西方而言，他们又是代表非西方视域的"异己"。在他们再现母族的历史、神话、幻想、传奇与私人化情愫之时，这两种视域互相融合并进行了密切的文化对话或融通。流散作为文化存在发生于异质文化之间，流散文学突出地显示了异质文化之间以不同文化态势（强势或弱势）进行的文化互动及交互关联，因此，文化间性是流散文学不可或缺的本质特征之一。

从文化哲学角度分析，文化间性指的是不同文化际遇时发生意义重组的相互作用及其过程，指一种文化与他者的关联，它克服了"文化杂合""多元文化"等概念的缺陷，从而致力于不同文化之间的相互理解、相互尊重、相互宽容，以文化间的相互开放和永恒对话为旨归。它是一种文化与他者际遇时交互作用、交互影响、交互镜鉴的内在关联，它以承认差异、尊重他者为前提条件，以文化对话为根本，以沟通为旨归；它强调主体与主体的共在和主体间对话沟通、作用融合及不断生成的动态过程。简言之，文化间性表现出文化的共存、交流互识和意义生成等特征。在全球化不断深入与调整的进程中，文化间性理论是一种思考文化多样性的新范式和处理文化差异的新智慧。文化间性理论能够认知文化间现象，揭示文化间关系问题实质并倡导文化间性主义的文化政治实践；它辩证地看待文化多样性和多样性之中固有的差异性和同一性、关联性和互动性的间性特质，为如何与差异的他者在多元文化世界中共存确立准则。

文化间性可以理解为不同文化间交流、寻求理解和共同构建的过程。其理论源自哲学，代表学者是德国哲学家哈贝马斯。文化间性的思路，不同于西方主流强势文化的单向传输和单边主义，它以当代对话主义哲学的

---

① 傅守祥、李好：《文化之根的漂移与嫁接——从聂华苓小说〈桑青与桃红〉看流散华裔的边缘生存与文化认同》，《杭州学刊》2018 年第 4 期。

平等交流、对话沟通为基础，以华夏和合文化传统的"执两用中"思维作为世界文化交流的重要参照。"执两用中"的中庸之道，从根本上讲，是一种文化间性本位，是即此即彼、非此非彼、亦此亦彼的第三生成物。它是世界各个共同体间相互协商、谈判、让步、融合的结果，是全球文化的公共领域与公共空间。文化间性理论超越文化趋同论和文明冲突论，强调各国文化之间的共存、对话和融通，因此可以成为世界各民族文化交往的共同准则，成为建立和谐世界的一种比较合理的思路与理论资源。

在全球化日趋深化的时代，多元文化共生与融合的情境下，当代流散文学的叙述焦点已从远离故土家国和失去母族文化根基而漂泊无依的悲剧处境以及由此而滋生的苦闷情绪，日渐转变为对流散现象的客观性描述和对流散群体复杂性心态的呈现。当代流散文学不再单纯是漂泊者发泄寂寞困苦之情的一种途径，而是边缘生存的流散群体双重或多重文化身份的代言者，其在渐渐斩断空自哀悼的狭隘痛楚之后，又逐渐建构出一种文化优势和广阔视野：同时拥有两种文化背景的流散作家，其作品跨越民族、语言、文化的界限而进入了全新的"世界文学"①，为实现新时代的文化融通开疆拓土，体现一种母族与异族之间的文化张力——既相互对抗又相互渗透，既可以"马赛克"式"共存"又可以"海纳百川"式"重生"，进而成为全球化时代映射人情人心与世态的最为独特的标志性文学现象。

在当今的全球化背景下，流散文学已经成为当下世界文学发展潮流的主流之一，这也与世界范围内跨文化文学交流与研究的整体趋势相关。正如诺贝尔文学奖的"理想主义"在当今时代的新含义：对个体的重视以及解救，才是最高意义上的人道主义精神的体现。随着对流散文学的日渐重视，这种对于人类个体以及灵魂的关注已经延伸到了生存在边缘的流散者群体之中。用美国学者萨义德的话说，"流亡者存在于一种中间状态，既非完全与新环境合一，也未完全与旧环境分离，而是处于若即若离的困

---

① 美国学者大卫·达姆罗施（David Damrosch，又译"大卫·丹穆若什"）认为："世界文学不是指一套经典文本，而是指一种阅读模式——一种以超然的态度进入与我们自身时空不同的世界的形式；它是民族文学间的椭圆形折射，也是从翻译中获益的文学。"（详见大卫·丹穆若什：《什么是世界文学?》，查明建、宋明炜等译，北京大学出版社，2015）。

境，一方面怀乡而感伤，一方面又是巧妙的模仿者和秘密的流浪人"①。流散文学的时兴，毫无疑问对传统文学的话语结构造成了颠覆。面对当今这个多元文化共生的全球化时代，流散文学的发展有力推动了各民族文学形成自我审视与自我批判的意识。这在很大程度上分解了传统的封闭的话语结构，推动了各国文化实现自我与他者的对话，赋予了"世界文学"以全新的、多维的视野。

四　文明互鉴的善缘与文化误读的恶果

中国文化的国际传播既是全球化背景下的必然结果，也是国家、社会、民众做出的主动选择。在这一过程中，文化"误读"是一个难以忽视的问题。国际传播的跨文化特性，使其必然"在甲文化中编码，在乙文化中解码"。因此，新闻媒介不仅面对单一的社群、民族和国家，单一的价值系统和意识形态系统，而且面对整个世界。相关研究表明，文化差异制约着跨文化传播的有效进行；一般来说，文化差异越大，对外交流的障碍也就越大。因此，文化对外传播的过程，其实主要表现为克服文化差异的过程。中国文化在对外宣传的过程中应当遵循文化的发展规律、市场规律和传播规律，充分尊重文化的双重属性、注重经济市场规律的运用，应当适应中国文化发展的内部需求，满足世界对中国文化的好奇和需要。中国文化的国际传播不等于自我表扬，要敢于坦言存在的问题与挑战；要讲好中国人的故事；要解释中国向世界要什么，而中国又能带给世界什么；要以对话的方式去讲好每一件事、每一个观点。唯其如此，中国文化才能更好地"走出去"，被越来越广大的世界所认同和理解。

在跨文化传播中，文化误读在不同的地区表现出不同的特点，要区别对待；在不同的国家、不同的宗教文化背景下，文化误读的表现形式也有不同。文化误读是不同文化发生碰撞的必然过程，如果不能妥善处理，就有可能从文化误读演变为文化冲突。我们应从文明互鉴与文化共存的高度来理解不同的文化，在对外来文化加深理解的同时，也要把一个真实的中

---

① 〔美〕萨义德：《知识分子论》，单德兴译，三联书店，2002，第45页。

国介绍给世界。对于善意的误读，要给予恰当的解释；对于负面的误读，要给予明确的澄清；对于意识形态的歪曲，应坚决加以反对。总体来说，当今中国文化艺术走向世界的总量不够并且存在某种程度的文化交流"逆差"。因此，在扩大加强未来的跨文化交流的同时，我们需要警惕盲点和偏见，避免单一思维判断，自觉培固传统基因和跨文化视野；需要更加注意发挥文化如水、润物无声的特性，以外国人容易理解和接受的方式提高传播效力；应该尽量对别人的误读"知其所以然"，尽可能避免我们对别人的误读，尽可能促进平等的深度交流。

外国人对我们的误读很多，我们对"外国"的误读也不少。在中西文学交流史上，清末民初的"林译小说"① 曾经指引国人"睁眼看世界"，这既是一段佳话又是一种"形式美妙"的误读与误导。这种状况并不仅限于文学艺术领域，即使在以"严谨"著称的"学术公器"里，也不乏其例，譬如邓晓芒在《中国百年西方哲学研究的十大文化错位》② 一文中，阐述了自清末民初中国开始引进西方思想以来，在对西方哲学与文化的解读上存在的一些误读，颇具启发性，从中可以看出所谓的"西化"中其实存在严重的误解，我们在引进西方概念时总会带入传统的先入之见，从而出现了不少至今未曾化解的"误读"。

毋庸讳言，在中外文化交流中也确实存在一些根本性的、无可避免的误读。譬如来自西方的概念对中国传统文化造成了冲击，使后者受到了排挤；但这并非中国传统文化本身的问题，而是在套用西方学术体系后产生的"水土不服"，是其加入世界浪潮后难免会遭受的"文化冲击"与"文化震荡"。随着全球化程度的加深，跨文化交际的重要性日渐突出，但人们缺乏对异国文化的了解，彼此之间存在语言、思维方式、价值观、传统文化及民族心理的差异等，导致文化误读现象频繁发生。毫无疑问，文化也包括各国各民族的风俗习惯、伦理道德在内，有不少文化误读往往同伦理环境的改变和伦理身份③的变化有关，误读往往在不同的伦理选择过程

---

① 钱钟书：《林纾的翻译》，《旧文四篇》，上海古籍出版社，1979，第62—95页。
② 邓晓芒：《中国百年西方哲学研究的十大文化错位》，《哲学史方法论十四讲》，重庆大学出版社，2008，第333—366页。
③ 聂珍钊：《文学伦理学批评导论》，北京大学出版社，2014，第263页。

中表现出来。不同的民族因独特的社会历史环境和地域环境形成了风格迥异的民族文化，这些民族文化之间的差异体现在思维方式、交流方式、生活方式等各个方面，给"跨文化交际"带来天然的屏障与阻碍，而文化价值观和行为文化特征等方面的差异是其产生的主要诱因。

作为当代艺术文化最重要的载体，影视艺术在国家间的文化交往过程中扮演重要角色。其误读产生的历史语境是长期以来西方对中国的认知错位，当然，这种貌似"自然"发生的偏见不能构成文化误读的合理解释。更值得关注的现象是，西方的影像作品对中国和中国人的呈现充满主观偏见和想象，而我们却无法用更有力的作品与之对话；我们在影像中所呈现的中国也同样被西方误解，甚至我们对自身的误解恰恰为西方提供了符合其偏见的认识。20世纪80年代，我国曾涌现出一批文艺精英反思中国传统文化的影视作品，例如《大红灯笼高高挂》《菊豆》等，而这些作品却多被西方误读为中国依然愚昧落后，满足了他们对中国充满偏见的想象。再如张艺谋2018年的作品《影》所蕴含的丰富的中国元素令人耳目一新，但在很多西方人眼中却可能出现"它体现了中国权谋主义高于公共价值"的负面解读。相比于以上这类"驴唇不对马嘴"式的另类想象与粗暴解读，另一种令人啼笑皆非的事例是，迪士尼版的《花木兰》《功夫熊猫》等西方影片通过对中国元素的加工和包装以及置换核心价值观念，反而成了中国文化在国际上的代言者。对于中国文化的如此"被代言""被阐释""被想象""被打扮"，或许可以说均是文化变异学上的经典案例，但很难说是一种"歪打正着"的积极宣传，这些案例恰恰说明我们在国际话语中的"失语"。在那些西方"代言"的中国文化中，编导、制作、表演等过程中有意识有选择的"文化过滤"导致的"文化误读"，其故事是不是真实或者哪个版本最接近真实并不重要，重要的是故事在流传的过程中所产生的变异及其背后所反映出来的社会心态和风尚，因为不同的故事已经成为我们认识不同类型社会的风向标。

再譬如近日上映的迪士尼电影《花木兰》真人版，借用中国南北朝时期的一首北朝民歌《木兰辞》的故事框架，讲述了花木兰替父从军的故事。《木兰辞》着重突出花木兰替父从军的"孝"、英勇抗战的"烈"和保家卫国的"忠"，核心是注重忠、孝、仁、义的中国传统伦理观念。木兰被迫参军是因为"阿爷无大儿，木兰无长兄"，但军令不可违；"将军百战死，壮士十年归"更暗示《木兰辞》的背后是战火频仍与民不聊生，女子被迫易装奔赴战场的悲剧。迪士尼影视化的《花木兰》侧重讲述花木兰追寻自我、化被动为主动的历程，完全是一个西方化的故事模型——木兰受困于旧时代民女平庸乏味的生活，但梦想拯救世界，并通过在战争中建功立业，最终实现了自己的人生价值。

通过细致分析，可以看出在迪士尼真人版电影《花木兰》中，花木兰形象的再塑造与迪士尼自《冰雪奇缘》起的"大女主"故事可谓一脉相承：宣扬女性独立自强，淡化男性角色的重要性，迎合西方当下的主流价值观。英文主题曲 *Loyal Brave True* 宣扬花木兰作为真正的战士，应该忠心、无畏、正直，强调"失败从来容易，成功更需勇气"，将故事基点定位于个人追求；中文主题曲《自己》更是直接以追寻真实的自己、追寻力量与勇气为核心内容。可见，在西方的影视化改编中，中国传统的家国情怀、忠孝观念被淡化，故事核心变成了西方传统的"追寻"母题；故事内容则"变异"为花木兰通过个人的探索，认识真正的自我、实现自身价值。电影虽然借用了花木兰的人物形象和故事要素，但经过西方式文化过滤与阐释变异，核心思想已经完全"变异"为西方认可的价值观。

从文化哲学视角看，异质文化之间的交流与变异，能促进双方的互识、互证、互补，加强沟通与理解，有利于文化融合与新文化的创造。但是，交流对话需要站在平等的立场上，否则容易导致弱势文化的"失语"。同时，弱势文化一方对他国文化的吸收和借鉴，应立足于本民族文化立场，警惕被异质文化侵蚀。

五　价值内隐的连锁误读与疫情防控常态化时代的文明冲突

从跨文化交际的实践来看，即使在数字化网络时代，价值误读、代际误读、古今误读等深层次的复杂问题仍然不可避免。价值是有内隐性的，它寄生在事物、事件中，对于同质文化的群体来说，它是约定俗成、不言而喻的，在交往中互相能够"心有灵犀一点通"。然而，对于跨文化的人来说，他们就无法解读而且不便说出"寄生"在事物中的内隐价值；更可悲的是，这种内隐价值还让误读者根本意识不到自己在误读，于是，常常发生一误再误的"连锁误读"，导致人际对抗的不断升级。在人类群体尤其是国家之间亦复如此，看看近几年中美贸易战发生后两国的媒体报道和互联网发声即知"文化误读"的时时与处处。

毫无疑问，价值的寄生性、内隐性成为跨文化交往中误读的触发机制；同理，价值的内隐性导致误读双方的"双盲"，即误读者意识不到自己在误读、更意识不到与对方沟通的必要性，误读常常会一误到底；更严重的是，价值误读倘若侵犯人的基准价值——尊严，别看表面的事情鸡毛蒜皮、微不足道，其导致的对抗常常是意想不到的不共戴天。① 不止个人之间的交往以"尊严"与"独立"为底线，国与国之间正常交往的底线也是"尊严"和"主权"，一旦触碰到对方的底线，其对抗当然是严重的。因此，正确分析和评价文化误读的性质、机制和品格，能够有效地促进文明互鉴与文化共存，培育文化的包容性和普遍性。

由以上分析可见，文化误读是一种复杂的存在，主观—有意类的比客观—无意类的"误读"所造成的"误解""误导""误判"要可怕得多，更难以在交流中达成有效的沟通和互鉴，甚至难以形成基本的交流与对话。文化误读不仅存在于东西方文化之间、古老文明与当下文明之间，亦广泛存在于不同时期、不同民族、不同生活习惯、不同文化层次、不同心情心态之间。文化误读的根源在于文化具有差异性，作为后来者、非当事人，解读某部作品、品味某种意境，只有无限接近的空间，难有与之比肩同状。佛学大师鸠摩罗什曾言"学我者病"。国画大师齐白石也有句名言"仿我者死，学我者生"。这两句名言的意思是说，教条、机械地模仿别人最后只能是病途、死路，学习化用别人的长处才是正途、生路。坚定文化自信，我们必须正确面对世界文明多样性的现实，尊重文化差异，在加强交流互鉴中，推动多样文明的文化认同，以此实现心相近、共久远。

---

① 祖慰：《黑眼睛对着蓝眼睛》，作家出版社，2017，第 54 页。

所谓"反听之谓聪，内视之谓明，自胜之谓强"①。从传播学角度分析，跨文化交流是差异文化个体或群体在特定时间段内不断进行的自发性和重复性交往，由于他们受所属文化和传统赋予的视域限制与影响，常将"他者文化"置于"我之视角"的偏狭想象和荫蔽中，文化误读的现实基础便由此而成。借助德国哲学家伽达默尔"视域融合"的概念，我们期盼差异文化个体或群体在日常交往中超越自我与他者之间的局限性，努力寻求具有融合性的新视角，实现"跨"文化传播的更大视域进而促进文化融合，提升文明互鉴的品质。

向世界更好传递中华民族的精气神和价值观念，在价值共享中促进民心相通，中华文化就要"走出去"，更要"走进去"。将"引进来"与"走出去"相结合，从"走出去"到"走进去"，需要"文化自觉"的不断深入。因为文化交流本身就是丰富多彩的，不同的受众会有不同的文化交流需求，应该鼓励有资质的个体译者积极参与中国文化"走出去"，进而形成一种多向互补的文化交流态势，以利于西方读者对中国文化的接受与理解。实践证明，中外文化交流并不存在预先确定的交流次序、交流渠道、交流内容和交流效果，多是一种自发行为，由个体出发，无序开篇，过程繁杂，最后才能逐渐理出头绪，整合思路，完成交流本身的闭合循环。当然，也有一种由无良政客、奸商等共谋，有组织的、多层次的"脱钩""卡脖子"甚至"断交""敌对"行为，其后果严重危及世界和平与发展。

毫无疑问，当前的新冠肺炎疫情给世界带来巨大的冲击，百年未有之变局加速演变，风险挑战有增无减。这是一个充满机会的时代，也是最险恶的时代。疫情防控常态化时代，能否有效应对挑战、化解风险，事关各国共同利益，事关世界稳定和可持续发展。最坏的一种可能是，疫情防控常态化时代即争端初现端倪的时代，疫情带给人类社会的撕裂远比人们想象的严重，国与国之间的信任和协作会大幅减少，敌意式误读助推文明冲突达到高潮，人文奇缘被迫蛰伏待机。当前，中美两国的角力已全面渗透

---

① 出自《史记·商君列传》，意思是：能听之于耳、虑之于心，叫作聪明；能自我反省，叫作明智；能谦虚克己，叫作强者。

社会各角落，包括经贸与金融、军事与科技、文化与高教等，两国媒体也多在狼烟四起中挑动敌意、让片面事实加剧文化误读，理性的善意渐行渐远，新平衡的探底不断打破中美关系 70 多年的历史记录。因此，在亟须理性声音的时候，作为社会公器的学术有必要重申文明互鉴、重识文化误读；祈盼人们及早回归理性交往的正确轨道，少些傲慢和偏见、多些尊重和包容，以开放心态与他者对话，在跨文化交流的正常碰撞中促进"和而不同"。人们越来越期盼和平共荣的世界格局，文化是滋润人心、化解矛盾的最好媒介，而祈盼构建"和而不同"的文化图景将在成为中美两国共识的基础上不断成熟稳重。

传统文化影像的溢出效应

——基于对《中国诗词大会》在华留学生受众的考察

洪长晖　钟雪霁*

摘　要：现如今，如《中国诗词大会》等中国文化类综艺节目迅速形成社会热潮，在全球化语境下于一定程度上收获了跨国受众，通过霍尔的编码/解码理论，对以在华留学生为代表的跨国受众进行质化研究，可以明确该类受众对我国文化类综艺节目的实际认知认同情况，更为深刻地了解该类节目在跨国文化输出上已经实现的传播效果，为未来的文化输出提供一定的方向指导。

关键词：中国诗词大会　在华留学生　受众研究

一　研究背景

随着信息时代高速发展，经济水平不断提高，人们对精神品质的需求愈加强烈。作为全球多数受众的娱乐文化需求所在，当代流行文化的代表之一——综艺节目的发展也正逐渐走向成熟化、稳定化。在此背景下，我国在世界的政治地位与国家话语权日渐提升，摆脱了引进类综艺节目的取向压制，原创类电视节目，如文化类综艺节目迅速对自身进行优化创新，把握节目内涵价值的独特性与独有性，在实现文化自主的前提下推出了如

*　洪长晖，上海大学新闻传播学院副教授，研究方向为媒介社会学、传播与社会变迁；钟雪霁，上海大学新闻传播学院新闻传播学硕士研究生，研究方向为新媒体文化。本文为国家社科基金项目"新媒体环境下的公共传播对国家治理、社会认同的影响研究"（项目编号：20BXW041）阶段性成果。

《中国诗词大会》等各类优秀中国传统文化节目，这些节目迅速形成社会热潮，实现了文化价值与民族自觉。与此同时，随着全球化潮流的日益上涌，我国对外交流与互动日益增加。因此，尽管《中国诗词大会》等文化类综艺节目并不存在对外传播的指导和追求，但基于其本身较高的文化价值和精神意义，以及可能存在的部分在华跨国受众——随着文化交流日渐频繁，更多留学生及外来人士在各异文化的碰撞冲击下偶然或逐步成为我国文化类节目的稳定受众，笔者认为完全可以将这些"旁逸斜出"看作承载着中国传统文化意涵的影像，在不经意间取得的"溢出效应"。由此，立足于受众研究的范式，基于其不同的文化背景与立场对我国传统文化符号进行解读，可以在一定程度上了解文化类综艺节目对该类跨国受众的实际传播效果，以及跨国受众本身对中国传统文化节目的接受与认知，进而分析文化类综艺节目中实现中国传统文化对外传播的可能性因素，为我国传统文化类节目对外输出的未来发展提供趋向性指导，形成文化互通互融的共赢局面。

二　研究问题与设计

本次研究将建立在对一个主要问题的研讨基础上，即集中于在华留学生对《中国诗词大会》的认知认同与接受分析问题。本研究利用焦点小组和深度访谈进行质化研究，分析在华留学生如何理解并内化《中国诗词大会》所传达的中国传统文化信息，以探究我国文化类综艺节目对在华留学生的传播效果及其接受与认知度。研究将以18—26岁在华留学生作为受访对象，相关情况见表1。

表 1　受访在华留学生基本情况

受访人员称呼	国籍	性别	受访时年龄（岁）	受访时在华年限（年）
小林	马来西亚	女	21	1
小李	马来西亚	女	21	2
小梁	马来西亚	女	20	1
小宇	马来西亚	女	21	2
小张	马来西亚	女	20	2
小巫	马来西亚	女	21	1

受访人员称呼	国籍	性别	受访时年龄（岁）	受访时在华年限（年）
小 Z	澳大利亚	男	25	6
小 O	澳大利亚	男	23	3
小 K	澳大利亚	男	22	3
小李	韩国	男	25	1
小金	韩国	女	24	3
小崔	韩国	女	25	2
小 A	美国	男	21	2
小 S	美国	男	20	1
小郝	加拿大	女	19	0.5
小彬	泰国	女	19	2
大 A	卢旺达	男	24	3
小萨	俄罗斯	女	22	2
小 M	印度尼西亚	男	20	1
小美	日本	女	22	5

笔者将设置研究情境，通过背景划分进行合理人员分配。此次访谈包含主持人以 6—7 人为一组，实行 3 次小组访谈，在进行研究对象规划时将以文化背景为主、其他区别特征为辅进行分配统筹，尽量保证焦点小组中的受访对象存在共通性及差异性，帮助信息收集。在访谈过程中，以《中国诗词大会》为主要话题进行引导，探寻研究对象在访谈过程中的讨论热点、话题导向、人物偏好、神态动作等细节，以此分析其中存在的文化内涵、背景影响因素、动机、获得的意义及愉悦、个人价值倾向及解读方式等，获取研究所需的必要信息。同时，笔者将在核心问题准备完善的前提下，通过与跨国受众的深入交谈，探究得到需要收集的问题答案，以保证对研究对象的信息收集更为完整。

三　在华留学生对《中国诗词大会》的认知接受情况

（一）跨国受众的认知度存在一定局限性

对于跨国受众的认知度成果展现，笔者将以视听元素、内容框架、文化内涵三种节目符号进行论述。

1. 跨国受众对节目视听元素的认知未受影响

作为以有声影像为载体的中国传统文化类电视综艺节目,《中国诗词大会》所传达的视听符号是受众观看节目的第一要素,包含其精心准备的充满各类古风元素的舞台设计,开场颇具古韵的动画演示,甚至汉字、服饰、雕刻等细节符号,乃至利用传统乐器演奏的主题曲和背景音乐等,都与中国传统文化息息相关。在焦点访谈过程中,几乎所有对象都在观看至舞台初启时表现出一定程度的关注状态,并对出题时放映的传统古物及身临其境的影视化片段展现出较为严肃的专注神色。来自卢旺达的大 A 表示,"我在以前从来没有来过(中国),也没有看过这种节目,看到了这种很传统的历史和舞台,真的很精彩"。韩国的小金则着重提到了节目中的音乐体现,"这些音乐很有传统韵味,和我们国家的一样,但具有更多中国特色"。在深度访谈中,有 80% 左右的受众都主动提到了节目的舞台设计,并以"好看""美"等具有积极意义的主观形容词进行描述,同时也提及了"从未见过""很符合中国"等形容词。由此可见,跨国受众在感知节目视听元素时,除了满足自身观感需求,会更加关注其中存在的跨国文化特色。对此,来自俄罗斯的小萨表示,"我会更喜欢看到符合中国元素的画面";美国的小 S 在对《中国诗词大会》和本国节目的对比中指出,"这样的文化色彩更加丰富";马来西亚的小李则表示自己很喜欢看到嘉宾穿着的服饰,并且愿意去听更多的中国传统乐曲。由此可见,《中国诗词大会》节目的视听符号在受众的浅层认知中得到了一致认可,而跨国受众在满足自身单纯视听需求的同时,也在积极寻求更多的文化符号。

2. 跨国受众对节目内容框架的认知略有障碍

在内容框架的建构上,《中国诗词大会》致力于"润物细无声",将诗词融入游戏竞技,以飞花令、百人团、连线题、选择题、身临其境题等多个流程环节推动节目进程,通过不同选手轮流挑战的方式增强节奏感和刺激性。而在实际观看过程中,尽管大多数研究对象可以在不同的游戏竞答环节中产生参与兴致,但在 20 名研究对象中,仅有 5 名跨国受众可以持续保持热情,在不同环节产生相应的观看反应,所有受众在节目环节重复的后半程都产生了一定疲态,如打哈欠或喝水等多余动作增多,注意力转移或精神涣散等。其中，持续抱有积极态度的包括来自美国的小A，他表示"我很喜欢历史，也很喜欢中国历史，从汉朝到唐朝的历史我都读过一遍，虽然我没有很能看懂里面的诗词，但是我愿意去理解他们想要表达的意思"。其他4名表现出类似情况的都是具有不同程度华裔背景的留学生，如来自澳大利亚的小Z，他表示自己曾学过一定程度的诗词，也希望能够多加接触有关中国传统文化的文字；来自马来西亚的小张也非常热情，"我很喜欢诗词，平时不可能会专门买诗词相关的书籍来看，但我可以通过节目专门讲给自己听，所以在看老师讲解和选手答题的过程会乐在其中"。由此可见，跨国受众能够对节目保持持续的热情，需要有相当的文化背景以理解节目设置，同时需要具备足够的个人兴趣导向，即如"使用与满足"理论中所述，受众根据已有的媒介印象对特定内容进行选择，同时根据满足度调整使用习惯，并决定是否仍要继续使用该媒介以获取信息。[1] 相反，其余大部分受众都表示了对节目内容的不适应和困惑感，产生了如"题目太难""看不懂""节目好长"等主观负面评价，可将其回答大致分为两类。其一为对节目内容的不适。来自俄罗斯的小萨指出"里面的诗词都不太懂，不太知道他们在干什么，虽然感觉很紧张，但是我有点难以融入"；澳大利亚的小K表示，"感觉不是针对外国人"。该类跨国受众更为明确地表现出对诗词内容的不解，无法通过节目内容理解并直接参与节目进程。哈贝马斯的交往行为理论指出，达成理解是交往行为的本质和目的，主体之间在相互协调、相互认同的基础上理性交流才能实现交往目标。由此可知，带有地域文化特色的异文化部分在一定程度上建立了与跨国受众的区隔性，无法有效实现文化的有效沟通。其二为对节目流程的不适。来自泰国的小彬反映道，"节目很长，环节都没有太大区别"；印度尼西亚的小M指出"我只能在节目的前半程保持我的专注"。究其原因，小M解释道："内容没有太多的变化，更有可能是因为我很难看懂，时间变得很漫长。"即对于大多数受访对象而言，节目的时长和环节都略显枯燥，而内容的门槛限制也在受众对框架的观感上产生一定影响，这是对流程框架的直接负面评价。"题型过难""环节重复""时长过长"等表述，

---

① 周亚楠：《使用与满足视域下新闻短视频化的发展策略探析》，《视听》2019年第6期。

成为 75％ 以上跨国受众对节目内容及框架的整体感观。针对该数据，笔者将其与国内受众相关研究进行了对比，在《电视诗词节目在大学生群体中的传播效果研究——以〈中国诗词大会〉为例》一文中，作者以量化研究方式对《中国诗词大会》进行研究论证，其中于难度方面，有 76.2％ 的被调查者认为诗词难度属于"难度中等，层次感强"的等级，仅有 9.7％ 的被调查者认为"较难理解"或"鲜为人知"。[①] 同时，笔者也在对于国内受众相对较权威的豆瓣平台进行了文本分析，其中对诗词难度的评价以"题目简单"的出现频率最高，而对时长或环节的重复设置并没有太多议论。综观整体受众反馈，节目内容的难度设置对国内受众的影响并不大，对跨国受众仍然存在一定文化限制。具有中国特色的节目流程可能更加注重内容上的升级，因此难以与跨国受众产生共鸣，无法从内容的差异上更多展现出环节的挑战性质。

3. 文化内涵传播效果稍显对立

在霍尔的霸权式解码中，受众直接从节目内容中获取内涵意义，在主导符码范围内进行操作，是最符合传达者理想状态的情况。对于《中国诗词大会》的文化内涵，即其所要传达的文化价值符号，尽管在内容框架上有所不适，大多数跨国受众仍能体会到其中所要弘扬的中国传统文化精髓，对于节目中综合调节所产生的中国传统文化元素与价值观予以正向解读。如焦点访谈过程中，不同组的焦点访谈成员在观看相关文化延伸画面时都会表现出相对一致的关注度，产生彼此的认可和赞同。深度访谈可以发现，受访对象对于节目的文化底蕴内涵保持一致的高度评价，他们共同认可于节目所要弘扬的文化价值和传达的文化氛围，对于此类文化综艺节目的观感评价甚高，如"宏大""厚重""文明"等词高频出现。由此，通过霸权式解码进行整理，在跨国受众中对于节目的文化内涵主要存在文化欣赏、价值认同两种态度。

于文化欣赏层面，来自日本的小美表示，"看到这个节目，感觉虽然不是为了普通学中文的人，但是会觉得这个很高深，非常有内涵，会被吸

---

① 潘扬喆：《电视诗词节目在大学生群体中的传播效果研究——以〈中国诗词大会〉为例》，《西部学刊》2019 年第 21 期。

引住"。澳大利亚的小 K 则认同，尽管节目看不懂，但自己非常喜欢拥有丰富中国传统文化内容的节目，"囊括了东方的珍宝和美丽，从没有这么深入和集中感受过东方文化"。该类受众对文化内涵的理解更多体现在对跨国文化的新奇和追求上。由此可见，尽管跨国受众无法跨越文化圈层的限制，但对异文化的接纳与吸收是当今全球化语境下的主要趋势，跨国受众会更倾向于积极接受而非抗拒新文化的流通，相较于此，文化价值认同可能更多存在于能够深入解读节目文化符号的受众中，他们直接对《中国诗词大会》中蕴含的精神价值进行概括提炼并抒发感受。如对诗词内涵的文化解读，美国的小 S 表示："在学习中文的时候，我学过几首古诗词，简洁的表达蕴含着丰富的意义，给我留下了深刻的印象。虽然表现简洁、美丽，但其中蕴含着多种解释和深刻的教训，我认为这是一种能够让人深刻感受到中国文化或当时中国人的思考的文学。"以及对传统家庭文化的认同，韩国的小金认为，"以血缘为中心的思考方式、尊敬长辈、孝敬父母的心等家庭传统文化是我们相似的部分"。

而在询问对节目内涵是否存有不适时，多数受访者也表现出较为共通的回应。来自泰国的小彬表示，在主持人利用台词介绍或节目通过画面设置来宣扬相关现代化工程建设或煽情故事时，会觉得"有点生硬"并"不太适应"，她表示"感觉在环节上比较突兀，并不是和诗词有关的内容……尤其主持人介绍时的台词和情绪都有些激动，太过官方，选手画面也给的太多"；同样，澳大利亚的小 O 也指出，"不相关的内容在节目里突然出现时感觉很尴尬"，他表示其中的尴尬在于内容设置，"我认可这是对国家实力的宣传，但是在这里的介绍有点过于直白了"；还有美国的小 S 直接指出，"太多画面来描绘这些了，我觉得其实没有必要，台词也和诗词没有很多联系，有点破坏我对这个节目的感受"。也有几名华裔同学发表了看法，如来自马来西亚的华裔小宇对此表示自己并不会反感，"看到现在的中国，无论是军事方面，还是法律系统的完善，交通、政治、治安都是非常成功的。有时候看到类似的军事片（像《战狼》），我都看得心里激动得不行"。由此可见，当节目中较为直白地进行与诗词无关的宣传时，绝大多数跨国受众都会具备较为敏感的感知能力，通过画面、台词、主持人情绪、互动等发现端倪，并产生一定的抗拒情绪，影响其对节目内涵的理解；而具有一定本国文化背景的跨国受众则可能会由此产生一定民族自豪感与国家自信心，即节目中存在的民族性特征会在一定程度上区隔跨国受众对民族文化的理解，并不是所有跨国受众都能够接受太过直接的价值文化输出，他们甚至会存在一定抗拒性，最终形成一定的协商式解码。

（二）跨国受众更偏好节目中的文化价值体现

对于《中国诗词大会》，相较于节目所传达的视听体验、诗词内核及竞技类的展现形式，在华留学生会更加倾向于关注其中对诗词背景或历史文化传统的延伸。如节目在对苏轼诗词与食物的关联进行阐述时，参与人员的反应明显变大，来自马来西亚的几位同学开始互相交流，讨论自己喜欢的食物等。而在后续进行焦点访谈时，90%以上的同学明确表示自己更加喜欢看到节目中的诗词延伸环节，以"有趣""获得知识""有参与感"等积极评价居多；10%的同学则认为诗词部分也有很大魅力。由此可知，跨国受众对于文化类综艺节目的偏好会更加注重其中的文化内涵部分。对以上所有反馈进行统合整理，可以获得跨国受众对该节目文化价值的两种广泛态度。

其一为对传统文化内涵的喜爱。韩国的小金表示，"舞台确实很华丽，但更有魅力的是传统文化的神秘感"，其更为偏好节目中存在的传统文化特色。美国的小A表示，"我对中国的历史很感兴趣，所以我更愿意去看每个诗词背后的故事，它们能够扩大我对中国文化的理解，形成更深的历史世界观"，体现了该类跨国受众对诗词文化的倾向性。澳大利亚的小O则指出，澳洲也有类似的问答节目，但更像传统意义上的知识竞答，而不是对本国文化的一种另类体现，因此尽管他更喜欢偏刺激性的游戏环节，但在节目中会选择融入对历史文化的学习中，"诗词里的每个字都有它背后的故事，这是我尤其喜爱和惊叹的部分，和我学习汉字一样，都拥有深不可见的内涵"。其更加注重节目中所体现的汉字文化。印度尼西亚的小M则认为这个环节能让他学到一些知识，即注重自我价值的实现。

其二为简单性和趣味性，多数受众都认可于诗词讲解环节的表达更加直观和简单，有图片、绘画、影视化片段或专家的故事讲解，能够以丰富的形式使他们获取有趣的知识扩充，减少了文化差异造成的区别感。如来自泰国的小彬表示，自己对诗词的接触太少，尽管本人的中文阅读能力不差，但也无法通过字面意义理解诗词，该类诗词讲解环节可以弥补自己在诗词理解上的缺失；来自加拿大的小郝则表示可以在该环节看到更多的风景和传统文物，这使节目观感更丰富。

由于跨国受众本身存在一定的认知局限，为了更为精准地了解受众需求，针对以上现象，研究者对跨国受众对于《中国诗词大会》"娱乐性"和"文化性"的取向选择进行了二次访谈，90%的留学生选择了"文化性"，表示更加倾向于其中的文化价值内涵和相应的知识体验，仅有两名留学生更加倾向于娱乐性，其理由在于，单纯的文化内容还是过于枯燥，而节目环节的竞技性和游戏性并不是很强，节目的娱乐性还不足以支撑他们主动选择观看完整的节目流程，无法满足他们的愉悦需求。而对于更倾向于文化性的留学生来说，其主要的选择原因在于"求知"和文化体验，基本都强调了对文化理念的诉求。俄罗斯的小萨表示，"诗词真的很难，但我选择这种节目的意义就是为了获得更多的学习机会，还能有解开难题的成就感"。来自马来西亚的小李则表示，"这就是我来中国的目的"，即个人价值的象征意义。

由此可见，对于跨国受众而言，尽管他们来自不同地区或国家，存在整体的环境差异和个人的特色区别，但观看中国文化类综艺节目的选择动机和主要诉求仍是文化价值体验，包含对汉字文化、诗词文化、历史文化、自我价值实现等多种文化素养的追求，其选择的前提并不包括节目具备其他综艺节目的竞技性或娱乐性。

（三）跨国受众能对节目产生有效反应

拉扎斯菲尔德在《个人宣言》中直言"大众媒介研究的主要兴趣在于研究媒介试图影响——通常是改变——受众短期的态度与行为方面的效果"[①]，对于传播效果的成效，在一定程度上可由受众的态度或行为转变来体现。依据该理论，跨国受众对《中国诗词大会》的反应模式见表2。

---

① Elihu Katz, Paul F. Lazarsfeld, *Personal Influence*: *The part played by people in the flow mass of communication*. New York: The Free Press, 1955, pp. 18 – 19.

表 2　跨国受众对《中国诗词大会》的反应模式

转变方面	转变体现	具体表现
态度	产生文化兴趣	大 A（卢旺达）："看了这个节目后，我对中国的传统电视剧和毛笔产生了兴趣，觉得听一听看一看诗词很有意思，更想学习一些书法来了解中国传统文化。" 小 O（澳大利亚）："《中国诗词大会》让我感受到诗词的魅力，我以后也会更愿意参加这种有关中国文化的讨论，如果以后可以读懂里面的诗词就更好了。"
	促成观念转变	小巫（马来西亚）："中学时我曾为了应付考试开始接触诗词，基本都在死记硬背。现在看了《中国诗词大会》，才发现古人确实厉害，一个月亮的月就可以作出许多诗词，突然发现自己可以接纳这些很害怕的'考试教材'了。" 小金（韩国）："我原以为中国和韩国的文化没有很大区别，接触这个节目才知道东方文化的差异还是很大。我想中国综艺不管是什么形式的内容，都能很好地对自己国家的文化加以应用。所以这些综艺节目虽然与韩国节目的形式相同，但由于对中国文化的运用，感觉完全不一样。"
	促进知识储备	小 A（美国）："我从以前就很喜欢中国传统历史，喜欢看每一个朝代的故事。《中国诗词大会》可以作为我的一颗养料，让我从书籍以外的地方学到更多知识。"
行为	促使人际传播	小彬（泰国）："我会把这个节目推荐给在中国的外籍朋友看，希望他们能够了解中国文化。其实不能全部听懂，可我觉得诗词能够帮助外国人更加了解中国人的生活方式和他们的情感状态。" 小 S（美国）："我会分享给我想要学习中文的朋友们一起观看，能和他们一起边看边讨论就很棒了。"
	促进话题延伸	小宇（马来西亚）："自从观看节目后，我和室友的讨论会开始咬文嚼字，用看过的诗句来表达我们的意思成为我们彼此打趣的方式。" 小梁（马来西亚）："我时不时会推荐一下网上看到的比较搞笑的现代化诗词给朋友，比如《卧春》。"
	激发学习行动	小 Z（澳大利亚）："我会想要去参加更多学术会议和听讲座，这样可以获得更多中国传统文化教育。诗词能让我接触到更多时代的精华。" 小郝（加拿大）："因为我有华裔背景，小时候父母也会让我背诵《弟子规》，看了这个节目后我已经准备重新翻开这本书了。能够读懂诗词和理解传统文化，我觉得很满足。"
	产生购买欲望	小萨（俄罗斯）："我从来没有接触过中国古汉字，我的中国朋友们知道我看过这个节目后有和我提到《唐诗三百首》，我觉得可以偷偷买一本，说不定能吓到他们。"

　　由此可见，《中国诗词大会》的跨国受众群体在态度和行为两个层面都产生了显著的应激反应。其中，在态度上主要分为产生文化兴趣、促成观念转变、促进知识储备三部分。受众在观看节目后会对诗词或中国传统文化相关内容形成自我选择和判断力，在认知并认可节目价值的前提下由无到有产生兴趣或加强兴趣。同时在理解节目文化价值的基础上，受众对节目中传达的文化符号具有足够的感知力，其好感度将进一步加强，对文化差异和文化深度的认知能力也会进一步提升。态度的形成促进观念的转变，由此满足其相应的媒介选择需求，如跨国受众群体所关注的文化价值体验与知识素养储备。而在行为上，跨国受众的反应则主要体现为促使人际传播、促进话题延伸、激发学习行动及产生购买欲望四部分。在认知认可《中国诗词大会》的精神文化理念与传播价值前提下，跨国受众由此产生传播的欲望，如小彬与小S的"推荐""分享"行为，由自发的人际传播达成节目的二次传播效果，并且收获更为有效的跨国受众群体，即"正在学中文或对中国文化感兴趣"的部分对象。

印度电影的国际策略对中国电影
海外传播的启示

徐　辉*

摘　要：长久以来，好莱坞都是中国电影效仿的对象，然而一系列失败的教训告诉我们，这并不是唯一的解决之道。从文化同源性的角度出发，近年来海外市场蓬勃发展的印度电影或许可以成为我们新的学习目标。通过从多方面总结印度电影海外市场拓展成功的内在原因，或许可以对中国电影的国际传播起到启示与指导作用。

关键词：海外传播　民族性　想象共同体　共同价值　国际合作

中国电影的"走出去"之路坎坷曲折，举步维艰。过去，我们花费了大量的时间和精力去效仿好莱坞，然而实践证明，由于东西方文化间的天然鸿沟以及自身产业发展的不足，好莱坞的全球化战略并不适合正处在经济腾飞中的东方古国。而我们的南亚近邻印度，近年来在电影的海外拓展方面却做得风生水起。2001 年印度工商业协会就发表了未来十年规划报告，在报告中明确把印度的电影业和娱乐业列为国际贸易出口的重点项目。从出口总额看，印度仅次于美国，是名副其实的世界第二大电影出口国。对比之下，中国电影贸易总额与印度相差不大，但出口总额却有天壤

---

*　徐辉，大连工业大学讲师，北京师范大学博士在读，研究方向为印度电影、影视跨文化交流，本文系大连市社科院 2021 年度课题"提升中小学影视教育塑造人文大连"（课题编号：202101/sky078）阶段性成果。

之别，我国电影产业出口能力之疲软由此可见一斑。① 在北美票房收入超过百万美元的电影中，新概念印度（印地语）电影以平均每年 11.9 部、年平均票房 3230 万美元的成绩在北美外语片票房榜上傲视群雄；相比之下，北美票房收入百万美元以上的中国（华语）电影仅为平均每年 1.8 部，年平均票房也只有 542 万美元。② 印度每年的影片发行量、观影人数、电影从业人员数等均居全球之冠，作为世界上最大的电影生产国和仅次于美国的世界电影市场占有者，其电影经验对我国尤具借鉴意义。

毛主席曾说过："印度人民是亚洲历史悠久人口众多的伟大民族之一，它的过去的命运和将来的道路和中国有许多类似之点。"③ 中国和印度，两个古老的文明古国，两个发展中的人口大国，两个世界上增长最快的经济体，拥有悠久的历史和文化传统，以及大量的海外离散族裔，太多的共同点使我们有理由让彼此增进了解、互通有无。"一带一路"倡议和"向东行动"口号的提出加强了中印两国多方面的交流与合作，而电影作为文化交流的重要纽带，应成为深化彼此伙伴关系的重要媒介和渠道。

印度电影海外传播的成功对中国电影的启示与借鉴具体体现在以下六个方面。

一　对自身民族性的坚守

长期以来电影全球化的经验和事实告诉我们，民族的才是世界的。一个国家的电影所具有的鲜明的民族特色是其屹立于世界电影之林的重要根基与底气。全球化为电影的国际传播带来了机遇，同时也提出了挑战。在全球化的浪潮裹挟下，为了争取最大公约数观众的认同与肯定，电影的民族性被不可避免地削弱了。如尹鸿所说，"全球化为电影文化的广泛流通，甚至为创造世界性的文化空间提供了背景，但另一方面也对维护各个民族的文化传统、保持多元的文化趣味和思想价值提出了挑战，潜在的媒介帝

① 黄菁：《印度电影产业国际竞争优势分析及经验借鉴》，《经营管理者》2016 年第 7 期。
② 杨涛、张建中：《叙事表象与深层编码：新概念印度电影跨文化传播策略研究》，《电影评介》2020 年第 1 期。
③ 《毛泽东年谱（一九四九——一九七六）》第一卷，中央文献出版社，2013，第 46 页。

国主义垄断在一定程度上影响着文化的开放性、丰富性以及创造活力的保持"。① 在好莱坞称霸全球的今天，印度是唯一一个不采取任何限制，却让好莱坞始终无法全面渗透的国家。印度本土电影的票房能够常年占据其国内总票房的八成以上，这是其他很多国家所望尘莫及的，究其原因，其中较为重要的一点就是对民族性的坚守。印度电影是印度风土人情、民俗文化的万花筒，蕴含了印度人民对生于斯长于斯的这片土地的热爱与歌颂，折射了其内心深处的民族记忆、文化想象与集体无意识。

在印度的绝大部分电影中，都有对节日、婚礼等民俗的展现。印度的节日名目繁多，国家纪念日、名人诞辰、宗教节庆，不一而足，不同宗教的节日还不尽相同。排灯节、洒红节、十胜节、开斋节，每一个节日都是一场巨大的狂欢，这为印度电影提供了丰富的素材。而婚礼对于印度人民来说，是人生中最重要的仪式，往往持续数天，花费巨大，彻夜狂欢。印度电影中的节日场景例如中国观众熟悉的《摔跤吧！爸爸》中的婚礼场面，《小萝莉的猴神大叔》中庆祝猴神哈努曼的节日，《厕所英雄》中对洒红节的表现，其绚丽的色彩、欢呼的人群与律动的舞蹈组成精彩夺目的视听盛宴。歌舞场面是印度电影的形象识别标记，亦构成区别于其他民族电影的奇情异景，这种独特的异域风情、文化"陌生感"是印度电影品牌文化的基石，是印度传统审美神韵在电影里的延伸和浓缩。② "从跨文化传播的角度来看，所谓'异国情调''民俗奇观'，正是民族文化资源的重要组成部分。把它当作可资交换的文化资本加以利用，不仅在策略上是可行的，也一再被证明是民族电影国际化推广的成功之路。"③

而所谓"异国情调""民俗奇观"并不等于单纯地做猎奇化的处理与展现，中国电影海外拓展举步维艰的重要原因之一即在于对这一点缺乏认识。功夫片、动作片似乎是我们唯一的电影文化名片，随着时代的发展，这类影片的细分类型与内容越发同质化，缺乏新意，只是为了炫技而炫

---

① 尹鸿：《全球化、好莱坞与民族电影》，《文艺研究》2000 年第 6 期。
② 付筱茵、董潇伊、曾艳寰：《印度电影产业经验——大众定位、集群运营、制度支持》，《北京电影学院学报》2012 年第 5 期。
③ 王爱英：《电影与跨文化交流》，《淮北煤炭师范学校学报》（哲学社会科学版）2007 年第 2 期。

技，已经满足不了海外观众的欣赏要求。而印度电影人的高明之处在于，每一处民族性的呈现，其背后都有着深刻的内向自省与文化反思。单纯地向西方或世界展示东方古国落后贫穷的奇观，这些我们的电影也做过，其结果是为西方的"东方学"研究提供了更多失于偏颇的证据，同时使西方观众对中国的现状产生了曲解。印度电影中对宗教冲突、种姓弊端、贫富差距、封建迷信、男尊女卑等的展现更多的是要引起疗救的意识。《摔跤吧！爸爸》中热闹婚礼的场面铺陈是为了与印度女性无法自主的命运形成鲜明的对比，遵从父母之命的童婚、无法继续享有的受教育的权利，才是婚礼场面背后所承载的真实思考与犀利批判。《小萝莉的猴神大叔》中对猴神的歌颂与庆祝为男主接下来一系列看似无法理解、无法被认同的行为提供了铺垫与宗教基础。猴神哈努曼善恶分明，扶正祛邪，是智慧和力量的化身。男主作为哈努曼的虔诚信徒，继承了其勇敢、坚定、高尚的品格，冒着失去生命的危险，跨越了宗教隔阂与国仇家恨，送走失的巴基斯坦小姑娘回家。这种超越国家与民族的大爱才是真正的哈努曼精神的彰显。《厕所英雄》中对洒红节庆典上妻子用棍棒击打丈夫的传统的展现一共有两段，第一段直接表达了未婚的男女主角对印度两性地位的思考，"谁会真的打自己的丈夫，她们只是把愤怒发泄在这些可怜的灵魂身上"；"我国的男人讨厌道歉，他们活该"。这体现了二人在婚姻观和价值观上的一致性与进步性，为后来二人的结合及共同抵抗封建专制的情节打下了基础。第二段则是"负荆请罪"，男主角为没有帮助女主角达成心愿而充满自责，于是借助节日的机会让妻子发泄对自己的不满，表达自己的愧疚之情和浓浓爱意。二人互诉衷肠，叙事的走向出现转机，男主角不再用逃避和权宜之计来解决问题，而是下定决心直接向落后与迂腐宣战。从这里可以看出，洒红节是二人关系和故事发展的重要转折和催化剂，节日奇观的呈现与叙事融为一体，严丝合缝，相辅相成。《爱的盛宴》则在盛大婚礼的包装与外表下抨击了印度长久以来的嫁妆制度对女性的伤害。而《我的个神啊》中大量宗教奇观的相继登场就更蔚为大观了，以外来者之视角目睹印度各种宗教活动的光怪陆离，其目的并不是质疑和否定神，而是批判利用神来统治人民的宗教神棍。

综上所述，对民族性的坚守是印度电影的灵魂和旨归，这种坚守不单是对民族自豪感的体现，更重要的是由表及里地注入思辨的精神。这来源于印度人骨子里的思辨传统，古印度人擅长思考宇宙奥义及人生的终极意义，而这种植根于深层集体心理中的哲学思考，为印度电影人辩证地于作品中对自身民族性进行表达与反思提供了精神土壤，这也是印度电影能够在海外拓展中获得全球性普遍认同的基础。这种反思在电影中常常以调侃的、轻松的口吻或方式呈现，表达了印度人"有信心面对自己的文化缺陷，相信本民族文化有自我更新的能力"① 的积极乐观。

印度电影对其民族性的坚守与黄会林针对中国文化国际传播所提出的确立文化自觉和文化自信的观点不谋而合。黄会林认为，如果欧洲文化、美国文化各为世界文化之一极，则中国文化亦可称为世界文化之另一极——"第三极"。近年来，中国电影在学习、借鉴外国电影文化过程中出现了唯西方尤其是好莱坞马首是瞻的现象，其不顾中国的文化传统、现实国情，片面追求大投入、大制作、大明星、高科技及铺天盖地的宣传和炒作，在对好莱坞电影的盲目崇拜、疯狂追逐和亦步亦趋的模仿中，丢掉了自身的核心价值和民族精神，这是当今中国电影佳作难见且海外输出举步维艰的重要原因之一。印度电影中对民族性的坚守是值得中国电影借鉴的，只有在坚持中华民族文化主体性的基础上，根据时代发展和社会需要不断吸收、借鉴、融合外来电影文化，才能进一步丰富、发展和创新真正属于我们自己的、植根于民族文化传统的、具有鲜明中华民族特色的电影文化，这种电影文化也会更有利于民族文化的传播和弘扬，这正是"第三极电影文化"的要义。②

二　想象共同体的建构

作为一个有着政权长期分裂的历史、民族众多、方言杂呈、信仰繁复的国家，印度一直试图建构一个"想象共同体"，把不同宗教、种族、阶

---

① 习少颖、胡敏：《印度电影产业国际传播的接合策略研究——对四部印度电影的案例分析》，《北京电影学院学报》2019 年第 9 期。
② 黄会林、高永亮：《"第三极电影文化"构想》，载黄会林主编《中华文明的现代演进》，北京师范大学出版社，2011，第 35 页。

层的人融合在一起，强化国族认同感。电影是建构这个"想象共同体"的重要载体，影视的审美教育及引导功能通过这些耐人寻味的作品，把正确的人生观、价值观、国族意识形态潜移默化地传递给观众，对于建构文化"想象共同体"起到了不可或缺的作用。作为庞大的移民输出国，印度在海外拥有大量的离散族裔，而这部分观众是印度电影海外票房来源的重要组成部分，对这个观影群体的争取和培养，可以稳固和提高印度电影海外的票房与影响力。针对移民群体，印度在海外发行电影中往往注意植入国家意识、民族认同等国族意识形态，引导他们生成价值观念与建构民族想象。旅居海外的印度人常常把印度电影作为他们与祖国之间的重要连接纽带，而他们的后代也通过电影这个媒介去了解和想象甚少谋面的故土。很多印裔父母甚至直接把电影作为孩子认识与了解家乡的"教科书"。《故土》中沙鲁克·汗（Shahrukh Khan）饰演在美国宇航局工作的印度科学家，他在回乡的途中见到了印度最为落后的一面：资源紧缺、教育落后、种姓隔阂、包办婚姻。现实的黑暗面激发了他内心潜藏的热情与责任感，他抛弃了在美国的稳定事业与安逸生活，带着对故土的眷恋，最终选择留在印度，为改变这个国家的落后贡献余生。《猛虎还活着》改编自真实事件，堪称印度版《战狼2》。该片讲述了印度情报局与巴基斯坦情报局展开合作，两国特工尽弃前嫌，联手拯救40名护士于伊拉克恐怖组织ISC的魔掌的故事。影片强调了印度在国力日增的当下，其实施海外行动的强大能力、保护公民安全的决心、不惧任何强敌的无畏，凸显了印度人强烈的民族自豪感。而《乌里：外科手术式打击》《宝莱坞双雄之战》《灵魂奔跑者》《摔跤吧！爸爸》《逆战士》中处处飘扬的印度国旗，无一不在彰显印度作为一个统一的国家的凝聚力与向心力。就像由泰戈尔（Rabindranath Tagore）作词的印度国歌中所唱颂的那样，"印度人的心和命运都由你（祖国）管辖，你永远无敌于天下"。

从一个文明古国向现代化大国转型的角度，从一个被欺凌的弱国到一个独立自主的强国的层面，中印之间确实有很多共通之处：辉煌的过去，耻辱的近代，恢复往日荣耀的渴望以及近十几年的快速发展带来的强大自信。旅居世界各地的华侨、华人、华裔是中国电影海外传播的主体受众，我们亦需要建构起一个属于中国的"想象共同体"，借助影像传递中华民族的民族自信心与自豪感，使旅居世界各地的华侨、华人、华裔感知到即使身处异国他乡，祖国永远是中华儿女的依归和强大后盾。

三　降低文化折扣，着眼于共同价值的传达

"文化折扣"的概念最早是由霍斯金斯（Colin Hoskins）和米鲁斯（R. Mirus）应用于影视产品的跨文化传播领域的。他们认为：植根于一种文化的电视、电影、纪录片等影像作品，在与其处于相同的文化氛围内的市场中具有很大的影响力，因为他们具有相同的文化背景和生活方式；但在其他地方，这种影响力就会明显缩减，因为那里的受众不能理解这种价值观、信仰、历史、神话、社会制度、自然环境和行为模式。[①] 历来东西方之间的文化交流总会由于意识形态、生存环境的不同而产生理解上的困难，形成亚洲国家在向西方进行文化输出时难以打破的文化壁垒。根据霍尔（Stuart Hall）的"编码/解码"理论，电影的意义生成是编码与解码共同作用的结果，编码意义与解码意义之间没有必然的一致性。在影视作品的跨文化传播语境中，受众对话语意义的解读会受到自身社会地位、知识结构、文化体系的影响。想要降低这种解读误差，跨越不同文化语境间的障碍，创作者就要在编码过程中将预先选定的"优势意义"嵌入文本中，尽量扩大经验重叠范围。[②] 面对多样化的全球市场，共同价值作为跨文化传播的有效编码，是打破壁垒、降低文化折扣的有效途径。

好莱坞能够风靡全球的一个很重要的原因便是创造了与观影大众的价值追求相吻合的价值观，而且越主流的商业电影，其传达的价值观往往越简单，因此，拥有价值观的自觉才能最大限度满足观众的审美需求。自21世纪初新概念印度电影以降，印度电影人为了扩大印度电影海外传播的范围与力度，吸收了好莱坞的经验，在本民族文化中开掘可被全球受众普遍理解与接受的内容及题材，建立在人类共同审美经验基础上的稳定叙事模

---

① 闫伟娜：《影视产品跨文化传播中的"文化折扣"问题研究》，《西部学刊》2013 年第11 期。

② 杨涛、张建中：《叙事表象与深层编码：新概念印度电影跨文化传播策略研究》，《电影评介》2020 年第 1 期。

式，植入人类共通的对假恶丑的憎恨和对真善美的追求，宣扬爱与和平，以此作为创作的出发点和着力点。《我的名字叫可汗》血淋淋地展现了"9·11"后穆斯林在美国遭遇的误解、歧视甚至人身伤害，但讲述者有意淡化了宗教冲突，隐匿意识形态的差异，着重表现主人公面对人生坎坷依然执着于对人性善与美的追求和守护，将"爱"这种人类的共通情感作为主题，歌颂了包容、理解与互助的人间真情。

四　类型电影的本土化活用

从国际视野出发谋求与全球主流观众的欣赏趣味接轨的另一条突出策略就是自觉效仿好莱坞的类型叙事，依照类型成规来确立故事的商业价值。将本土人物和情节嫁接到典型的好莱坞类型框架中以吸引观影趣味现代化的海外观众，已经成为印度电影人的普遍共识。① 一直以来，受本土史诗的影响，印度电影自身的叙事模式倾向于故事中套故事、多线并进、复杂交错，这对于印度本土观众来说，是习惯且熟悉的，但在面对全球化的海外市场时，陌生化的叙事模式对于非本土观众来说存在接受上的障碍。类型电影是好莱坞纯熟商业模式的代表，是好莱坞得以席卷全球，放之四海而皆准的利器。21 世纪以来，为了成功使印度电影"走出去"，在坚守本民族特色的前提下，印度电影努力同世界接轨，积极学习和效仿好莱坞类型电影，打破旧有模式的束缚，抛却 masala 电影冗长拖沓、结构松散的痼疾，加快叙事节奏、增强叙事逻辑的严谨性、增强歌舞段落的叙事性，使印度本土的内容元素与好莱坞的叙事技巧相融合，打破了横亘于东西方艺术之间的阻隔，使跨文化的传播得以更顺畅地实现。

《我的名字叫可汗》借鉴好莱坞经典作品《雨人》和《阿甘正传》的人物设置，采用了公路片的类型模式，融合了类型片的叙事特点，同时又保留了印度特色的两段式叙事结构。由于印度电影沿用了早期波斯剧场中场休息的传统，因而其上下两部分往往既相互衔接又可独立成章。《我的名字叫可汗》中上半场着重刻画了可汗与妻子的美好爱情，下半场集中描

---

① 胡黎红、蔺晚茹：《从"印度故事"看"中国故事"》，《当代电影》2017 年第 1 期。

述他为穆斯林正名之路，既淋漓尽致地展现了"后9·11"时代穆斯林在美国的艰难处境，又表达了"爱能够战胜一切"的主题，"形成了具有印度特色的'大胆批判＋温情干预＋圆满结局'的叙事模式"，"塑造了印度勇于面对现实而又不乏自信乐观的国家民族形象"[①]。

五　加强国际合作

（一）策划合拍片

合拍片是电影实现海外拓展的最直接且有效的途径，印度电影近年来积极寻求和拓展与他国的合作，目前已与多个国家签订《电影联合制作协议》。根据协议，印度电影公司或制片人在与这些国家的电影公司合拍电影时，可以在"创意、艺术、技术、资金和市场方面充分合作和交流"，合拍电影有资格享受"政府提供的财政援助、税收优惠和在国内放映的配额"的优惠。[②] 好莱坞几大电影公司为了抢占印度市场，纷纷在印度设立分公司，把印度题材与好莱坞叙事手法相结合，合作拍摄和出品电影。《皇室奇遇记》是印度电影制作方与迪士尼合作的浪漫爱情作品。制作团队把印度曾经的皇室传统与迪士尼经典的"灰姑娘"母题嫁接起来，结合"小妞电影"的主题与手法，打造出一部印度版现代灰姑娘的故事，节奏明快、色彩靓丽，把印度现代女性独立、自主的性格特征与勇于追求真爱的现代意识贯穿于影片当中，契合了当下全球范围内的女性主义浪潮。《风筝》是尝试"推进全球化"的成功案例，制作团队包括印度、美国和墨西哥等几个国家的电影制作人员。为了吸引更多的白人观众，团队在选角方面采用了长相国际化、具有"希腊男神"之称的印度演员赫里尼克·罗斯汉（Hrithik Roshan），女主角则选用了墨西哥美女芭芭拉·默瑞（Barbara Mori）。该片在美国多个州广泛取景，对白使用了印地语、英语和西班牙语三种语言，并且为了应对不同观众的需求，同时推出了印度版和

---

① 田利红、樊国相：《印度商业电影本土化与国际化融合的现实主义之路》，《电影评介》2019年第3期。

② 庄廷江：《新世纪以来印度电影产业述论》，《中国电影市场》2015年第5期。

国际版两个版本。国际版由好莱坞导演重新剪辑，缩短了时长并重新创作了音乐，最终，该片由实信影业公司在戛纳电影节上重磅推出，实现了在37个国家同时放映的突破。①

中印在"一带一路"的大背景下也进行了电影上的合作，《大唐玄奘》、《功夫瑜伽》和《大闹天竺》已经相继与中印观众见面。但相比于这三部作品在中国取得的票房和口碑，印度观众显然不太买账。由于这三部作品都是中国团队作为主导，对印度的认知还存在刻板印象，所以影片显得猎奇有余、真诚不足。这也为中国今后的合拍创作敲响了警钟，要尊重彼此的风俗和文化，在尊重的基础上深入了解，做到从内容到精神传达的深入合作，而不是一知半解，流于表面。同时，在对自己的文化进行输出时，也要不卑不亢，不能为了曲意逢迎，故意展现落后愚昧等所谓的"东方景观"。② 相互的尊重与了解是合拍的基础，对等输出文化方能互惠互利，并达到费孝通先生心目中"美美与共，天下大同"的美好愿景。

（二）在海外举办电影节

通过举办各类电影节展为印度与国外电影界交流提供有效的平台。印度是世界上举办电影节最多的国家。据不完全统计，印度每年举办各类国际电影节有10余次，国内电影节更是不计其数。被称为"宝莱坞奥斯卡奖"的"印度国际电影学院奖"（IIFA），是专为向全球推广印度电影而设。该奖项自2000年创办开始，每年在不同国家举办盛大的颁奖仪式。电影节和海外颁奖仪式的举办，不仅提升了印度电影的国际知名度，也为印度电影拓展海外市场提供了便利。

中国电影目前在商业方面的海外输出情况不容乐观，国家与政府层面的电影节、电影周活动仍是中国电影出海的主要平台。相比于印度盛大的IIFA颁奖仪式，我们无论在投入上、体量上还是影响力上都存在较为巨大的差距，而对这种差距的弥补有赖于市场的养成与资本的注入。

---

① 周方元、孟云、朱琳：《标准化生产与国族意识形态：印度电影海外传播路径与内核》，《当代电影》2015年第12期。
② 徐辉：《中印合拍公路片初探》，《民族艺林》2018年第1期。

中国可以考虑采用以政府为主导，与民间资本扶持相结合的策略，在宣发、制度、颁奖典礼等各个环节精耕细作，把我们在海外举办的影展或电影节打造成具有延续性、规模性、品牌性和相当影响力的活动，使之成为中国电影海外拓展的重要名牌。

（三）人才教育的国际化

印度着力推动电影精英教育。1947 年印度独立后，由政府提供奖学金，支持学生赴海外尤其是赴美国学习电影。这些留学生学成回国后，多数进入信息广播部电影局工作，在印度电影发展中发挥重要作用。当下印度电影产业的许多新生力量也都有海外留学的背景，这对他们与国际接轨，紧跟时代步伐起到了重要的连接作用。

由于特殊的被殖民历史，英语是印度很重要的官方语言，英语的普及率在印度也很高，印度有专业的院校来培养专业的翻译人才，把印度电影翻译成英语和其他语言推广到全世界。

从这两方面看，我国目前还略有欠缺。我国电影行业从业人员有海外背景的比例不高，缺乏专业的电影翻译人才，因此印度的经验值得我们借鉴。同时我们也应该看到，当下中国已经陆续有学成归来的电影人加入这个行业，他们不仅有工业教育基础，而且是双语人才。这些年轻人组成的团队同时还吸纳了各个国家的电影从事人员，俨然已经成为国际团队。假以时日，他们一定能够在中国影坛脱颖而出，大放光彩。

六 细分海外市场，主攻亚洲市场

印度电影的传统海外市场主要是其周边的南亚、东南亚、西亚及中东地区，相似的文化及宗教背景使印度电影在这些地区的被接受度极高。在保有这部分市场观众忠诚度的同时，印度也大力拓展东亚和欧美市场。近年来印度电影在中国市场的强劲表现可见一斑，《三傻大闹宝莱坞》《摔跤吧！爸爸》《小萝莉的猴神大叔》的成功，使中国人继 20 世纪 50 年代和70 年代后再次近距离地接触印度电影并看到其可喜的进步，因此印度电影研究在理论界也逐渐成为一门显学，越来越多的学者投身到这一领域，佳作成果迭出。中印文明的思想底蕴有许多相通之处。印度传统文化中的非暴力、崇尚人与自然和谐相处等思想，与中国文化传统有许多共鸣之处。与中国具有文化同源性的日本是另一个被印度电影"攻陷"的东亚国家，印度电影进入日本市场也不过短短几年时间，但发展迅速。《巴霍巴利王》竟然在日本带起一股观影热潮。日本有影院为喜爱该片的影迷推行了非常人性化的观影方式，专门提供一个影厅，采用一种特殊上映方式——尖叫上映版。观众在该厅观看印度电影时，允许带可以发出声响的物品，也可以进行 Cosplay，跟着影片中的角色一起呼喊与鼓掌，这非常有别于日本的影院文化。印度电影精彩夺目的歌舞、酣畅淋漓的打斗、肆意张扬的情绪、大开大合的叙事节奏，契合了大和民族在长期内敛与压抑的环境中生成的对释放与自由的渴望。印度电影海外拓展的巨大成功可见一斑。

市场细分对于中国电影的海外拓展同样适用，具有文化同源性的亚洲国家应成为中国电影当前国际输出的主力目标。很多时候我们的电影作品野心巨大，目标同时指向国内市场和国际市场，殊不知"鱼和熊掌"不可兼得，两方都想讨好的结果往往是由于不伦不类，在两边都得不到认可。《长城》等大片的国内铩羽和海外折戟已经为我们提供了教训。同为亚洲国家，印度的市场细分化策略对我们是有指导意义的，漫天撒网不如有的放矢，这样不仅可以有效地规避文化折扣，也可以为进一步的全球拓展积累经验。

七 结语

针对中国电影当下过多地对好莱坞式电影进行照搬和移植而产生的水土不服的尴尬局面，我们需要把眼光放得更广。作为当下风头正劲的两个发展中大国，相似的国情与地缘的亲近性使两国在诸多方面互有借鉴性，而共有的东方文化传统及宗教渊源又使具有"文化接近性"的两国之间更容易产生文化认同。在"龙象共舞"的美好愿景中，希望两国电影能够增加交流、增进了解，也希望印度电影的宝贵经验，能够为中国电影的"走出去"之路助一臂之力。

新加坡公共电视新闻比较研究

张　渤　刘　双*

摘　要： 多元族群共存是新加坡独立建国时的既定事实，复杂的族群结构与特殊的国家治理模式，决定了这一城市岛国的公共电视媒体须以服务国家发展为导向，不寻求与政府抗衡的体制定位，进而形塑了其新闻生产的"国别景观"。选取新加坡公共电视机构的华语新闻与英语新闻文本进行比较，从报道地域、报道立场、语码结构、多元文化指征、价值观指涉等层面入手进行分析研究，可以一窥多元种族社会中公共电视新闻文本的价值指向。

关键词： 新加坡　多元种族社会　电视新闻　内容分析

一　研究背景

新加坡是一个地理位置特殊，国土面积狭小，文明起源较晚，建国时间较短的发达资本主义国家。其国土面积只有 724.4 平方公里，却会聚了以华人、马来族、印度裔为主的多个族群。截至 2019 年，新加坡公民和永久居民总数约为 403 万人。其中，华人约占 74%，马来族约占 13%，印度裔约占 9%，其他族群约占 4%。多元族群杂居共生，带来多元文化的切磋磨合。新加坡建国领袖李光耀认为："作为一个多元种族、多语言国家的领袖，我的首要任务不是维护任何一个种族的语言与文化……无论我如何为古老的中华文明感到自豪，在政治上，我绝不能被看成是一名华文沙文

---

* 张渤，西安外国语大学新闻与传播学院，研究方向为新闻业务；刘双，中国传媒大学传播研究院讲师，研究方向为新闻采访。

主义者，否则将为新加坡带来灾难。"① 基于这一点，新加坡没有选择英美等西方国家"盎格鲁"式的文化整合模式，而是将原住民使用的马来语作为具有象征意义的国语，将具有"中立语"特征的英语确定为通用语，分属于各族群的母语（华语、泰米尔语）仍然被保留，并被纳入国民基础教育体系。

"马赛克"式的多元文化景观，凸显出该国公共电视系统的文化持存与整合功能。作为新加坡民众"想象共同体"的素材来源，公共电视既要呈现族群文化，促进族际沟通，又要传递共同价值观念，塑造并强化国家认同，这在新加坡不仅是一个文化政策问题，也是一个严肃的政治问题。自1963年自治邦时期的啼声初试到1965年"新马分家"后的独立建台，新加坡公共电视机构先后经历了国有化、商业化、资本化的冲刷，目前形成了以"新传媒"私人传播有限公司（以下简称"新传媒"）为唯一公共电视播出机构，英语（5频道、亚洲新闻台）、华语（8频道、U频道）、马来语（朝阳频道）、泰米尔语（春天频道）四种播出语言并存的公共电视频道资源分布格局。新加坡政府与媒体机构都意识到，如果单纯按照市场机制调节内容生产，欣欣向荣的只可能是华语节目与一部分英语节目，少数族群的节目内容很难获得充足的市场支持。但对新加坡来说，任何族群都需要通过公共电视体系呈现其面貌，多元族群社会需要建立一个更具包容性与稳定性的公共电视体系。

新加坡的公共电视体系看似单一实则复杂，仅仅是多语种的新闻生产任务，就令电视机构难承其重。哥斯拉大学媒介研究小组于20世纪70年代对BBC的电视新闻节目进行研究后发现，电视新闻虽然受到生产者所处社会阶层的影响，但是起决定性作用的仍然是电视媒体在现实中的体制定位。② 新加坡在地理位置、治理模式、经济实力等方面的特殊性，决定了其公共电视新闻既要回应新加坡在东南亚及亚太政治格局中的现实地位，又要呈现其作为发达资本主义国家的比较优势。面向多元族群的公共电视

---

① 李光耀：《我一生的挑战：新加坡双语之路》，新加坡《联合早报》，2011，第47页。
② 〔英〕尼克·史蒂文森：《认识媒介文化：社会理论与大众传播》，王文斌译，商务印书馆，2013，第56页。

体系不仅要考虑其播出语言所对应的族群的收视需求，还要考虑潜在的跨族群、跨语言、跨频道收看可能带来的传播风险。笔者以新加坡华语电视新闻为研究对象，并与新加坡英语新闻节目进行横向比较，意在将电视媒体作为一种社会表征，逐步"将关注点缩小到那个我们兴许会认为是专长于文化表象之生产的符号化实践"①。本研究侧重探讨下列4个问题：

R_1. 两档新闻节目所呈现的"全球"与"地方"景观的价值偏向是否一致？

R_2. 多元语言社会在电视新闻中的表征方式如何，是否存在差异？

R_3. 多元族群的社会现实在新闻中的呈现方式如何，是否存在差异？

R_4. 国内新闻对该国"共同价值观"的呼应性是否存在差异？

二　研究设计

1. 研究对象的确定

笔者采用"比较型研究设计"，以"新传媒"旗下8频道播出的华语新闻节目《晚间新闻》为分析对象，并与该机构5频道播出的英语新闻节目《NEWS 5》比照，从报道地域、报道立场、语码结构、多元文化指征、共同价值观指涉等层面探究二者的共性与差异。引入比较维度的原因如下：其一，两档节目均属"新传媒"旗下，节目形态相同且稳定，播出时段与时长一致，在晚间黄金时段的收视表现较好；其二，《晚间新闻》采用汉语普通话播出，目标受众为华人，《NEWS 5》以通用语英语播出，面向新加坡多元族群，因而制作团队与目标受众的固有差异可能会影响新闻文本；其三，新加坡"立法严、执法苛"的威权政治制度，要求媒体的内容生产必须有利于国家发展与社会进步，不同语种新闻节目的制播系统虽然相对独立，但其内容却要以新加坡的"共同价值观"为指认。

2. 具体节目圈选与分析单元确定

本研究采用"构造周"抽样。相对来说，构造周抽样适用于较长时间

---

① 〔英〕斯图尔特·霍尔著，周宪、许钧编《表征——文化表象与意指实践》，商务印书馆，2013，第347页。

跨度的研究，对于同一天有数量较多的样本的情况尤其适用。① 笔者在2016 年 11 月 1 日至 2017 年 1 月 31 日期间，分别抽取《晚间新闻》和《NEWS 5》的 14 期节目（共 28 期），并回避了"公历新年""国庆节""哈芝节""屠妖节""圣诞节"等重要节庆日对新闻议题的影响。在分析过程中，以一条新闻作为一个分析单元，一般以播音员的演播室口播串联词作为间隔。

3. 研究假设

新加坡政府在独立建国后，将经济发展、社会安定以及种族和睦作为国家建设的重要目标。新加坡的领导层认为，实现这一目标的前提就是要建立整体的国家意识，为国民营造新加坡人的身份。这种国民身份的塑造在新闻文本中主要通过两层逻辑实现：一方面，借助国内新闻凝聚新加坡人的国家共识，提升受众对多元族群国家的认同感与向心力；另一方面，通过国际新闻凸显新加坡在全球与地缘格局中的比较优势，形成与周边国家的反差。此外，在新闻的话语风格与价值观指向方面，周兆呈认为，新加坡的媒体不与政府对抗，不挑战政府权威，但也不是执政党的喉舌。新加坡对电视资源的分配，使电视媒体既通过英语向所有民众发布和传播政策，同时也以各族群习惯的语言介绍和传播公共政策，并通过不同的侧重点，观照不同的族群关注的课题和政策层面。② 在新闻生产过程中，新加坡政府并不对媒体采取事先的新闻检查，也不阻止媒体刊登负面言论。媒体一方面积极支持政府政策，另一方面认真反映民意，提供建设性批评。电视媒体对其新闻生产的社会功能指认，在一定程度上影响了新闻选题的结构与报道倾向的把控。在此基础上，笔者提出如下研究假设：

H_1：两档节目的国内新闻与国际新闻报道倾向有差异，国内新闻报道偏向正面；

H_2：《晚间新闻》与《NEWS 5》在国际新闻报道的区域选择上差异显著；

---

① 周翔：《传播学内容分析研究与应用》，重庆大学出版社，2014，第 113 页。
② 周兆呈：《新加坡公共政策传播策略：政府如何把握民意有效施政》，民主与建设出版社，2015，第 45—53 页。

H_3：对东盟及周边国家的报道，负面新闻在两档节目中的占比均较高。

从播出语言层面看，母语是一个族群延绵存续的"传统"，能够为族群提供心理上的安全感。[①] 新加坡媒体发展管理局颁行的《无线电视节目准则》与《对象性节目内容准则》中明确规定：英语和华语频道的播出语言应以标准的英语及汉语普通话为主，避免出现新加坡式英语和方言。[②] 然而近三十年来，新加坡华人社群出现严重的"语言易位"现象，不同语言相互混用的情况非常普遍，这种语言混用通常被称为"杂菜式华语"或"杂菜式英语"。学者吴英成认为，杂合语码既可在不同语言之间发生（汉语普通话、英语以及马来语），也出现在不同方言变体或者语体之间（华语、福建话、广东话、杂菜式华语）。[③] 在此情况下，电视频道既要坚持以频道语言定位或族群定位为主的传播，又要容纳并适度呈现非频道播出用语的语言，对现实中复杂的语用环境给予回应。笔者基于这一点提出研究假设：

H_4：在杂合语码的呈现上，华语新闻与英语新闻之间无显著差异。

1976 年，本杰明利用韦伯的"理想型"模式，分析了多元种族社会中的"文化逻辑"，他认为：如果过度强调种族之间的差异性，将会使不同种族身份固化，融合困难。对新加坡而言，其多元族群并存的社会事实固然需要在电视新闻中体现，但还需进一步构造族群认同从属于国家认同的"整合框架"。华语新闻的目标受众以华人为主，英语新闻则面向新加坡的多元族群，那么不同的播出语言是否会导致其对多元种族呈现的差异？两档新闻节目对共同价值观的呼应是否存在差异？基于此，我们提出两个研究假设：

H_5：华语新闻与英语新闻中对多元种族社会的呈现不存在显著差异；

H_6：华语新闻与英语新闻对共同价值观的呼应具有一致性。

4. 分析类目的建构

在前述假设的基础上，本研究确定了如下 5 个分析类目，即报道地域、报道立场、语码结构、多元文化指征、价值观指涉等。

① 〔英〕C. W. 沃特森：《多元文化主义》，叶兴艺译，吉林人民出版社，2005，第 33 页。
② 赵靳秋、郝晓鸣：《新加坡大众传媒研究：媒介融合背景下传媒监管的制度创新》，中国传媒大学出版社，2012，第 173—174 页。
③ 吴英成：《汉语国际传播：新加坡视角》，商务印书馆，2010，第 68 页。

报道地域分为本地新闻与国际新闻，本地新闻为发生在新加坡的新闻，国际新闻又分为东盟十国，中国（含港澳台），日本、韩国、朝鲜，亚洲其他国家和地区，亚洲以外国家和地区，全球性及跨区域报道。

报道立场分为"正面"、"中性"与"负面"三类，一般来说，对报道倾向的判断主要通过报道内容中的态度关键词及播音员的播报语气来进行。报道中常用"积极""乐观""帮助"等可以使观众产生积极联想与向上态度的词语，则可归结为正面报道；如果是使用"恐怖""失望""迫害""抗议"等具有负面情绪的语汇，令受众产生消极感受与联想的报道，则归为负面报道；其他较为客观且不带有过多情感与价值判断的新闻报道列入中性报道。

语码结构用来描述新闻报道中所呈现的语言符码状况。若该条新闻只出现汉语普通话或英语，则其语码结构属于"单一结构"；若在新闻中出现非本频道规定的播出语言的情形（如英语新闻中出现非英语语言或杂菜式英语，华语新闻中出现英语、其他族群语言、杂菜式华语以及华语方言等），表示其语码属于"杂合结构"。

多元文化指征是指新加坡国内新闻报道中对多元族群社会的呈现方式，它主要通过新闻报道的语言、画面等要素体现。在华人占据多数的新加坡，马来族、印度裔以及其他种族属于少数族群，本研究中的少数族群亦指华人之外的族群。笔者将多元文化指征归纳为5类：画面中包含少数族群形象、同期声中包含少数族群元素、采访对象为少数族群、新闻选题与少数族群有关、不显著或未呈现。在分析过程中，上述元素有可能在同一则报道中综合出现，因此在编码表中将其设为复选。

价值观指涉方面，笔者参照新加坡于1991年颁行的《共同价值观白皮书》，将新加坡的国内新闻报道按照其价值观指涉归入6个不同的类别，即：国家至上，社会优先；家庭为根，社会为本；扶持关怀，同舟共济；求同存异，协商共识；种族和谐，宗教宽容；不明显或未呈现。但在分析过程中笔者发现，由于新闻报道中所隐含的价值观具有一定的多元性，同一则新闻报道可能会出现多个价值观指涉，故将其设为复选。

需要说明的是，本研究重在分析多元族群社会中的公共电视新闻文本，以及新闻文本对多元族群社会的呈现，故在分析过程中，笔者对新加坡国内新闻与国际新闻采取不同的编码规则。

5. 编码信度

在确定分析类目后，2 名编码员抽取同一天播出的两档新闻节目对编码表进行测试，并根据编码中遇到的问题，对类目与编码说明进行了部分调整，再以霍斯提公式进行测试，测试结果显示编码员间信度为 82%，信度良好。

三　研究发现与分析

在对两个"构造周"（两档节目各 14 期，共 28 期）的节目文本进行拆条统计后，共获得新闻 469 条。除进行描述性统计外，我们还在华语新闻与英语新闻两两比较的维度下，使用统计分析软件 SPSS 19.0 对样本数据进行卡方检验。结果如下。

1. 本地新闻与国际新闻的报道立场

两档新闻节目按照国内新闻与国际新闻两个维度和正面、中性、负面三种报道立场分类统计，详细结果见表 1。

表 1　《晚间新闻》与《NEWS 5》的报道立场分布

单位：条，%

节目		国内新闻				国际新闻			
		正面	中性	负面	合计	正面	中性	负面	合计
《晚间新闻》	条数	88	37	14	139	18	27	56	101
	占比	63.31	26.62	10.07	100	17.82	26.73	55.45	100
《NEWS 5》	条数	84	38	18	140	4	37	48	89
	占比	60.00	27.14	12.86	100	4.49	41.57	53.93	100
条数合计		172	75	32	279	22	64	104	190

《晚间新闻》播发的国内新闻中，正面立场报道占 63.31%，中性立场报道占 26.62%，负面立场报道占 10.07%；《NEWS 5》播发的国内新闻中，正面立场报道占 60.00%，中性立场报道占 27.14%，负面立场报道占 12.86%；《晚间新闻》播发的国际新闻中，正面立场报道占 17.82%，中

性立场报道占 26.73%，负面立场报道占 55.45%；《NEWS 5》播发的国际新闻中，正面立场报道占 4.49%，中性立场报道占 41.57%，负面立场报道占 53.93%。在对《晚间新闻》和《NEWS 5》所报道的国内新闻立场进行卡方检验后，结果如表 2 所示，两档节目的国内新闻报道立场无显著性差异（P=0.740>0.05），且对国内新闻的报道偏向于正面。大部分的国内新闻报道选题都来自政府的官方信源，领导人政治活动、经济社会发展态势、政府公共政策等成为主要议题，这一信源特征形成了以正面为主的报道立场，即使是类似经济下行压力增大、劳动力市场疲软等看似负面的议题，国内新闻报道也会将其纳入"政策改善"的报道框架，实现报道立场反转。

表 2　两档新闻节目国内新闻报道立场的卡方检验分析结果

	值	Df	渐进 Sig.（双侧）
Pearson 卡方	.603[a]	2	.740
似然比	.604	2	.739
线性和线性组合	.538	1	.463
有效案例中的 N	279		

国际新闻报道方面，两档节目存在显著差异（见表 3），卡方检验结果 P=0.006<0.05，表明《晚间新闻》所报道的国际新闻立场倾向于正面，而《NEWS 5》报道的国际新闻偏向中性。在国际新闻中，大部分报道均为来自国际通讯社或国外媒体的"二手信源"，除对事实本身进行把关取舍外，并无太多发挥空间。但两档新闻节目面向的受众群体有差异，《NEWS 5》的受众群体包含更多的精英阶层，他们具备更强的信息处理和判断能力，这可能导致该节目在国际新闻的立场把关上偏于中性。

表 3　两档新闻节目国际新闻报道立场的卡方检验分析结果

	值	Df	渐进 Sig.（双侧）
Pearson 卡方	10.370[a]	2	.006
似然比	11.063	2	.004
线性和线性组合	1.377	1	.241
有效案例中的 N	190		

2.《晚间新闻》与《NEWS 5》国际新闻报道的地域分布结构及报道立场

新加坡在全球格局及地缘政治格局中的方位，无形中影响着其新闻节目对新闻信息的选择。两档节目在不同地域的国际新闻播发总量及其在全部报道（包含国内与国际）中的占比见表4。

表4　《晚间新闻》与《NEWS 5》国际新闻报道地域分布、播发总量及其占比

单位：条，%

	《晚间新闻》播发总量（占比）	《NEWS 5》播发总量（占比）
东盟十国	18（7.50）	25（10.92）
中国（含港澳台）	14（5.83）	8（3.49）
日本、韩国、朝鲜	13（5.42）	10（4.37）
亚洲其他国家和地区	9（3.75）	5（2.18）
亚洲以外国家和地区	25（10.42）	24（10.48）
全球性及跨区域报道	22（9.17）	17（7.42）

研究发现，除指向环境、反恐、多国外交的跨区域报道外，在对国际新闻报道的地域圈选上，两档新闻均以新加坡为中心，视角向东南亚国家、东亚各国以及世界发达经济体逐级延伸。其中，对东盟国家的报道占比较高（占7.5%），对中国的报道也占有相当大的比重，而对亚洲之外国家的报道，则主要聚焦于英国、美国等发达国家及毗邻的新西兰、澳大利亚等国。从中可见，周边国家及东亚地区、世界发达经济体是其国际新闻关注的重点。在报道立场上，根据卡方检验结果，两档节目针对不同区域的报道立场较为一致，无显著性差别（P=0.517>0.05）。

表5　《晚间新闻》与《NEWS 5》国际新闻针对不同区域的报道立场

	值	Df	渐进 Sig.（双侧）
Pearson 卡方	4.230[a]	5	.517
似然比	4.258	5	.513
线性和线性组合	.672	1	.412
有效案例中的 N	190		

3.《晚间新闻》与《NEWS 5》的杂合语码比较

杂合语码是新加坡多元种族与多元语言的社会表征，虽然英语已在实

际上成为该国的通用语和官方语，但华语、马来语和泰米尔语也在社会中广泛流通，并在电视新闻中呈现。笔者通过研究发现，两档新闻节目杂合语码出现的频次存在显著差异（见表6和表7，P = 0.000 < 0.05），《晚间新闻》报道的国内新闻中杂合语码出现的频次远高于《NEWS 5》。

表6　《晚间新闻》与《NEWS 5》国内新闻中杂合语码出现频次统计

单位：条

	杂合语码出现的频次				合计
	1 次	2 次	3 次	4 次	
《晚间新闻》新闻数	34	22	1	1	58
《NEWS 5》新闻数	4	0	0	0	4
合计	38	22	1	1	62

表7　《晚间新闻》与《NEWS 5》国内新闻中杂合语码出现频次卡方检验

	值	Df	渐进 Sig.（双侧）
Pearson 卡方	61.622[a]	4	.000
似然比	74.466	4	.000
线性和线性组合	57.718	1	.000
有效案例中的 N	279		

《晚间新闻》中共计有58条报道存在杂合语码，占该节目国内新闻播发总条数的41.7%；《NEWS 5》有4条新闻出现杂合语码，仅占该节目国内新闻播发总数的2.9%。杂合语码在两档新闻节目中出现的次数存在显著差异。从杂合形式来看，杂合语码以华语中掺杂英语以及少量华语方言为主，而马来语和泰米尔语在两档新闻节目中均未出现。具体来看，《晚间新闻》中存在的杂合语码主要分为两类：一类是新闻现场的英语同期声以及被采访者的英语口白；另一类是被采访者在表述过程中出现的句内或句间掺杂。从深层次原因来看，杂合语码的显著差异与媒体的新闻生产机制有关。在"新传媒"内部，大部分记者具有双语采写能力，在重大事件的采访过程中，记者会尽量考虑到不同语种的播出需求。[①] 但英语毕竟是

---

① 李宇：《海外华语电视研究》，中国社会科学出版社，2011，第178页。

新加坡的通用语，大部分官方活动提供的采访素材以英语为主，故在华语新闻中难免出现语码掺杂。但对于非官方活动（如社会新闻、文化教育新闻、健康新闻等）的采访，中文时事组的记者则会顾及目标受众的语言习惯，尽可能多地使用华语同期声和现场采访。

4.《晚间新闻》与《NEWS 5》中的多元族群（文化）呈现

多元文化主义者认为，每个国家都存在创造单一的共同文化的压力。因此，对一种想要在现代世界生存并获得发展的文化来说，它必须成为一种社会性文化。[①] 如今，传媒已成为"社会性文化"的呈现者、解读者以及生产者，它同学校、经济以及政府一样，在一国的文化结构中被体现并被持续不断地再生产出来，这反映了现代民主国家对一种高水平团结的需要。[②] 在新加坡的族群结构中，华人是多数族群，马来族、印度裔与其他族群的规模相对较小，包容与反映多元族群也成为新闻生产的重要组成部分。这种呈现可以是少数族群的面孔、少数族群的语言以及少数族群的文化元素等。笔者依据少数族群在新闻文本中的呈现方式，以频次为指标对两档节目的国内新闻进行了统计（见表8）。

表8　《晚间新闻》与《NEWS 5》多元种族（文化）元素的呈现频次统计

单位：条

多元种族（文化）元素呈现形式	《晚间新闻》新闻数	《NEWS 5》新闻数	小计
画面中包含少数族群形象	59	74	133
同期声中包含少数族群元素	10	25	35
采访对象为少数族群	8	19	27
新闻选题与少数族群有关	7	8	15
不显著或未呈现	79	65	144

扣除"不显著或未呈现"的新闻，《晚间新闻》与《NEWS 5》包含多元种族（文化）元素的新闻分别有60条和75条，占两档节目国内新闻播

---

① 〔加〕威尔·金里卡：《多元文化公民权：一种有关少数族群权利的自由主义理论》，杨立峰译，上海世纪出版集团，2009，第100—101页。

② 〔加〕威尔·金里卡：《多元文化公民权：一种有关少数族群权利的自由主义理论》，杨立峰译，第97页。

发总量的 43.2% 和 53.6% 。从"画面中包含少数族群形象"到"新闻选题与少数族群有关",多元种族(文化)元素的出现频次递减,且英语新闻中的出现频次相对高于华语新闻。分项进行卡方检验的结果如表 9、表 10、表 11、表 12 所示。

表 9　《晚间新闻》与《NEWS 5》"画面中包含少数族群形象"的卡方检验

	值	Df	渐进 Sig.(双侧)
Pearson 卡方	3.031[a]	1	.082
连续校正[b]	2.628	1	.105
似然比	3.036	1	.081
Fisher 的精确检验			
线性和线性组合	3.020	1	.082
有效案例中的 N	279		

表 10　《晚间新闻》与《NEWS 5》"新闻选题与少数族群有关"的卡方检验

	值	Df	渐进 Sig.(双侧)
Pearson 卡方	.063[a]	1	.802
连续校正[b]	.000	1	1.000
似然比	.063	1	.802
Fisher 的精确检验			
线性和线性组合	.063	1	.802
有效案例中的 N	279		

从表 9、表 10 可见,两档新闻节目在"画面中包含少数族群形象"方面没有显著性差异(P = 0.082 > 0.05),同时,两档节目与少数族群有关的新闻选题情况也没有显著性差异(P = 0.802 > 0.05)。这说明两档节目虽然属于不同的制作团队,但在多元种族(文化)的形象呈现与议题选择上表现出较高的一致性,没有因播出语言与目标受众的差异而出现明显偏向。

表 11　《晚间新闻》与《NEWS 5》"同期声中包含少数族群元素"的卡方检验

	值	Df	渐进 Sig.(双侧)
Pearson 卡方	7.228[a]	1	.007

	值	Df	渐进 Sig.（双侧）
连续校正[b]	6.289	1	.012
似然比	7.442	1	.006
Fisher 的精确检验			
线性和线性组合	7.202	1	.007
有效案例中的 N	279		

表 12　《晚间新闻》与《NEWS 5》"采访对象为少数族群"的卡方检验

	值	Df	渐进 Sig.（双侧）
Pearson 卡方	4.875[a]	1	.027
连续校正[b]	4.022	1	.045
似然比	5.008	1	.025
Fisher 的精确检验			
线性和线性组合	4.857	1	.028
有效案例中的 N	279		

对新闻节目"同期声中包含少数族群元素"以及"采访对象为少数族群"方面的卡方检验结果显示，两档节目在"同期声中包含少数族群元素"方面存在显著差异（P = 0.007 < 0.05），《NEWS 5》在同期声中出现少数族群元素的频次更高；此外，两档节目在"采访对象为少数族群"方面也存在显著差异（P = 0.027 < 0.05），《NEWS 5》报道的国内新闻中采访对象为少数族群的频次更高。

我们虽然难以从量化角度确切判定当前的比例结构是否适宜，也没有官方的标准能对目前的情形进行评断。但笔者在分析过程中发现，两档新闻节目在传达核心事实的同时，也在尽量兼顾多元种族元素的呈现，并对报道框架进行适应性调整，如在报道印度裔屠妖节的活动时，记者精心选择了一所由马来族设计修缮、华人捐资的印度神庙进行实地采访，将一个少数种族节庆日的新闻选题归于种族团结的报道框架；在报道国会讨论"民选总统制度改革方案"时，两档新闻节目均采取了较为平衡的策略，既论述了少数种族当选总统的重要意义，同时也播出了时任通讯及新闻部长雅国博士（马来族）所表达的担忧，即预留总统位置给少数种族候选人，会给人造成协助少数族群"上位"之感。笔者在对两档新闻节目中多条涉及种族议题的新闻报道进行分析后发现：这两档新闻节目通常会慎重处置多元种族议题，不鼓噪，不煽动，使受众认识到种族身份的存在是以国家共同体的存在为基础的，种族之间的和睦共处也同样是以民族和国家的存在为基本前提的。这使得新闻文本自身就包含了国家至上的共同政治情感，而不会因播出语言和目标受众的差异存在不同。

5.《晚间新闻》与《NEWS 5》对新加坡共同价值观的呼应

1991 年，新加坡政府在长期酝酿并反复征求国民意见后，颁布了《共同价值观白皮书》，将新加坡的共同价值观概括为"国家至上，社会优先；家庭为根，社会为本；扶持关怀，同舟共济；求同存异，协商共识；种族和谐，宗教宽容"。《共同价值观白皮书》虽然很难被人们当作行事准则加以遵守，但大众传媒却成为社会价值观塑造过程中非常重要的一支力量。①基于此，笔者对两档新闻节目中国内新闻报道的共同价值观指涉情况进行分析。经统计，其指涉频次及结构见表 13。

表 13　《晚间新闻》与《NEWS 5》新闻报道中对新加坡共同价值观的指涉情况

单位：条

价值观指涉	《晚间新闻》播发新闻数	《NEWS 5》播发新闻数	小计
国家至上，社会优先	70	74	144
家庭为根，社会为本	57	50	107
扶持关怀，同舟共济	34	31	65
求同存异，协商共识	7	12	19
种族和谐，宗教宽容	4	6	10
不明显或未呈现	38	45	83

除去"不明显或未呈现"共同价值观的新闻，含有共同价值观指涉的新闻分别有 101 条和 95 条，分别占两档节目国内新闻播发总数的 72.7%和 67.9%，其中呼应"国家至上，社会优先"这一主题的新闻数量最多。逐一进行卡方检验后，共同价值观包含的 5 个层面在《晚间新闻》与

---

① David Birch. *Singapore Media*：*Communication Strategies and Practices.* Singapore：Longman Cheshire. 1993，p. 7.

《NEWS 5》播发新闻中的指涉频次无显著差异。那些高度呼应共同价值观的新闻多为重要的政策性议题或社会性议题，其容纳共同价值观的弹性较大，也赋予记者较有张力的报道空间。在报道"民选总统制度改革"的新闻时，《晚间新闻》从诸多层面将这一议题纳入国家、社会、种族等多元报道框架，回应了共同价值观中的大部分内容。《NEWS 5》还专门播出了首任总统尤索夫·伊萨（马来族）早年带领新加坡民众共同建设家园的影像资料，追忆少数种族总统在新加坡历史上的卓越功勋。此外，受新加坡威权政治体系的影响，指涉"求同存异，协商共识"价值观的新闻报道并不多见，但在涉及国家利益的重大政治制度改革中，媒体也不吝惜时间和版面资源呈现多元观点，将其作为提升民众社会参与感和国家认同感的契机。

四　结语

传播学的社会建构理论认为，社会真实与社会关系就蕴含于话语之中，由于我们都处在被话语建构的社会中，也自然无法摆脱充斥其中的媒体话语对我们的认知与认同的影响。[①] 新加坡公共电视频道虽然面向不同族群，采用不同语言播出，但其所具有的传播功能却保持一致。华语电视虽占拥新加坡最广大的电视受众市场，公共电视却不能完全因应这一族群的需求行事，而是要在多元族群社会中圈定其传播生态位。

通过前文分析可见，无论是华语频道播出的《晚间新闻》还是英语频道播出的《NEWS 5》，两档节目在报道立场、共同价值观指涉等方面保持一致。在杂合语码出现的频次、多元文化指征等方面，两档新闻节目虽存在差异，但其背后却体现出两档新闻节目在面向不同受众群体时，有意对文本中的某些细节进行调整，以适应目标受众的族群归属与文化习惯的深意。而在国际新闻报道方面，无论是华语新闻还是英语新闻，都偏向于进行负面报道，两档节目的总体报道立场无显著差异。格罗斯曾指出："民主国家需要有一个公分母，一种超越种族的忠诚，这种忠诚将各个不同种

---

① 〔澳〕克里斯·巴克：《电视、全球化与文化认同》，北京大学出版社，2008，第23页。

族和文化背景的集团结合为一个整体，一个得到所有居民或绝大多数居民认同和热爱的整体。换句话说，就是一种超越了族属认同的认同。"① 虽然两档新闻节目采用的播出语言不同，却发挥着"多声同向"的社会建构功能，这既是公共电视针对复杂目标受众开展有效传播的需要，也是新加坡维系高水平社会团结的需要。新闻文本构造出的全球景观，成为公共电视媒体延续族群认同、凝聚民众共识、强化国家认同的重要策略。

---

① 〔美〕菲利克斯·格罗斯：《公民与国家——民族、部族和族属身份》，王建娥、魏强译，新华出版社，2003，第 180 页。

"通"与"不通",如何打通?

——文化通约性与变异性对国产动画海外传播的影响探析

张　越[*]

摘　要: 国产动画的海外传播问题首先在于其自身体现的文化属性。近年来国产动画存在的问题与所受的批评直指国产动画在"文化混种"上的争议,它反映出文化通约性问题所带来的心理隔阂,这种心理隔阂也是国产动画海外传播出现困境的诱因之一。变异性关注不同文化或不同文明文学之间的异动与变形。而专注于研究文化变异性的比较文学变异学不应只限于比较文学领域,它对文化异质性与变异性的研究或可有助于解决国产动画海外传播中因文化通约性争议而产生的困境。国产动画应从"通"与"不通"的选择困境中走出,转而关注如何在文化异质性基础上打造和传播具有本土文化特质的动画。

关键词: 通约性　变异性　国产动画　文化属性　海外传播

国产动画的海外传播本质上也是文化的跨文化传播,并依托于不同文化语境此消彼长的关系。[①] 它与文学的传播相似,却比文学的传播更依托于时代和媒介变迁。在全球化时代,文化的交流与融通似乎是无可否认的存在,但文化差异以及话语权问题使文化融通的存在受到质疑。文化的"可通约/不可通约"之辩也被从自然科学领域借用到人文社会科学领域,并一度成为讨论的焦点。

---

　* 张越,北京大学博士研究生,研究方向为电影传播。本文为2017年度北京师范大学青年教师基金项目"跨文化传播中的文化差异与沟通纽带"(项目编号:310422108)阶段性成果。
　① 本文所论"国产动画",指在中国制作、出品并具有知识产权的动画片。

中国动画曾经历从计划生产向产业化生产的过程，但无论在何种阶段，文化的"通"与"隔"问题其实一直都是国产动画创作与研究中的隐性问题，不同文化间"通/隔"之辩本质上是寻找其"同"与"异"之间的可能性。国产动画的海外传播研究一直侧重于关注动画的营销、接受和传播途径等具体环节的问题，从中寻求打通与拓宽传播渠道的途径。但国产动画的海外传播问题不仅是渠道的问题，动画作品自身承载的文化特质在根本上主导着动画的传播。

本文认为，对文化通约关系的研究可以有助于厘清国产动画海外传播中基于文化关系的规律。具体而言，我们可以从文化通约性角度研究它对于国产动画跨文化传播的影响，以及文化异质性和变异性对解决国产动画跨文化传播难题的启发。比较文学变异学强调不同文化、不同文明文学在交流过程中的异动与变形，它所探讨的文明和文化间的关系，对于国产动画减少文化异质性造成的沟通阻力有补益作用。因此，变异学的应用不应仅限于比较文学领域，国产动画的跨文化传播问题也应先明确如何在"通"与"不通"的选择困境中进行取舍，关注如何在文化异质性基础上打通与拓宽文化产品的传播渠道。

一　国产动画的"文化混种"现象及争议

当代不同文化间必须进行交流是不可避免的事实，但交流只是在传播过程中起到连接不同文化语境的作用，对国产动画而言，如何交流、如何传播的问题在本质上仍受到其自身特质及文化语境特质的主导。尽管作品本身的本土特质和"文化混种"现象共存是多元文化时代的必然产物，但在国产动画发展进程中，动画的"民族化"问题和"文化混种"现象一直都是一个"剪不断，理还乱"的尴尬存在。

20世纪90年代开始，国产动画无论在题材上还是在作画上逐渐受到外国动画的影响，典型作品有以欧美人物为主人公的《马丁的早晨》《鸭子侦探》《精灵世纪》等，更有《封神榜传奇》《隋唐英雄传》等与日本少女向动画美型画风相似的作品。但近二十年的国产动画并非缺少以中国为叙事背景、以中国人为主人公并且在叙事和人设上精雕细琢的精品动画，例如武侠题材的"虹猫蓝兔"系列、《秦时明月》系列、《魁拔》系列等，以及讲述中国古代传奇人物的《哪吒传奇》《大英雄狄青》《围棋少年》《东方神娃》《神厨小福贵》等，以中国当代市民生活或青少年生活为题材的《快乐东西》《我为歌狂》《梦里人》等。但遗憾的是，这些在题材上具有浓厚中国味道的作品很少成为引领中国动画走向海外的领头羊。一方面，日本、欧美动画大量涌入国内市场导致观众被大量分流，缺少足够观众反响力的国产动画也相对减少了文化产品再创作的动能，正如有研究者指出的，"在这片拥有上千亿动画市场的土地上，可以说，很大程度上不是孙悟空和喜羊羊，而是大白和机器猫们主导着国人的审美与消费"①。另一方面，国产动画中能够在国际市场上斩获动画界国际大奖的部分作品都是小众的"学院派"作品，商业动画在制作和叙事上的局限使得其本身的竞争力较之同时期日本、欧美的精品动画多有不足，加上大部分作品本身缺乏一个有计划的、高效的市场运营机制，因此在众多国外竞争者群体中少有能夺人眼球的作品。"畸形的产学研评生态造成的就是中国动画行业松散，漏洞迭出投机盛行，产品数量庞大而质量整体不高，主攻方向不明，缺乏有号召力和引领性的拳头产品。"②

国产动画在"文化混种"问题上并非风平浪静，而是屡屡受到诟病和质疑。例如，《宝莲灯》被认为风格太过像迪士尼动画。"《宝莲灯》对迪士尼动画片《花木兰》造型和风格的大量模仿……使人们不得不在这种十几年不变的跟风抄袭背后，又一次感慨国产动画技术上的落后和想象力的匮乏，更重要的，是对中国文化的理解和人文精神的表现上的肤浅。"③ 除此之外，其他主人公"大眼睛"、配色明亮的作品，其风格也常被认为像日韩动画。

对于这些国产动画的质疑声，究其原因，主要有三点。其一，国产动

① 陈培培：《国产电视动画的海外传播：亟待从"量"到"质"的提升》，《中国电视》2015年第12期。
② 尚玉峰、苗海涛：《立足中国 走向世界——论中国动漫的困境与出路》，《电影评介》2016年第21期。
③ 袁洁玲：《口号之下的迷惘——中国动画"民族化"问题之反思》，《时代文学》（上）2010年第5期。

画一度低迷的创作状态和不在少数的明显抄袭现象使得众多本土观众逐渐对本国动画现状和未来产生了质疑情绪，这使得任何借鉴都有被批评为"崇洋媚外"甚至"抄袭"的可能。其二，一些动画在使用非本土文化元素时，没能很好地对叙事逻辑和人物形象进行精雕细琢的处理，加上多数新兴公司制作技术本身不成熟，即便没有借鉴国外动画元素，作品本身就已经在质量上问题重重。其三，国产动画本身少有由动画打造出的、享誉全球的 IP。即便是动画中全球知名的形象如孙悟空、三国人物、古代神话传说人物等，它们在被动画塑造出来前就已经是中华文化的知名形象了。与之相比，美国众多迪士尼形象，不仅借用了大量异质文化形象（如花木兰、仙度瑞拉、白雪公主），而且也将自己原创的形象如米奇、维尼、迪士尼公主等打造成知名 IP。这一方面得益于美国本身在 20 世纪的世界占有主导型话语权，另一方面得益于迪士尼动画在改造已有形象和创造新形象上的创意，这些形象无论本身是否原产地在美国，都具有浓郁的美国精神。所以，种种原因使得国产动画在跨文化语境中，或是被质疑为"缺乏自身特色"，或是因为具有非中国特色而被视为动画创作的反例。

那些在题材、人物和分镜上涉嫌抄袭的作品确实值得国产动画界反思，但"文化混种"对于任何产品来说都无法避免。以日本动画为例，日本动画风靡全球的原因之一，就在于其对多元文化的借鉴与"文化混种"的尝试。日本动画中也充斥着大量异域风格的作品。早期日本动画充满了欧美文化元素，20 世纪 60 年代至 70 年代一些日本动画将故事背景和人物设定在欧美或设定为欧美风格，例如影响至今的高达系列、鲁邦三世系列，以及宫崎骏早期动画等，主人公与故事常设定在充满欧美元素的社会中，但所讲述的故事内核与所传播的价值观却不是单一文化的产物，如海蒂、鲁邦三世所传达的"がんばれ"（Gambare）精神，高达系列对人类战争和现代工业社会的影射和反思等。近二三十年的日本动画，在"文化混种"上进行越来越多的尝试，如欧洲中世纪风格的《吸血鬼骑士》《翼年代记》《潘多拉之心》等，欧洲工业时代风格的《钢之炼金术师》《黑执事》《天空之城》等，以及一些中国风作品，例如在官制上效仿中国《周礼》的《十二国记》，再如《攻壳机动队》1995 年的动画电影版，其中的香港街道和灯节的场景充满了浓郁的中国风，背景音乐却加入了鼓点。这些异质文化作品并未影响这些动画收获好评甚至成为经典作品。

国产动画的跨文化传播问题不在于是纯粹的"中国风"还是"文化混种"产品，而在于能否形成辨识度高的中国动画特质。尽管具有人类共同文化精神的作品确实能够减少不同文化观众的认同阻力，如《风之谷》中的人类与生态关系、《攻壳机动队》中的"赛博格"给予观众从后人类视角思考人类未来的可能等，但本土文化元素却是一部作品特质的根本组成部分。日本动画的特质正在于其没有唯一的风格和文化元素，也正是因为日本动画在几十年的发展中承载过多元文化特质，它才具有源源不断的生命力。中国动画创作者应更加关注如何创作出自身特色的动画，而不是一味"通"，甚至是打着"借鉴"的旗号大张旗鼓地抄袭或涉嫌抄袭。正如有评论指出，"按照不可通约的观点，不仅有比较，而且是客观的比较……但是这种比较，不是事先确立一个独立的外在标准，然后用这个事先确立的标准去判定各种文化的优劣与取舍"①。

国产动画打造中国文化特质也不在于对文化符号的复制与粘贴，而在于对本土文化精神的传达。"'跨文化'和'民族化'是我们必须面对的两个课题，而且二者并非相互独立，而是一种包容的互为生长的关系。"②"跨文化"与"民族化"一直都是国产动画所追求的境界，但跨文化不应只是对文化元素进行表面上的复制和挪移，民族化也不应戴着有色眼镜对待动画中的非中国元素。这也正如伯恩斯坦所言，"批判与理解之间存在着微妙的辩证关系。如果我们的批判要成为智性的批判，那么批判必须基于理解的基础之上"③。

总而言之，国产动画在传播过程中首先需要关注自身作品的文化属性，但风格不应该是国产动画文化属性的首要判定标准，无论是纯粹中国风作品还是带有"文化混种"属性的作品，能真正融汇本国文化精神和人

---

① 牛秋业、张桂娥：《不可通约与文化多元化》，《济南大学学报》（社会科学版）2004 年第2 期。
② 胡泊：《从"民族原创"到"IP 转换"：中国动画电影海外传播的前世今生》，《当代电影》2017 年第 6 期。
③ 〔美〕理查德·伯恩斯坦：《困扰多元文化主义的幽灵》，冯红译，《国外理论动态》2013年第 3 期。

类共同价值诉求的作品才能在国际上具有较高辨识度。但随之而来的问题是，异质文化间如何做到打破文化樊篱进行对话？文化通约性问题是否也影响了作为文化产品之一的国产动画？换言之，即便是承载了本土文化特质的国产动画，也不得不面对文化研究中曾颇具争议的文化通约性问题。

二 作为心理隔阂的文化通约性问题

在"通约性"这一术语被从自然科学领域借用至人文社会科学领域，并进而用于文化研究后，"文化通约性"已经不单是文化间可否沟通的问题，历史的、现时的文化语境问题使基于"同/异"之辩的文化通约性问题一度成为研究不同文化关系者的"心理魔障"，这一心理隔阂也同样影响到国产动画的传播。上文所指出的对不涉嫌抄袭的"文化混种"作品的质疑和争议就是心理隔阂的一面，人们或是因为文化的异质性而否认产品的通约性，或是难以明确如何在文化异质性基础上打造具有中国特质的、辨识度高的作品。

通约性如何从自然科学领域进入当代文化研究领域并对其产生影响？"不可通约"一词可以追溯到古希腊数学家欧几里得（Ευκλειδης）的著作《几何原本》（Στοιχεῖα）。欧几里得在《几何原本》中对"不可通约"做了如下定义："根据相同的尺度可以分割的量叫可以通约的量，而没有任何共同尺度的量叫不可通约的量。"[①] 20 世纪 60 年代，托马斯·库恩（Thomas Kuhn）与保罗·费耶阿本德（Paul Feyerabend）将这个术语运用在哲学和社会科学领域，"不可通约性"（Incommensurability）从数学领域被借用来指代范式双方缺乏共同的度量标准或衡量方法，两者因此而不相容的关系性质。随后，这一术语逐渐进入人文社会科学领域，并不断被用于对文化差异的研究中。一些理论家以此将不同文化之间的差异绝对化，并否认不同文化间对话与比较的可能性。"可通约性"问题也进一步扩大到文化各领域，例如，在比较文学中，"通约性"也常与"可比性"相联

---

① 〔古希腊〕欧几里得：《欧几里得·几何原本》，兰纪正、朱恩宽译，陕西科学技术出版社，2003，第 311 页。

系，一些研究者进而认为，如果两个范式之间没有可通约性的话，它们之间也不存在可比性。

　　对于否认文化或文明通约性的研究者而言，异质性导致文化或文明之间不存在通约的可能。塞缪尔·亨廷顿（Samuel Huntington）在《文明的冲突与世界秩序的重建》（*The Clash of Civilizations and the Remaking of World Order*）中指出，依据全球政治形势判断，在未来，世界不同文明之间会形成对立与冲突的局势，将政治的对立引申到文化的对立中。他认为，未来文明的冲突将来自"西方的傲慢、伊斯兰的不宽容和中国式的自信"[1]。另一位文化研究者西蒙·杜林（Simon During）认同道："这是一个文化符号的时代，它打破了宽容的自由伦理和多元文化主义的多元框架。"[2]

　　文化异质性所带来的对通约性的质疑之声不仅停留在文化与文学的宏观研究中，在微观层面也未能幸免。例如，余虹曾多次指出中国文论与西方诗学之间的不可通约性，并认为将二者进行比较容易"人为地制造了两者同一的假象，其内在立场是西方中心主义的"[3]。以埃米莉·阿普特（Emily Apter）为代表的研究者从文本的翻译角度入手，认为异质文化间由于历史的、社会的语境之间的差异，存在"不可译性"（Untranslatability），这种"不可译性"会进一步导致误译的产生。"不可译性产生了修正主义的思想历史，它赋予了误译产生的可能性。"[4] 阿普特并非对这种"不可译性"进行价值上的否定，相反，她认为，在不可译性加剧"亚洲—欧美"两极世界竞争的同时，文本的旅行也会为新文学形式的产生创造条件。"独立存在的体裁变异并非杂合（那会导致对话体的自由间接引语）中的

---

[1]　Samuel Huntington. *The Clash of Civilizations and the Remaking of World Order*, New York：Simon & Schuster, 1996, p. 183.

[2]　Simon During. *The Cultural Studies Reader*. New York：Routledge, 1999, p. 195.

[3]　余虹：《再谈中国古代文论与西方诗学的不可通约性》，《中外文化与文论》第13辑，第97—102页。

[4]　Apter E. "Untranslatables：A World System," *New Literary History*, No. 3（2008），p. 581 - 598.

差异性相互协调的结果，而是无法协调的结果。"①

实际上，在对范式是否可以"通约"的判断中本身就包含着对两个范式的比较，而且并非不能将这两个范式联系起来进行研究。虽然在文化相对论中，"独立"与"通约"常被作为文化关系的两极进行研究。但"通约"这个术语本身就包含了"求同"与"求异"两种可能性。"求同"意义上的通约性是通过寻找不同文化中的"共同之处"来寻找共通的可能性，"求异"意义上的通约性则相反，寻找的是在不同文化异质性基础上相通的可能性。研究者对文化通约性的质疑主要集中于在"求异"基础上通约的可能性。对于动画而言，不同文化语境下的动画不应因为文化上的异质性而丧失比较、借鉴、融通的可能性。正如众多研究者所认同的，如果因为通约性问题而将"通约性"与"可比性"相联系本身就是一个存疑的命题。

在这一点上，哈维·西格尔（Harvey Siegel）就指出了两种"不可通约性"，并认为"不可通约性"并不能直接指涉是否具有"可比性"，人们需要对"不可通约性"进行一个理性评价。西格尔在对两种"不可通约性"论题的评价中指出，第一种是指通常意义上的两个范式之间没有共同的评量标准，"这本身就无法导向两者的可比性问题"；第二种则指的是"不可通约性等于不可比性"本身就犯了一个错误，因为"不通约性或不相关性，本身显然是可以比较的"②。

因此，基于文化的异质性而否认通约性本身就陷入了价值判断的谬误之中，但仅基于"求同"意义的对动画文化元素通约性的讨论也很难清晰地对国产动画文化元素进行定位。当代信息流通的高速化和便捷化也为不同文化间的对话提供了便利，日漫中典型的"萌"元素在进入中国文化语境后，被用来进行创作并影响到国内受众的接受意向，这本身确实是文化的流通，然而文化的交流、对话和融通不是动画抄袭的借口。在全球化和

① 〔美〕埃米莉·阿普特：《文学的世界体系》，王国礼译，载〔美〕大卫·达姆罗什：《世界文学理论读本》，刘洪涛、尹星译，北京大学出版社，2013，第153页。

② Harvey Siegel, "Incommensurability, Rationality and Relativism: In Science, Culture and Science Education," in Paul Hoyningen-Huene and H. Sankey ed. *Incommensurability and Related Matters*. Dordrecht: Springer Science & Business Media, 2013, pp. 207 –224.

商业化浪潮下，中国观众对外国动画，尤其是日本动画的高接受度一方面促使一部分国产动画在作画风格上主动融入日本动画元素，如大眼睛、人物"绝对领域"的特写、傲娇性格等，另一方面也导致一些动画在情节、人设和分镜上大张旗鼓地抄袭。例如，《隋唐英雄传》的人物偏向于日本少女向动画美型人物的设定，《巴啦啦小魔仙》的人物造型采用了大量"萌"元素，即大眼睛、彩色头发、女性"绝对领域"等，这些间接证明了文化元素是可以流通的。另外，《大嘴巴嘟嘟》《高铁侠》《汽车总动员》等动画的抄袭又是一个令国内动画从业者和观众都不甚尴尬的问题。

所以，仅基于"求同"或"求异"目的的文化通约性问题无疑会对国产动画自身发展形成"心理魔障"，一些制作方或是畸形地将传播本土文化等同于复制和粘贴中国风画面和音乐，而弱化了作品的精神内核，或是以"借鉴"为借口拼贴异质文化元素，甚至直接抄袭作品。同样，对于观众而言，"什么是中国风格的动画？"的疑问一直困扰着人们。观众们一方面为近年来国产动画优秀作品的重新泉涌而兴奋，另一方面又因为众多优秀动画与某些日本动画风格相近而扼腕叹息，感叹中国本土特色的动画难寻。

在这种"心理魔障"下，动画作品本身也逐渐陷入畸形的价值判断中，而减少了对作品内核的精雕细琢。2016 年夏，主打中国风的《大鱼海棠》上映，其情节和人设曾在国内网络上引起争议，相似的是，本片在海外上映后，在主流影评网站对其的评价中，情节和人设也依然被认为有不足。2017 年夏，在邻国日本，号称集合名导演、名作画、名配乐师的动画电影《烟花》，也因情节问题在日本本土和中国市场惨遭差评。这说明，无论中外，叙事性仍作为动画作品的内核受到观众重视。如果作品在情节和人物饱满度上不能打动观众，那么风格、作画的精致也只能是徒劳。国产动画应从文化通约性争议中的对"同/异"的价值判断中跳脱出来，寻求这种二元论之外的可能性。

三 变异性对中国动画海外传播难题的补益作用

在当代越发复杂的文化语境下，文化产品的跨文化传播不是一件靠灌输理念或打着"传播中华文化"的旗号就能解决的事，根本上还是需要明确在文化存在异质性这个无法改变的前提下，这种异质性所能给予国产动画海外传播的积极作用。文化语境中的异质性给予了动画作品在文化上通约的可能性，而建立在相同的、共同价值观基础上的变异性是跨文化研究的可行之路。

方汉文撰文指出，如果想建立一种"全球话语"（global discourse）的新观念，关键在于，"这种话语必须包含不同民族话语的同一与差异的辩证关系"①。相似的是，文化和文学中的"变异"在"同一与差异的辩证关系"基础上，更加强调其中的"变异"因素。而这也是国产动画在跨文化传播中常被弱化的因素。何谓"变异性"？曹顺庆认为，"东西方文明互为异质，各自有完全不同的文化传统和话语体系，这必然导致中西文学交流活动中文化过滤和文学误读现象的多样性与复杂性"②。他在此基础上提出了"比较文学变异学"的理念。"在不同文明的碰撞中，文明的异质性不可避免地导致变异性。变异学研究的是异质文化间的'变量因素'。"③ 严绍璗也认为，文化冲突并非完全消极的概念，在某种层面上，它也具有积极意义。"从文化运行的内在机制来说，文化冲突能够激活冲突双方文化的内在的因子，使之在一定的条件中进入亢奋状态。无论是欲求扩展自身的文化，还是希冀保守自身的文化，文化机制内部都会发生一系列的'变异'。"④

"变异性"和"变异学"不是限定在比较文学话语领域的研究策略。"文化"与"文学"确实是两个不同的领域，文化研究也固然须与文学研究进行清晰区分，但这并不意味着比较文学研究所使用的术语不能跨学科使用，正如美国学者苏源熙（Haun Saussy）撰文指出，"比较文学最为人所知的特点，不是解读文学，而是对任何可读之物进行文学的（literarily）解读（详察文本并保持抗拒和元理论意识）"⑤，"变异性/变异学"与非文

---

① 方汉文：《文学翻译中的文化差异与通约》，《四川外语学院学报》2003年第6期，第114—118页。
② 曹顺庆主编《比较文学学》，四川大学出版社，2005，第281页。
③ Cao Shunqing. *The Variation Theory of Comparative Literature*. Springer-Verlag Berlin Heidelberg, 2013, p. 24.
④ 严绍璗：《比较文学与文化"变异体"研究》，复旦大学出版社，2011，第52页。
⑤ 〔美〕苏源熙：《新鲜噩梦缝制的精致僵尸——关于文化基因、蜂房和自私的基因》，汪小玲译，载〔美〕苏源熙编《全球化时代的比较文学》，北京大学出版社，2014，第36页。

学的动画作品之共通之处正是在于苏源熙所说的"语言学根基",以及产生这种"语言学根基"的文化语境,因此,在文化语境基础上,动画的跨文化传播本身也存在变异性。

异质文化间的变异性既然如此,那么何种程度的相异性才会对国产动画的海外传播产生影响?中国动画需要经过怎样的变异才能减轻跨越文化樊篱的阻碍?变异性使得国产动画在国内外文化传播中为文化间的传播和对话提供了多种双向互动。一方面,在动画的跨文化传播中,变异性使得源文化产品所蕴含的相对于接受者而言的异质文化元素对接受者潜移默化,而受到源文化影响的接受者则会在自身文化产品上实现"文化混种"。另一方面,对于源文化而言,变异性使得本土的接受者在欣赏异质文化元素的同时,能够发现异质性下的共鸣之处,进一步打破异质性塑造的文化樊篱。

值得注意的是,变异不代表对文化符号的"复制+粘贴",变异学所阐释的,是某一文化元素或文化现象,在异质文化视域下的变化,关注的是异质的地方,而直接挪用文化符号本身也违反了变异性原旨。国产动画一度被打上低龄化、说教性质裸露、量产化粗制滥造的标签,甚至被认为动画作品的分镜、情节和人设方面涉嫌抄袭,这些文化符号的滥用、随意挪用现象本质上与文化异质性和变异性理念背道而驰,注定了作品昙花一现甚至成为众矢之的的命运,这也难怪《高铁侠》《小樱桃》《大嘴巴嘟嘟》《金甲战士》等动画饱受诟病。

同时,变异也不等于无视本土文化精神。对于创作公司和观众来说,即便国外相对成熟的产业化动画作品在题材和作画上更具吸引力,国产动画也从来没有停止过对如何打造具有童趣和本土文化元素的作品之探索。在国外动画海量涌入的大潮中,与国外动画产品趋向同质的国产产品难以拥有高竞争力,因此只有打造好具有中国文化特质的产品才能在跨文化输出时具备脱颖而出的资本。《这个念头是爱》《大世界》《佳人》《夏虫国》和《卖猪》等作品屡屡入围甚至斩获国际大奖,用实践证明了讲好"中国式童趣"的动画才是具有国际竞争力的动画。而那些全球知名的国外动画作品,其想象也是建立在本土文化根基之上的。例如,漫威作品离不开美国当代文化与科技、战争、超级英雄的紧密联系。超级英雄们强大的个人能力、崇尚自由和积极向上的生活态度，以及随处可见的"美国式幽默"，都是美国文化精神的体现。再如，许多日本动画在根本上是日本文化精神的体现，并且这种文化精神已经独自成为一个体系。正如有学者指出，宫崎骏早年的作品，如《阿尔卑斯山的少女》（*Heidi*），虽然根据西方文学改编而来，但女主人公海蒂身上的特质却是典型的日本动画文化的"がんばれ"精神。并且，这部作品对待自然的态度很大程度上受到了日本神道教"万物有灵"论的影响。[①]

文化的变异性并非只能停留在研究者与批评家的笔下，它所带来的双向互动对于国产动画创作和传播的实践都具有补益作用。但再多阐释也不过是描述一个总体的理念，这种补益作用的实际效果展现在根本上仍需创作者的创意以及精雕细琢的制作过程。国产动画的创新与海外传播实践需要立足于文化异质性和变异性上，打造真正有中国特色的动画产品和动画IP。反过来，国产动画近百年的发展历史，以及未来的创作和批评实践也将使得文化的变异性这一抽象范畴对国产动画的作用变得更加现实化，更加清晰可见。

四 结语

国产动画的"文化混种"现象和争议直指人们对文化通约的"心理魔障"。文化的不可通约性本是用来掩盖文化权力关系不平衡性的工具，却在实践中成为国产动画发展和海外传播的阻力，人们对"通/隔"的纠结一度是国产动画创作、批评与跨文化传播实践的隐性问题。国产动画应跳脱对"通/隔"本身的纠结，转而关注如何在文化异质性基础上寻求并利用变异性来打通与拓宽文化产品的传播渠道。在信息化和全球化时代中，量产容易，"质"造却难。国产动画曾经的畸形发展经历使它被海内外观众打上"山寨""低龄化""强行说教""无特色"的标签，如今它需要自己揭掉这些标签，在异质性与变异性基础上寻找自身独一无二的特性。

---

① Fabienne Darling-Wolf, "The 'Lost' Miyazaki: How a Swiss Girl Can Be Japanese and Why It Matters," *Communication Culture & Critique*, No. 9 (2016), pp. 499 – 516.

海外汉学研究

林语堂英语作品的编译出版与海外传播

张立友*

摘　要：林语堂以传播中国智慧享誉欧美，他的英语作品成功实现了中国文化走向世界的出版目标。林语堂的英语作品选材来源广泛，突出女性主题，坚持编、创、译一体的互动模式，编译策略注重传递中国文化精髓。林语堂英语作品传播到六大洲的 20 多个国家，受到主流媒体的高度关注以及读者的积极评价与认可，传播效果良好。这对于当下中国文学出版"走出去"有重要启示。

关键词：林语堂英语作品　编译　出版　传播

在欧美出版界，林语堂以传播中国智慧闻名遐迩，其海外影响力超过其他任何一位中国现当代作家。著名学者乐黛云教授曾感叹："中国的经济地位和文化实力无疑大大超过了上世纪 30 年代，但是，为什么直到今天还不曾出现一本和林语堂以上两本书（《吾国与吾民》《生活的艺术》，笔者注）在国外的影响相媲美的中国人自己写的书呢?"[①]

自 1935 年至今，林语堂共有 38 部英语作品在海外出版发行，其中著 27 部，译 11 部[②]，多部作品荣登美国畅销书榜，四次获诺贝尔文学奖提名，成功地将中国文化与文学传播到世界。那么林语堂英语作品在出版选材、翻译编辑策略、海外传播等方面对中国文学出版"走出去"有哪些宝贵的经验与启示呢?

---

* 张立友，淮北师范大学外国语学院讲师，英国曼彻斯特大学访问学者，主要从事文学译介学、英美文学研究。

① 乐黛云：《从中国文化走出去想到林语堂》，《中国文化报》2015 年 12 月 18 日。

② 林太乙：《林语堂传》，台湾联经出版事业公司，1990，第 299—305 页。

一　广博遴选，突出重点主题：
林语堂英语作品的出版选材

（一）兼顾多种中国文化形式，广泛选取代表性作品

首先，林语堂的著译作品选材广泛，涵盖中国经典哲学、文学、艺术、历史等方面的内容，是一种广泛意义上的文化输出。林语堂进行英文著译活动的动机就是向外国人讲述中国文化，展示客观与真实的中国。因为在西方的中国形象塑造史上存在一个极为突出的现象，那就是在"浪漫化"和"妖魔化"之间摇摆。① 这就决定了他需要通过广博的选材来展示中国形象。而他的海外出版主要赞助人赛珍珠夫妇对其"中国性"出版品牌的打造也是他选材的动因之一。"中国来源是西方读者所未知的，只有是中国人所想的，出自中国智慧和中国哲学，才让人感到新鲜独特。"② 除了中国传统文化典籍外，林语堂还遴选与编译了历史寓言、人物传记、传奇故事、风俗史、文化史与思想史，展示形象化和多维的历史景观。艺术方面有译著《中国画论》（*The Chinese Theory of Art*）以及散见于其他文化著作中的中国绘画、书法、音乐、建筑、园林、茶艺、象棋、服饰、饮食等艺术相关内容的作品。因此，林语堂英语作品有助于西方读者从文学、艺术、历史等多方面深入认识中国文化。

其次，林语堂英语作品的选材贯通古今，兼及外国文化与文学。一是中国古典哲学经典。儒家经典涉及《史记·孔子世家》、《论语》、《大学》、《哀公问》、《中庸》、《孟子·告子》篇、《尚书》中的 12 篇民主思想文献、《礼记·学记》、《礼记·乐记》、《礼记·经解》篇。道家思想取材于《道德经》和《庄子》中的 11 篇哲理散文。另外《墨子》中的 7 篇说理散文、法家的《韩非子·说难》也被编译进相关文化论著。二是表达幽默、闲适

---

① 姜智芹：《当代文学对外传播对于中国形象的延续和重塑》，《山东师范大学学报》（人文社会科学版）2017 年第 1 期。

② Pearl S. Buck, "Report on Y. T. 'S Book's Manuscript," *The John Day Company Archive*, 1942 - 05 - 31.

以及真情实感的古代性灵文学作品，主要集中于散文集、文化论著、文学译著等。如《生活的艺术》（*The Importance of Living*）中有金圣叹、屠隆等创作的具有闲适情调的作品；《中国印度之智慧》中有屈原、李白的抒情诗，以及孟姜女的故事、尼姑思凡的传说。译著《古文小品译英》有唐代王维、南宋李清照、明代宗臣、晚清王闿运等人的散文游记。《英译重编传奇小说》（*Famous Chinese Short Stories*）从《太平广记》、《京本通俗小说》、《清尊录》、《聊斋志异》和《清平山堂丛书》等古本中选择了有代表性的传奇故事 20 余篇。三是中国现代的多种体裁的作品。散文集、文化论著中吸收了林语堂 1932—1935 年在国内各类英文期刊上发表的散文、杂文、随笔、论述、演讲等作品。如《中国的智慧》（《中国印度之智慧》中国部分）中有中国现代文学巨匠鲁迅的《鲁迅醒世语》。四是外国宗教典籍与作品。《印度的智慧》（《中国印度之智慧》印度部分）中有《梨俱吠陀》等印度宗教经典，以及佛教传说故事等。《讽颂集》中有将中国人与美国人相比较的论说文、林语堂与英国戏剧家萧伯纳的会晤日记、英国国王乔治的《祷文》。

最后，林语堂英语作品的文学选材体裁丰富，内容多元化。其散文集以小品文、杂文和说理论述文为主，并选取少量的古代文学作品。如《生活的艺术》中有明代屠隆的文言笔记小说《冥寥子游》。文化论著的收录重点是中国传统哲学思想，也吸收其他种类作品。如《中国印度之智慧》中除了先秦诸子百家的古典散文外，还有李白、屈原的诗歌，孟姜女的传说，《板桥家书》，沈复的自传体散文《浮生六记》，古代寓言成语故事等。林语堂创作《武则天传》（*Lady Wu*）、《苏东坡传》（*The Gay Genius：The Life and Times of Su Tongpo*）取材于历史人物传记。译著除英译《庄子》（*Chuangtse*）外，还选编了古代诗词、传奇故事、小说、游记、散文、小品文等众多体裁的作品。《杜十娘》（*Miss Tu*）是对明代冯梦龙白话小说《警世通言：杜十娘怒沉百宝箱》的编译。《古文小品译英》收录李清照的词《声声慢》、金圣叹的评论《西厢记序》、张潮的小品文《幽梦影》等作品。《英译重编传奇小说》选编《白猿传》《莺莺传》《南柯太守传》等唐传奇，清文言小说《聊斋志异》中的《促织》《小谢》等，共 20 篇故事。林语堂英语作品文学选材囊括了众多文学体裁门类，以丰富的体裁和多元化内容展示中国人的人生智慧与生活艺术，反映文化异质性与文学的异国情调。

（二）重点选取中国文化典籍、性灵文学，突出女性主题

首先，38部英语作品中涉及中国文学与文化典籍的有28部，占其著译作品的大部分，可见林语堂对中国文学与文化典籍作品的重视。其中，他重点选取文化经典与闲适性灵题材作品。《孔子的智慧》从"四书五经"、《史记》中选译相关作品，《中国印度之智慧》（中国部分）按照"儒释道"合奏的主题，编译《道德经》中"道"的法则与内涵，《庄子》中的《逍遥游》《齐物论》等11篇散文，《尚书》中的《尧典》《大禹谟》等12篇文献，《孟子·告子》《墨子》《论语》《中庸》，以及20篇中国成语故事，展示了中国智慧的特质。另外，林语堂还选取了一些古代性灵文学，表达闲适、幽默的情调，收集在他编选的《生活的艺术》、译著《英译重编传奇小说》、《古文小品译英》中，如李笠翁的《闲情偶寄》、金圣叹的《三十三不亦快哉》、张潮的《幽梦影》、张巧的《西湖韦月半》、李密庵的《半半歌》、袁中郎的《叙陈正甫会心集》、李复言的《薛伟》、元稹的《莺莺传》等。林语堂通过性灵文学题材展示崇尚感性生活、人类幸福生活关怀与人生价值探索，并带有道家文化基因的中国人生活哲学。这对于生活在由科技物质主义造成的生存焦虑中的20世纪的西方人来说，无疑是一种精神慰藉。

其次，林语堂编译了大量女性主题文学作品，将中国女性文学推向世界。林语堂英语作品注重赞美女性。他以女性为主角进行小说创作，翻译反映女性生活的古代文学作品。他在英文小说作品中塑造了众多文化女性人物形象。小说《京华烟云》（*Moment in Peking*）中的姚木兰、《朱门》（*The Vermillion Gate*）的杜柔安、《红牡丹》（*The Red Peony*）的梁牡丹、《赖柏英》（*Juniper Loa*）的赖柏英等女性人物有强烈的自我意识，追求女性解放和个人自由，表现出典雅的传统美和达观浪漫的现代气质，既具有中国文化特色，又具有西方女性气质。林语堂译介了《史记》中的《李夫人临死托武帝》，传奇故事《莺莺传》《离魂记》《叶限》《碾玉观音》《狄氏》《西山一窟鬼》，李清照的词《声声慢》与文章《金石录后序》，小说

《警世通言：杜十娘怒沉百宝箱》《贞洁坊》，《聊斋志异》中的《促织》、《小谢》与《妇人鞋袜考》，《红楼梦》中的《黛玉葬花诗》与《凤姐说茄子鲞》。这些作品反映了我国古代女性的生存境遇。《吾国与吾民》的《妇女生活》一章涉及家庭、教育、婚姻、理想、缠足习俗等女性生活的方方面面。

林语堂英语作品中的女性主题作品向世界展示了以中国传统文化为主导又兼具西方文化色彩的东方女性人物形象。这不仅有助于中国文学史上女性文学的"去边缘化"，而且有助于西方世界透过中国女性故事认识中国文化。

二 传译中国文化精髓、编创译互动：林语堂的编译策略

林语堂主编多种报刊和英文教育读物，著译较多，积累了丰富的编辑出版经验。除了英译《浮生六记》与《庄子》可被视为传统意义上的翻译作品外，其他英语作品都是在编辑、创作与翻译一体互动模式下完成的。"林语堂的目的是跨越语言的障碍，使外国人对中国文化有比较深入的了解。"① 林语堂在翻译与编辑作品时坚持以读者的接受为导向，注重传播效果，编译策略独树一帜。

（一）传译中国传统文化精髓

他的著译作品精选文化与文学典籍，以灵活多样的策略向世界传译中国文化精髓。首先，林语堂为兼顾读者接受与文化传播，对涉及中国文化特质的信息，采用音译、直译法，保留中国文化元素，并附加必要的注解，辅助读者理解。如他将"一箭双雕"译为"Pierce two hawks with an arrow（Kill two birds with one Stone.）"，既没有丢失中国文化元素，也关照了英语读者的文化认知。其次，林语堂将忠实与变通结合，传递中国文化智慧。他在《中国印度之智慧》（中国部分）首篇全译了《道德经》，因

---

① Lin Yutang. *The Importance of Living*. New York：Reynal& Hitchcock, Inc. 1937, pp. 14 – 16.

为他认为："这本书为我们阐释了东方精神，或对理解中国人的行为特征非常重要，包括实际上'那些隐秘的方面'。"①他沿用老子洗练、简洁的行文风格，忠实地传达出老子对"道"的阐释，并选译了《庄子》中的 11 篇哲理散文，突出庄子对老子的解读，向世界传递了"顺应自然""清静无为""返璞归真""适可而止""天人合一"等道家精神。而对儒家思想，他进行了变通式翻译，采用翻译与阐释相融合的意译。《孔子的智慧》是林语堂阐发儒家思想的经典之作，林语堂英译《史记·孔子世家》《中庸》《大学》《论语》《论以六艺施教》《哀公问》《理想社会》《礼记·学记》《礼记·乐记》《孟子·告子》，传译了儒家思想的核心。他在谈到翻译此书时指出："译英既如译成中文白话，则所谓译，直是 Paraphrase，即增加词字而为完满有意义之解说。弟谓在此项工作，翻译与 Paraphrase 译决分不开（略问白话译）。既须增加词字以为完备有意义之解说，则译者之责任愈重，而其对于原文词义之理解体悟愈重要。"② Paraphrase（意译）就是以意义表达为目的的翻译策略。林语堂在翻译儒家经典时注重传达"礼"和"中庸"的意义。"礼"一般被译为"ritual（典礼）""ceremony（仪式）"，林语堂依据具体语境，采用以下意译：the principle of social order（社会秩序的规则）、moral discipline（道德纪律）、propriety（个人礼节）。而将"中庸"的翻译为：the central harmony（中心的和谐），the Golden Mean（中庸之道，可贵的处事之道），the Central Clue（中心要素，关键部分）。意译体现了林语堂以灵活变通的翻译策略传达儒家人文主义的特性。

（二）编、创、译一体的编辑策略

林语堂融编写、创作与翻译于一体的编辑策略精准传递了中华文化内涵，迎合了海外读者的阅读兴趣，让中国文化走进读者的心灵。

第一，林语堂对原文本的形式与内容进行改写。在翻译过程中，林语堂多以散文形式改写古代文学作品。如《古文小品译英》的《琵琶行》是

---

① Lin Yutang. *The Wisdom of China and India.* New York：Random House，1942，p. 24.
② 《林语堂名著全集》（第 18 卷），东北师范大学出版社，1994，第 331 页。

唐朝白居易的乐府诗。林语堂以散文文体讲述琵琶女的悲惨遭遇，译文自然流畅，激起了海外读者的情感共鸣，这既是一种创作，也有翻译和编辑。他在编撰《孔子的智慧》《老子的智慧》《中国印度之智慧》《寡妇、尼姑与歌妓英译三篇小说集》《英译重编传奇小说》等古典文化论著与文学译著时，虽然翻译是主导，但为了便于读者理解内容，林语堂对所译材料按照主题重新组合、排列，必要时还对核心文化概念进行诠释，编辑与翻译结合紧密。如《老子的智慧》中林语堂拟定"道之德""道之训""道之体""力量之源""生活的准则""政治论""箴言""孔老会谈"八主题重组英译《道德经》与《庄子》散文，编辑相关哲理的阐释性话语，系统地梳理与传递了道家精神。而散文集、小说与传记虽以创作为主，但涉及中国文化典籍与文学作品时也有翻译。如《生活的艺术》中有林语堂英译《中庸》《冥寥子游》等作品，集编辑、翻译与创作于一体，展现中国人的生活艺术与价值观。

第二，林语堂在正文之外编辑辅助信息助力西方读者理解译介内容。如《吾国与吾民》《孔子的智慧》《京华烟云》《中国印度之智慧》《老子的智慧》中有说明性文字和图表，帮助西方读者理解中国文化人名与家族文化的译文。《孔子的智慧》导言记录了孔子思想特点、儒家思想关键词的含义、四书五经的内容梗概等，是儒家经典译介内容的补充。《苏东坡传》中添加的脚注补充了"唐宋八大家"的文化背景、苏东坡的交友图以及他的书法与绘画作品，有助于读者理解苏东坡诗词的译文与生活观。《帝都北京：中国在七个世纪里的景观》（*Imperial Peking：Seven Centuries of China*）中在对中国"炕"的英译后加了一大段解释性文字描述炕的形状、位置、功能、材料、使用方法，将生动的中国"炕"形象传播给西方读者。

第三，林语堂在翻译文化经典时突出编辑儒家内部、道家内部、儒道之间以及中西方文化之间的对话，有助于西方读者透彻理解中国文化，调和中西方文化冲突。《孔子的智慧》中选译了《论语》的四分之一内容以阐述儒家的"仁""义""礼"核心概念。这种对孔子和弟子问答的编辑传播了传统文化的主流思想。《老子的智慧》以庄子的哲理散文诠释老子的思想，使抽象的思想具体化和形象化。而《庄子》中对"孔老对话"的选译则使儒道思想差异以及儒道互补的现象清晰化。此外，林语堂在书中通过评论比较了儒道与佛教、基督教思想，美国思想家爱默生的超验主义与道家思想，以此阐述中西文化之间的异同，拉近了西方读者与中国文化的距离，在一定程度上调和了文化冲突。

林语堂融编辑、创作、翻译互动为一体的策略不仅成功传译了中国文化精髓，而且将读者接受导向落实到编译环节细微之处，调和中西文化冲突，进而成功地将中国文化输送到世界。

三 海外传播效果：分布广泛，主流媒体 高度关注，读者认可

林语堂英语作品自 1935 年在美国出版以来，其海外传播历史已逾 80 年，在主要英语国家英国、美国、新西兰、印度、新加坡、南非等出版传播。《吾国与吾民》、《生活的艺术》、《京华烟云》、《讽颂集》、《风声鹤唳》（*A Leaf in the Storm*）、《啼笑皆非》（*Between Tears and Laughter*）、《古文小品译英》、《英译重编传奇小说》等作品得到多次再版。他的英语作品相继被译成日语、韩语、德语、葡萄牙语、法语、丹麦语、印度语、意大利语、瑞典语、西班牙语、芬兰语、土耳其语、墨西哥语、越南语、印尼语 15 种非英语外语，在多家出版社再版。译本在 5 种语言以上的有《生活的艺术》（10 种）、《京华烟云》（8 种）、《英译重编传奇小说》（7 种）、《红牡丹》（7 种）、《吾国与吾民》（6 种）、《风声鹤唳》（6 种）、《朱门》（6 种）、《匿名》（6 种）[①]。欧洲、北美洲、南美洲、亚洲、非洲、大洋洲 6 大洲的 20 多个国家和地区的代理商销售他的作品。这足以证明林语堂英语作品的魅力及在跨时间与跨地域传播中的影响力。

林语堂作品在海外出版后，西方主流媒体对此高度关注，进行密集报道，推广宣传林语堂作品。其中《吾国与吾民》与《生活的艺术》最受西方世界欢迎。《吾国与吾民》刷新了当年图书市场美国华人作品的销售纪录。《纽约时报》、《芝加哥论坛报》（*Chicago Tribune*）、《纽约人》（*New*

---

① 王珏：《林语堂英文译创研究》，华东师范大学博士论文，2016，第 141—146 页。

Yorker)、《纽约先驱论坛》(*New York Herald Tribune*)、《星期六文学评论》(*Saturday Literary Review*) 等欧美重要报刊对这部作品进行集中报道,称赞作品的艺术风格与中国文化题材书写。《生活的艺术》的海外出版掀起了西方的"林语堂热",《纽约时报》刊文指出西方读者对于林语堂所提炼的中国生活哲学的广泛认可,英国国家广播公司曾以西班牙语将该书的摘要向海外传播,在欧洲引起热烈反响。《中国印度之智慧》等作品也获得欧美报刊的关注。《世界事务》(*World Affair*) 称赞林语堂在《中国印度之智慧》中用具有代表性的例子将中国和印度的智慧译成英文,但其对中国智慧的表达更在行,西方读者很感兴趣。[①]

林语堂英语作品的读者范围广泛。事实证明无论是研究中国文学与文化的专家学者,还是对中国文化感兴趣的普通读者,都对林语堂英语作品给予肯定,他们的好评和认可是其英语作品海外传播效果的真实反映。根据笔者统计,《远东季刊》(*The Far Eastern Quarterly*)、《太平洋学刊》(*Pacific Affairs*)、《美国多族裔文学》(*Multi-ethnic Literature Of The United States*)、《亚洲学刊》(*The Journal of Asian Studies*)、《中国学刊》(*The China Journal*)、《哲学学刊》(*The Journal of Philosophy*)、《英语学刊》(*The English Journal*)、《旁观者》(*The Spectator*) 等多家欧美权威学术杂志发表书评及学术论文 1300 多篇,对林语堂作品进行积极正面评价。学者夏洛蒂·泰勒(Charlotte Tyler)高度评价《吾国与吾民》:"该书最大的魅力之一就是一种直率的,心贴心的谈话,关于中国的英文书,这本写得最好。"[②] 彼得·弗莱明(Peter Fleming)评论指出:"《吾国与吾民》总体上是诚实、深刻、公正的,此前的中外作家对中国的描述都是有问题的,外国作家根本不了解中国,中国知识分子总是以恳求的态度,只有林语堂试图展示中国真实的样子,他真的做到了。"[③] 署名为 K. P. L 的学者对《中国印度之智慧》的选材给予肯定:"中国部分的选材在类型和年代上都更为宽泛,既有传统经典如老子、庄子、孟子、孔子等人的著作,又有近现

---

① M. S. C, "Book Review of The Wisdom of China and India," *World Affairs*, 1943, p. 214.

② Charlotte Tyler, "Book Review of My Country and My People," *Pacific Affairs*, 1936, pp. 271 - 272.

③ Peter Fleming, "Book Review of My Country and My People," *The Spectator*, 1936, p. 352.

代的诗歌、小品文、书信、警句等来展现近现代中国人生活的文章。"① 格拉夫斯·汤普森（Graves H. Thompson）教授关注这部作品的接受度："《中国印度之智慧》一书无论在内容还是形式上，都达到了兰登书屋的标准。译本的可读性很强。"② 著名美国华裔哲学家、朱子学家陈荣捷教授称赞林语堂："一位杰出的中国文化艺术的阐释者，他不仅使读者容易理解他的艺术生活，而且证明这些艺术对于他们来说是有意义的。"③

欧美高校的学位论文和学者的专著对林语堂研究也有涉猎。1991 年，美国哥伦比亚大学 Sohigian, Diran John 的《林语堂的生活与时代》（*The Life and Times of Lin Yutang*）是北美第一篇研究林语堂的博士论文，文中对林语堂英文创作的中西文化语境进行细致分析，指出其作品的思想史意义。其他还有 12 篇博士论文聚焦林语堂的现代性策略、女性形象塑造、文化乌托邦等主题。有关林语堂研究的专著有 4 部，分别是华人学者钱锁桥的《自由世界主义者：林语堂与中庸的中国现代性》（*Liberal Cosmopolitan：Lin Yutang and Middling Chinese Modernity*）、《林语堂与中国现代性探索》（*Lin Yutang and China's Search for Modernity*），美国学者理查德·琼（Richard Jean）的《跨太平洋社区：美国、中国与文化网络的兴衰》（*Transpacific Community：America，China and the Rise and Fall of a Cultural Network*）、Jing Tsu 的《中国流散者的声音与脚本》（*Sound and Script in Chinese Diaspora*）。

这些从事林语堂英语作品研究的学者大多是欧美高校的著名评论家、中国文学与文化研究者、知名专家，文学期刊则多数与中国汉学研究联系紧密。凭借众多有影响力的学者与杂志的学术威望，林语堂在海外获得了很高的知名度与持续性海外影响力。

林语堂英语作品在广大普通读者中也深受欢迎，获得很高的评价与赞赏。全球最大的英语阅读网络社区"Goodreads"上显示了读者对其的良好接受。该网站有 5600 多万名注册用户对 16 亿种图书进行评论和打分，具

---

① K. P. L, "Book Review of The Wisdom of China and India," *The Journal of Philosophy*, 1943, p. 305.

② Graves H. Thompson, "Book Review of The Wisdom of China and India," *The Classical Weekly*, 1943, p. 284.

③ Wing-tsit Chan, "Lin Yutang, Critic and Interpreter," *The English Journal*, 1947, p. 4.

有代表性和较强的说服力。根据笔者统计（截至 2018 年 3 月 29 日），该网站上的读者共评论了林语堂 38 部英语作品中的 30 部，作品平均得分为 3. 646 分（满分 5 分），这表明林语堂英语作品在普通读者中的关注度比较可观。4 分以上的 10 部作品为《讽颂集》（4. 58 分）、《苏东坡传》（4. 51 分）、《中国的智慧》（4. 5 分）、《京华烟云》（4. 45 分）、《不羁》（*The Pleasure of A Nonconformist*）（4. 37 分）、《中国印度之智慧》（4. 25 分）、《老子的智慧》（4. 23 分）、《吾国与吾民》（4. 19 分）、《生活的艺术》（4. 12 分）、《古文小品译英》（4. 11 分）。其中读者评论最多和最认可的是《生活的艺术》《京华烟云》《吾国与吾民》。David Beckwith 评价《生活的艺术》时认为："林语堂如同鲁米、马丁·布伯、老子、耶稣、释迦牟尼、拉比纳特·泰戈尔、甘地等人一样可以医治我们这个令人困扰的世界。"印度读者 Vikram Karve 把《生活的艺术》作为枕边书，写了 2000 多字的评论，极力推荐此书。他指出，"中国伟大哲学家林语堂 1937 年写得《生活的艺术》一书对我产生了深远的影响，甚至潜意识里塑造了我的价值观"①。小说《京华烟云》也博得了众多读者的赞誉，Philip 发表评论指出："林语堂讲故事的艺术很有说服力，使读者渴望了解 20 世纪早期的中国社会面貌。"Norm Burdick 认为："这是一个令人着迷的故事。它描绘了中国人的日常生活：从公园散步到婚礼习俗，以及父母同子女、同妾室、同仆人之间的复杂关系，是一部伟大的家庭史诗。"② Nathan Lin 评论《吾国与吾民》时指出："林语堂十分精彩地介绍了中国文化，展示了中国人的民族共性与个性，值得一读。"Aupiff 认为："这本书很有价值。林语堂对儒道文化在中国社会中的对立做出了十分透彻的阐释，他以独特的语言风格处理了书中的哲理。"③

① Overseas Readers. *Reviews on The Importance of living.*［2018 – 03 – 30］https：//www. goodreads. com/book/show/84352. The_ Importance_ of_ Living? ac = 1＆from_ search = true.

② Verseas Readers. *Reviews on Moment in Peking.*［2018 – 03 – 30］https：//www. goodreads. com/book/show/84352. Moment in Peking? ac = 1＆from_ search = true.

③ Overseas Readers. *Reviews on My Country and My People.*［2018 – 03 – 30］https：//www. goodreads. com/book/show/84352. My_ Country_ and People? ac = 1＆from_ search = true.

四　结论

林语堂英语作品提供了一条高效与成功的中国文化、文学编译出版与海外传播之路。其良好的海外传播效果证实了对外出版的材料需要在广博的中国文化与文学典籍中进行优选，并突出重点主题。在翻译与编辑工作中要传递中国文化精髓，以读者接受为导向，调和中西文化差异，只有这样，才能实现中国文化、文学在海外的顺利传播。这对于当下中国文学出版"走出去"有启示意义。

陈颖及其英语世界的曹禺研究

韩晓清*

摘　要：美籍汉学家陈颖主要发表过三篇关于曹禺话剧研究的学术论文，内容均涉及曹禺话剧与西方戏剧之间的关系问题，其中发表于 1959 年的《曹禺三部曲与西方戏剧》最能代表其曹禺话剧研究的成果。从时间上来讲，陈颖是英语世界中最早提出曹禺创作受到西方文学影响观点的学者，其研究不仅开启了英语世界真正意义上的曹禺话剧学术研究的先河，而且为曹禺话剧走出国门面向世界开辟了道路。

关键词：陈颖　英语世界　曹禺研究

对于曹禺研究者来说，英国人 H. E. 谢迪克（H. E. Shadick）的名字并不陌生。1936 年 12 月 27 日，时任燕京大学西洋文学系主任的谢迪克在《大公报》上发表了一篇名为《一个异邦人的意见》的文章，该文被称作欧美研究曹禺剧作最早的一篇论文，也是世界研究曹禺的最早著述，它拉开了英语世界曹禺话剧研究的序幕，而论文的作者自然也就被看作英语世界曹禺话剧研究的第一人。但是，谢迪克的这篇文章所造成的影响仅限于中国学术界，真正使得曹禺话剧的研究进入西方学术视野的则是 22 年后的陈颖。

* 韩晓清，西北民族大学副教授，博士，硕士研究生导师，主要从事比较文学、比较诗学以及神话学的研究。本文系西北民族大学引进人才科研项目"曹禺话剧研究"（项目编号：XBMUYJRC201902）成果。

一　陈颖其人

陈颖 (David Y. Chen)[1]，美籍汉学家。关于他的其他情况不详。在英语世界的曹禺研究中，陈颖的名字第一次出现是在第二届东西方文学与文化关系研讨会 (Second Conference on Oriental-Western Literary and Cultural Relations) 的论文集中。1958 年 6 月 23—27 日，印第安纳大学召开了第二届东西方文学与文化关系研讨会，1959 年印第安纳大学比较文学委员会将参会学者提交的会议论文以《亚洲与人文》(Asia and the Humanities) 为题目结集，并由印第安纳州伯明顿出版公司出版。在该集中，陈颖的名字赫然在列。根据论文集的主编霍斯特·弗伦茨 (Horst Frenz) 在前言中的介绍，陈颖当时可能只是印第安纳大学的一名在校学生或者是一位名不见经传的研究者，因为霍斯特·弗伦茨介绍了几乎所有参会学者的国籍和工作单位，并且说除了那些专家之外，还有大量来自国外和美国不同机构的参与者以及印第安纳大学的学生。[2] 陈颖的名字并没有出现在介绍之中。陈颖的会议论文题目是《曹禺三部曲与西方戏剧》[3] (The Trilogy of Ts'ao Yü and Western Drama)，该文在论文集目录 "文学" 类中是第三篇。随后，在 1960 年 9 月出版的《亚洲研究杂志》(The Journal of Asian Studies) 中国专刊 "文学" 栏中也列出了陈颖的这篇论文。不仅如此，在 20 世纪 60—70 年代间，陈颖关于曹禺话剧研究的这篇论文以全文或标题的形式在美国的其他期刊中曾反复出现过。陈颖的名字及该文章的题目再次出现是在曹禺话剧研究者、汉学家刘绍铭 (Joseph S. M. Lau) 与胡耀恒 (John Yaw-herng Hu) 的学术论文与专著中。除了《曹禺三部曲与西方戏剧》这篇文章外，关于曹禺剧作研究，陈颖至少还发表过两篇文章。这两篇论文题目分别

---

[1]　据四川大学曹顺庆教授所说，陈颖是男性，在美国求学结束后被俄亥俄大学聘为教授，现已故。

[2]　Horst Frenz. "Introduction," Asia and the humanities. Bloomington, Inc., 1959.

[3]　David Y. Chen. "The Trilogy of Ts'ao Yü and Western Drama," in Horst Frenz, ed., Asia and the Humanities, Bloomington: Indiana University Press, 1959, pp. 26 – 37.

是：《毛猿与北京人：现代社会的两种原始主义》①（*The Hairy Ape and The Peking Man：Two Types of Primitivism in Modern Society*）和《尤金·奥尼尔的〈琼斯皇〉在中国的两个改编版本》②（*Two Chinese Adaptations of Eugene O'Neill's The Emperor Jones*）。它们分别被发表在《比较文学和普通文学年鉴》（*Yearbook of Comparative and General Literature*）和《现代戏剧》（*Modern Drama*）上。

二　陈颖的曹禺研究

在 1959—1967 年，关于曹禺话剧研究，陈颖主要发表过三篇学术论文，且论文的内容均涉及曹禺话剧与西方戏剧之间的关系问题。其中，发表于 1959 年的论文《曹禺三部曲与西方戏剧》最能代表其曹禺话剧研究的成果。

该文共由三部分构成。在文章的第一部分，作者开宗明义地指出，中国现代文学的所有形式中，戏剧是一种从一开始就对西方文学的源头和影响进行了全面关注的文学形式。如果试图追踪中国戏剧所受到的西方戏剧影响，那么错过曹禺这样一个重要人物将是一个巨大的损失。曹禺的作品散发着强烈的西方戏剧气息，他的作品十多年来一直受到观众的热烈欢迎，并且成为中国戏剧史上的珍贵记忆。文章接着回顾了中国现代戏剧的产生、发展以及成熟的过程。"五四"时期，中国作家试图将西方剧作家的作品移植到中国，但这不论在思想上还是在技巧上都是艰难的，需要一个探索和适应的过程。在这个过程中，所有的中国现代剧作家都要面临两个问题：西方戏剧的传入以及西方思想与东方哲学的碰撞。这两个问题困扰着所有中国现代剧作家，而曹禺的"三部曲"很好地解决了这两个问题。

在文章的第二个部分，陈颖从创作背景、主题、内容、情节以及技巧

---

① David Y. Chen. *"The Hairy Ape* and *The Peking Man*：Two Types of Primitivism in Modern Society." *Yearbook of Comparative and General Literature*, XV (1966).

② David Y. Chen. "Two Chinese Adaptations of Eugene O'Neill's *The Emperor Jones*." *Modern Drama*, IX (February, 1967).

等方面分别介绍了《雷雨》、《日出》和《原野》。陈颖直言，曹禺的文学创作受惠于西方是从《雷雨》的发表开始的。曹禺在《雷雨》中，运用雕琢的布局、离奇的情节和紧张的场面，以激起观众的兴奋情绪，追求剧场效果，最终赢得了观众的极大喜爱。就此而言，《雷雨》是一部"佳构剧"（well-made play）。《日出》是一部自然主义类型的巨型戏剧，它广阔地、多方位地反映了当时社会生活的方方面面。相对于《雷雨》的强调个人的内心冲突，《日出》则侧重于揭露生活中各行各业的人们所遭受的苦难；前者是在一个充满幻想的世界里抽象地探讨人生，而后者则更深入地探讨人类存在的真正问题。《日出》的主人公不再是单独的个人，而是整个社会。然而，在这两部戏中，曹禺都没有对他提出的问题给出一个明确的解决方案。较之于前两部戏剧，《原野》虽然以相同的社会批判语调问世，但是手法却截然不同。它是一个年轻的农民在农村社会野蛮的爱和残忍的报复中沉沦的悲剧。但令道德批评家反感的是，该剧的情节涉及通奸、谋杀和私奔等不道德的主题，作者似乎还在为这些主题而辩护。《雷雨》《日出》《原野》三部悲剧构成了曹禺的"三部曲"。作为作者设计的一个系列，它们传达了一个信息，那就是中国旧秩序即将解体。它们在保护社会免受现存当局的侵害方面是和谐的。然而，它们的主题却各不相同：《雷雨》指出了旧式家庭作为一种传统社会制度的衰落；《日出》抨击了一个建立在欺骗、腐败和暴政基础上的衰落的社会；而《原野》则探讨了复杂的人际关系问题，如爱与恨、感恩与复仇，以及人类在自然界中不受保护的地位。总而言之，曹禺在他的"三部曲"中，以成熟的新戏剧艺术为力量，对封建制度及其道德和权力进行了全面的斗争。①

　　第三部分是全篇的重点。文章结合具体作品，详细探讨了曹禺戏剧所受到的西方文学的影响。陈颖说，评论家们经常谴责曹禺的戏剧在情节和人物性格塑造上被完全西化了。其夸张的激情和罪恶主题，扭曲的人际关系模式，以及人物怪异的行为和言语方式，立刻暴露了作者对西方戏剧毫无保留的依赖。与其他许多新剧本的作者不同，曹禺从未涉及过历史主题

① David Y. Chen. "The Trilogy of Ts'ao Yü and Western Drama," in Horst Frenz, ed., *Asia and the Humanities*, p. 29.

或民间传说题材。尽管他拒绝成为任何一位伟大的西方剧作家的追随者，但他承认，他像"一个忘恩的仆隶，一缕一缕地抽取主人家的金线"①。事实上，曹禺的戏剧中有很多西方戏剧的元素。我们所谓的受外来影响，是指在艺术创作的过程中，有意识地或无意识地将外来元素植入文学作品之中，就像一种新的营养一样，自然地被吸收和同化为一个有机体，如此我们就有了更大的自由，可以在曹禺的"三部曲"中指出西方大师的可能来源。据此可知，曹禺的戏剧受到了希腊悲剧和莎士比亚、易卜生、契诃夫以及奥尼尔等人的极大影响。

第一，曹禺戏剧的紧凑与活泼，在很大程度上应归功于亚里士多德的"统一性"，但其运用却更符合易卜生的思想，而非僵化的法国新古典主义学派。他的悲剧以两种不同的方式诠释了"悲剧缺陷"的基本原则：一是希腊人对主人公命运多舛的行为中存在的过错的理解；二是现代人对根植于主人公性格中的弱点的心理分析——两者都产生了悲剧效果。在前一种情况下，《雷雨》和《原野》中的主要人物，获得了罪恶的果实；而在后者中，我们可以看到一个完美的例子，那就是《日出》中的女主人公陈白露，被自己无力面对的现实所毁灭。②陈颖认为《雷雨》中的"合唱"（chorus）角色和"命运"（fate）与"乱伦"（incest）主题的运用，均来源于古希腊戏剧，其中"乱伦"的主题可能来自欧里庇得斯的《希波吕托斯》（Hippolytus）或者拉辛的《费德尔》（Phaedra）（该剧是古希腊戏剧的法国版）。还有《日出》中陈白露及翠喜对待生命、未来和苦难的态度与方式，同样源自古希腊戏剧。"三部曲"均表现出对命运的屈从感，与自然主义的决定论相呼应。

第二，作为莎士比亚的忠实信徒，曹禺翻译的《罗密欧与朱丽叶》（Romeo and Juliet）是中国最好的译本，而他本人的戏剧创作也受惠于这位伟大的英国剧作家。《雷雨》的最后一幕，命中注定的恋人突然离世，似乎与《罗密欧与朱丽叶》的悲剧结局有些相似。然而，莎士比亚留给曹禺

① 田本相编《〈雷雨〉序·曹禺文集》（第一卷），中国戏剧出版社，1988，第210页。
② David Y. Chen. "The Trilogy of Ts'ao Yü and Western Drama," in Horst Frenz, ed., *Asia and the Humanities*, p. 30.

的遗产与其说是一种材料的储存，不如说是一种灵感的源泉。尽管将曹禺的作品与莎士比亚的伟大悲剧进行比较似乎是不可能的，因为它们在时代、国家和写作范围上都存在差异，但值得一提的是，曹禺戏剧中那澎湃的诗情画意，无限的多才多艺，以及情节的复杂和人物的多样性，无疑是莎士比亚戏剧艺术的标志。①

第三，易卜生对曹禺的影响无疑是巨大的。曹禺的第一部戏剧《雷雨》是在"五四"以后，易卜生主义在中国盛行时写成的。在革命年代里，易卜生主义在中国人生活中，不仅是戏曲改革的口号，而且是整个文化转型阶段的精神食粮。②《雷雨》的情节和"闹鬼"的主题与易卜生的《群鬼》（Ghosts）十分相像，而繁漪、花金子等人物的塑造，则得益于易卜生的《玩偶之家》（A Doll's House）中的娜拉与《海达·高布乐》（Hedda Gabler）中的海达等形象。

第四，契诃夫对曹禺的影响，在于对一种奇特动人的悲剧氛围的营造和对积极生活的预言方面。除了契诃夫的其他戏剧之外，曹禺对《三姐妹》（Three Sisters）特别感兴趣，因为契诃夫戏剧中安静、悲伤的女孩在气质上与中国年轻女性有着惊人的相似之处，她们在文化转型前夕意识到了自己未来的不确定性。③ 三姐妹在幻灭的世界里忧郁沉思，而在《雷雨》中的四凤和《日出》中的陈白露身上可以找到她们的相似之处。从契诃夫那里，曹禺学到了利用情节的缺失以及气氛的强烈程度来增强表现力，具体表现在《日出》这部戏中。而在对未来充满希望的生活的预兆方面，《日出》中的方达生让我们想起了《樱桃园》（The Cherry Orchard）里的特罗菲莫夫，他们都是具有革命热情的年轻学生。《樱桃园》和《日出》这两部剧中还有一个十分相似的象征，那就是樱桃园深处斧子砍伐树木的砰砰声与《日出》中建筑工人砸夯的号子声，两者都象征着未来与希望。

---

① David Y. Chen. "The Trilogy of Ts'ao Yü and Western Drama." in Horst Frenz, ed., *Asia and the Humanities*, p. 31.
② David Y. Chen. "The Trilogy of Ts'ao Yü and Western Drama." in Horst Frenz, ed., *Asia and the Humanities*, p. 31.
③ David Y. Chen. "The Trilogy of Ts'ao Yü and Western Drama." in Horst Frenz, ed., *Asia and the Humanities*, p. 32.

第五，尤金·奥尼尔对曹禺的影响可能比其他任何西方剧作家都要大，尤其是在技巧方面。事实上，西方戏剧中的表现主义正是通过奥尼尔才被引入中国戏剧的。如果把曹禺的"三部曲"与奥尼尔的主要作品放在一起比较，尽管它们是用两种完全不同的语言写成的，但我们会惊讶地发现它们之间有许多相似之处：具有强烈的诗与小说混合气息的详细舞台指导，方言的采用和生活化语言的语音音译，自然现象的象征性意义运用，如雷雨、太阳、黑暗森林，以及象征性名字的使用，如仇虎（"复仇的老虎"），焦阎王（"地狱之王"），陈白露（"白露"，象征着她纯洁的心）和金子（"金子"）。① 曹禺向奥尼尔学习了新的舞台技巧。例如他在《日出》中用帘子将舞台分成两个独立的部分，使两组动作能够在同一时间发生，而不打断对方的想法，就来自奥尼尔的《发电机》（Dynamo）。曹禺戏剧对表现主义场景的设置，通常是创造一种狭窄世界，如一座豪宅、一间旅馆、一幢村舍或一片茂密的森林，主人公在那里生活但被囚禁，失去了自由和幸福。这些都与奥尼尔的主要戏剧如《毛猿》（The Hairy Ape）、《榆树下的欲望》（Desire Under the Elms）和《悲悼》（Mourning Becomes Electra）相一致。此外，《原野》中的森林场景显然是奥尼尔的《琼斯皇》（The Emperor Jones）的中文版本，尽管该剧的前半部分讲述的是一个完全不同的故事。中国戏剧对主人公幻觉的处理似乎优于美国戏剧，因为主人公总是有一个被诱惑的女人陪在身边，因此，冗长的独白不时地被插入的简短对话所打破。

此外，还有一些西方剧作家也不同程度地对曹禺的戏剧创作有所影响。他们是小仲马、高尔斯华绥和托尔斯泰。《日出》的女主角受启发于小仲马《茶花女》（The Lady of the Camellias）中的玛格丽特。《日出》中对苦难和弱势群体权利的捍卫之声与高尔斯华绥在他的问题剧，特别是《银匣》（The Silver Box）和《法网》（Justice）中表现出的十分相似。它的令人心碎，又可以与托尔斯泰《黑暗的势力》（The Power of Darkness）中

---

① David Y. Chen. "The Trilogy of Ts'ao Yü and Western Drama." in Horst Frenz, ed., *Asia and the Humanities*, p. 34.

的设计相媲美。①

　　陈颖对曹禺话剧的研究是比较公允和客观的。文章在分析了曹禺话剧受到的西方戏剧的影响之后，还简要探讨了曹禺话剧的民族化特征。陈颖认为，曹禺虽然深深沉浸在西方文学的潮流之中，但却无法摆脱自己的民族背景。因此，在对其进行的东西方戏剧作品比较研究当中，"影响"一词的含义在有些地方会不可避免地变得含混不清。例如，曹禺"三部曲"中象征性场景和象征性名称的使用，以及梦境和幻觉主题的插入，很难说是借鉴了西方的模式，还是继承了传统的戏剧手法。象征是中国戏剧的特征，在弗洛伊德精神分析理论和荣格对梦境的科学探索激发斯特林堡创作意义重大的《梦的戏剧》（Dream Play）之前，中国古代戏剧家早就把梦和幻想作为人类内心生活的真实表现和对其外在行为的预言了。② 正如曹禺自己所言，"三部曲"背后的基本思想并不像西方自然主义文学那样来自自然科学知识，而是来自一种对本土哲学的信仰，即道教。在创作过程中，曹禺对人的生命和社会的分析反映了道家经典《道德经》的教义。道家认为宇宙本质上是一种物质现实，其本质是优越的，但其对人性却漠不关心。道家同时认为生命是一场游戏，一个残酷的玩笑，一个盲目的机会，社会只不过是一场混乱。作为一个作家，曹禺虽然对苦难的同胞表现出深切的同情，但对人性的批判却带有苦涩的犬儒主义色彩。③

　　陈颖的其他两篇文章也同样涉及曹禺话剧与西方戏剧之间的关系问题。

三　陈颖曹禺研究的价值及意义

　　谈及英语世界的曹禺研究，将不得不提到刘绍铭与胡耀恒两位汉学家。他们是英语世界曹禺研究领域的著名学者与先行者。相比较而言，二

---

① David Y. Chen. "The Trilogy of Ts'ao Yü and Western Drama." in Horst Frenz, ed., *Asia and the Humanities*, pp. 34 – 35.

② David Y. Chen. "The Trilogy of Ts'ao Yü and Western Drama." in Horst Frenz, ed., *Asia and the Humanities*, p. 35.

③ David Y. Chen. "The Trilogy of Ts'ao Yü and Western Drama." in Horst Frenz, ed., *Asia and the Humanities*, p. 35.

人之中，刘绍铭对于英语世界的曹禺研究来说，成就与影响要大得多。

刘绍铭于 1966 年获得美国印第安纳大学比较文学博士学位。他的论文《契诃夫与奥尼尔不情愿的弟子曹禺：文学影响研究》(*Ts'ao Yü the Reluctant Disciple of Chekhov and O'Neill：A Study in Literary Influence*)，于 1970 年以《曹禺所受的西方文学的影响》为名由香港大学出版社出版。全书分为 8 章，第一章是《雷雨》的来源与形式；第二章是《雷雨》与《榆树下的欲望》；第三章是《日出》与契诃夫"含泪的"艺术；第四章是《日出》与《樱桃园》；第五章是作为年轻象征的野蛮人；第六章是作为恐惧的研究《原野》与《琼斯皇》；第七章是《北京人》与中国绅士风度的衰落；第八章是曾文清与伊凡：两个"多余人"的画像。① 刘绍铭从主题（《雷雨》、《群鬼》与《费德拉》），人物（繁漪与娜拉和爱碧，曾文清与伊万诺夫），行动（《日出》与《樱桃园》），以及结构（《原野》《琼斯皇》《雷雨》都是佳构剧）四方面入手对曹禺作品与西方作品进行了比较研究。胡耀恒于 1969 年毕业于印第安纳大学比较文学系。1972 年其博士学位论文《曹禺：心怀不满与理想破灭的剧作家》(*Ts'ao Yu：Playwright of Discontent and Disillusionment*) 在美国出版。全书分为 12 章，以曹禺的 10 部话剧《雷雨》《日出》《原野》《正在想》《蜕变》《北京人》《家》《桥》《明朗的天》《胆剑篇》为标题，分别从人物、结构、主题等方面研究了曹禺的每一部作品。② 学术界普遍认为，《曹禺所受的西方文学的影响》是英语世界专门研究曹禺话剧的第一部专著，开创了曹禺影响研究的先河，是里程碑式的学术著作。胡耀恒运用了比较文学影响研究的方法对曹禺的话剧进行研究，在方法论上并没有超越刘绍铭，但是胡耀恒的研究更系统、更全面。

如果将刘、胡二位学者的曹禺研究与陈颖的论文《曹禺三部曲与西方戏剧》对照来看，它们何其相似，尤其是刘绍铭的博士论文简直就是陈颖这篇论文的延展版。其实，刘绍铭与胡耀恒在其博士论文与专著中均引用了《曹禺三部曲与西方戏剧》这篇文章，并且都认为曹禺的创作受到了西

---

① Joseph S. M. Lau. *Ts'ao Yü*. Hong Kong University Press, 1970.

② John Y. H. Hu. *Ts'ao Yü*. New York：Twayne publishers, Inc. , 1972.

方文学的影响。只是他们的研究少了陈颖的公允与客观，尤其是十分尊崇西方的研究方法、学术思想、价值标准和意识形态的刘绍铭，他对曹禺话剧的研究是有失偏颇的。刘、胡二人在论证过程中运用的方法、思路、材料，乃至结论均不出陈颖之右，毫无疑问，他们二人在曹禺研究中明显受到了陈颖的影响。虽然不能说，如果没有陈颖的《曹禺三部曲与西方戏剧》这篇文章，就没有刘、胡二人关于曹禺研究的成果，但是却可以肯定地说，陈颖的研究启发了他们。他们的曹禺研究显然源自陈颖、受惠于陈颖。时至今日，在谈到英语世界的曹禺研究时，研究者们一般都会提到刘绍铭与胡耀恒以及他们的论文与专著，并引用他们关于曹禺受到西方戏剧影响的观点，但令人遗憾的是，几乎没有人会提到陈颖及其论文，更不要说他的观点了。殊不知，曹禺的创作受到西方文学的影响之观点最早是由陈颖提出的。从这个意义上来讲，陈颖才是英语世界最早研究曹禺话剧的学者，其研究开启了英语世界真正意义上的曹禺话剧学术研究的先河。陈颖的意义，不仅在于为后来的曹禺研究奠定了基础，而且在于为曹禺话剧走出国门面向世界开辟了道路。

英语世界《蒋兴哥重会珍珠衫》研究

董首一*

摘 要：《蒋兴哥重会珍珠衫》是中国古典白话短篇小说的经典名篇，同时也是英语世界学者关注的"宠儿"。它在艺术上的"复调"风格，内容上对商业阶层道德伦理变化的关注，以及在"三言"中的"首篇"地位，是其获得英语世界学者重视的原因。英语世界研究认为，它在主旨上反映了"内心与道德的协调"，创作方法上具有"模拟情况"和"现实主义"的特色，创作目的是"娱乐"，人物塑造方法是"重像手法"，而所穿插诗词也具有一定的叙事意义。但英语世界的这些异质性观点都是"西方小说理论顺延"、"现代思想投射"和"原创性焦虑"的产物。

关键词：英语世界 《蒋兴哥重会珍珠衫》 异质性

中国古典白话短篇小说有许多值得赞美的篇章，如《杜十娘怒沉百宝箱》《蒋兴哥重会珍珠衫》《灌园叟晚逢仙女》《卖油郎独占花魁》《十五贯戏言成巧祸》等，且它们在思想和艺术上也很难做出伯仲之分。但是，就中国古典白话短篇小说在英语世界的传播和接受而言，《蒋兴哥重会珍珠衫》是备受关注的"宠儿"。在对"三言"甚至中国古典白话短篇小说的研究中，英语世界学者几乎绕不开对此篇的探讨，因而形成独特的"珍珠衫现象"。白芝（Cyril Birch）、约翰 L. 毕晓普（John L Bishop）、夏志清（C. T. Hsia）、韩南（Patrick Hanan）、黄宗泰（Timothy C. Wong）、李润芬（Yun Phin Lee，音）、徐碧卿（Pi-ching Hsu，音）、李

---

* 董首一，西南交通大学人文学院副教授，研究方向为比较文学、海外汉学。

前程（Li Qiangcheng）、梅春（Mei Chun，音）等众多学者从不同角度对此篇进行了各有特色的研究，涵盖了艺术手法、人物形象、主题等多个领域。可以说，通过对《蒋兴哥重会珍珠衫》在英语世界的研究情况的考察即可看出"三言"乃至中国古典白话短篇小说在英语世界的研究情况概貌。

一 "宠儿"地位形成原因

就英语世界中国古典白话短篇小说研究来说，《蒋兴哥重会珍珠衫》可以说"受宠备至"。许多研究中国古典白话小说的学者均避不开对此篇的讨论。其原因有以下三个方面。

首先，这篇小说打破了传统单声部的模式。中国古典小说的单声部特色十分明显，对短篇小说来说更是如此，而《蒋兴哥重会珍珠衫》却一反传统，具有"多声部"特色。（1）冯梦龙塑造的人物形象能"讲述自己和自己世界的议论"。① 人物形象不仅是作家描绘的对象、客体，同时也是表现其自我意识的主体。如主人公三巧儿，虽然她不像克丽西德那样，一直追问"我为何而爱"的问题，但从其盼夫若渴的处境来看，读者也会对其出轨行为报以一定同情。（2）冯梦龙的自我思想是通过"在人的事件方面"② 得以展示的。虽然该小说继承了传统的说书人叙事方式，其中穿插有不少诗词和"套话"等评论性语言，但就故事情节发展而言，作者的思想是带有"未完成性"和"不确定性"的，呈现出开放特征。（3）作品人物的"对话原则"。《蒋兴哥重会珍珠衫》的人物具有"在地位平等、价值相当的不同意识之间作为它们相互作用的一种特殊形式的对话性"③。三巧儿的内心想法、蒋兴哥的所作所为，甚至作为"恶"的薛婆的蛊惑性言语等均是人物自身意识的反应，代表了不同人对事件的

---

① 〔俄〕巴赫金：《陀思妥耶夫斯基诗学问题》，白春仁、顾亚铃译，载《巴赫金全集》第五卷，河北教育出版社，1998，第70页。
② "在人的事件方面"来自对巴赫金《陀思妥耶夫斯基诗学问题》的概括，故未标出。
③ 〔俄〕巴赫金：《关于陀思妥耶夫斯基一书的修订》，白春仁、顾亚铃译，载《巴赫金全集》第五卷，第374页。

不同看法。作者没有以一种声音绝对压倒另一种声音，而是尽可能让它们平等对话，使读者真正面对复杂生活本身，而非简单地得出"盖棺论定"的结论。

正是这种"复调"特色，使之与之前或同时期其他小说不同，呈现出独特的艺术魅力，为研究者提供了广阔的思考空间。这是该小说在英语世界备受关注的第一个原因。

其次，这篇小说反映了新兴商业阶层的情感生活和道德观念的变化。虽然晚明许多小说都涉及商业阶层及当时观念的变化，但《蒋兴哥重会珍珠衫》是最具代表性的一篇，它直接描写了商人阶层的情感生活，并体现出与传统礼教观念相比较为宽松的贞操观念。当然，不能否认，小说的思想是矛盾的，既有借因果报应寄寓赏贞罚淫的用意，又有对人合理情欲的肯定。这一矛盾不仅反映了冯梦龙本人世界观的复杂性，而且还更清楚地体现出市民阶层本身的局限性和进步性。但整体来看，小说思想的主要方面与王学左派一致，自觉肯定情欲，赞扬纯真爱情，对传统贞节观念有里程碑式的突破，闪现出新思想的火花。正因如此，英语世界学者对其赋予极高评价，并将其与《十日谈》等文艺复兴作品做比较研究，探讨中西人性解放与道德嬗变的原因。

最后，这篇小说在《古今小说》（《喻世明言》）中拥有"首篇"地位。《喻世明言》是"三言"的第一部，而《蒋兴哥重会珍珠衫》又是《喻世明言》的第一篇。海外译者和汉学家在阅读"三言"时，对该篇印象最为深刻，该篇也就理所当然成为研究中不可避免的分析对象。

正是因为这些，英语世界中国古典白话短篇小说研究才有了值得关注的"珍珠衫现象"，才有了对《蒋兴哥重会珍珠衫》的高度赞美。夏志清讲道："我们对中国小说的终极批评是：通俗小说中虽不缺乏其他好的故事，却只有一篇《蒋兴哥重会珍珠衫》堪称独步。"[1] 虽然这个评价有过誉之嫌，但此篇在英语世界学者心目中的地位也可见一斑。

---

[1] C. T. Hsia, "Society and Self in the Chinese Short Story," in *The Kenyon Review*, Vol. 24, No. 3 (Summer, 1962), p. 540.

二　英语世界对其研究的内容与维度

（一）作品主题："内心与道德的协调"与"天道果报"

1."内心与道德的协调"

夏志清在《中国古代短篇小说中的社会与个人》中认为《蒋兴哥重会珍珠衫》在主题上实现了"心理与道德的协调"。夏志清认为它是明代最伟大的作品，"表面上，这是个把天意安排在喜剧框架里的说教故事，然而它实是一出在道德上与心理上几乎完全协调的人间戏剧"[①]。夏志清单对女主人公进行了评论。他认为，作为一个可爱而又与人私通的妇女，她在中国小说中几乎自属一种类型。是感情上的需要使她最初误认陈商为自己的丈夫；也是出于同样的需要，使她接受了薛婆的友谊。薛婆既以粗俗而又愉快的陪伴减轻了她的孤独，又极狡黠地教给她"偷情哲学"。夏志清认为："三巧儿之所以全心全意地接受自己的情人正是因为她对丈夫的爱和思恋。爱既是情感也是肉体的，具有双重意义。正是这种爱使她的意识变得纯洁，以致与处于同样情境的西方女性形象相比，她对忧虑的彻底解脱，在道德上是令人神爽的。"[②] 她之所以能够调和贞操与个人感情的需要，正是因为她能力争做到既不恪守过于苛刻的贞操观念，也不沉溺于毫无节制的激情。假如她丈夫当时如期归来，她是不会违背夫妻之理的。在她与陈商同居时，陈在她眼里就是丈夫，因此在他们分离时，正是她请求陈把自己也带走。当兴哥回来休她时，三巧儿非常羞愧，但她既未自责丈夫拖延在外时自己的不是，也没有怪罪薛婆和陈商的乘虚而入。相反，她倒是同情丈夫的怨怒并原谅了他。"她的思考是对爱的窘境具有讽刺意味的评论：对自我肉体和精神的忠实并不总是与对丈夫的爱水火不相容的；而通奸也未必就意味着夫妻间的不忠。在中国小说中，表现出这样豁达的理解

[①] C. T. Hsia, "Society and Self in the Chinese Short Story," in *The Kenyon Review*, Vol. 24, No. 3 (Summer, 1962), p. 536.

[②] C. T. Hsia, "Society and Self in the Chinese Short Story," in *The Kenyon Review*, Vol. 24, No. 3 (Summer, 1962), p. 539.

力的作品实不多见。"①

最后，夏志清总结道："在《蒋兴哥重会珍珠衫》中，无须再谈及自我与社会之间不可调和的要求。在这里，这种不可调和性在单个的自我以及所有高度人性化了的人物的冲突中得到戏剧化的描写。这样有深度的小说实已取得理解上的奇迹……然而，我们对中国小说的终极批评是：通俗小说中虽不缺乏其他好的故事，却只有一篇《蒋兴哥重会珍珠衫》堪称独步；并且，据我所知，在小说发展史上，它还没有后继者。"② 夏志清对该小说给予极高评价，甚至认为其价值超出《金瓶梅》和《红楼梦》。

夏志清对该篇小说主题的观点在英语世界影响极大。韩南《〈蒋兴哥重会珍珠衫〉与〈杜十娘怒沉百宝箱〉的创作》认为其"模拟情况"的创作手法实现了"道德平衡"③；李润芬认为该篇"使自我和社会达到和解"④；徐碧卿认为是"蒋兴哥的错误造成三巧的堕落"⑤ 等观点也均直接或间接来源于此。

2. "天道果报"

韩南认为，"故事后面隐藏着的'报'的原则和道德内容在这里是很明白的"⑥。引言中首先说到"色"之为害，特别是通奸之为害，即告诉我们，对奸淫人妻者的天理报应，是这篇小说的主题。如对蒋兴哥两个妻妾地位的安排，先娶的王氏反而作妾，后娶的平氏反而作正，是因王氏曾经通奸，而平氏行为正当，这正如末尾的诗所讲的"殃祥果报"。王氏后嫁的丈夫吴县令因为厚道有德，此后官运亨通，又连生三子，这也是天道果报的

---

① C. T. Hsia, "Society and Self in the Chinese Short Story," in *The Kenyon Review*, Vol. 24, No. 3 (Summer, 1962), p. 540.

② C. T. Hsia, "Society and Self in the Chinese Short Story," in *The Kenyon Review*, Vol. 24, No. 3 (Summer, 1962), p. 540.

③ Patrick Hanan, "The Making of the Pearl-sewn Shirt and the Courtesans Jewel Box," in *Harvard Journal of Asiatic Studies*, Vol. 33 (1973), p. 136.

④ Yun Phin Lee, Art and World in the Chinese short story: San-Yen collection in the light of western critical method (Ph. D. diss., Washington University, 1982), p. 121.

⑤ Pi-Ching Hsu, Celebrating the Emotional Self: Feng Menglong and Late Ming Ethics and Aesthetics (Ph. D. diss., University of Minnesota, 1994), p. 202.

⑥ Patrick Hanan, *The Chinese Vernacular Story*, Cambrige: Harvard University Press, 1981, p. 105.

事例。

但韩南认为，"这篇小说里也还有另外一种'报'，即表现在蒋兴哥和王氏之间互相爱护体贴的'人报'（human requital）"①。三巧儿嫁给吴县令，蒋兴哥把她所留箱笼悉数送给她作陪嫁时，叙述者又说："妇人心上倒过意不去。旁人晓得这事，也有夸兴哥做人忠厚的，也有笑他痴呆的，还有骂他没志气的，正是人心不同。"最后，写王氏极力要救兴哥时，叙述者又有一段较长的评论："看官，你道三巧儿被兴哥休了，恩断义绝，如何恁地用情？他夫妇原是十分恩爱的，因三巧儿做下不是，兴哥不得已而休之，心中兀自不忍；所以应嫁之夜，把十六只箱笼，完完全全地赠她。只这一件，三巧儿的心肠，也不容不软了。今日她身处富贵，见兴哥落难，如何不救？这叫知恩报恩。"

韩南指出，这第二种"报"是更感人的。第一种"报"是陈腐老套，就是语言也是陈腐的。在这篇小说里有两重声音（或叫两重视象），原因就在于"天报"和"人报"这两个主题。"前者是常规的，后者是新鲜的。第一个是这种文学体裁陈旧的叙述者的声音，它用一种标准的社会道德观表达一种标准的判断。"②

（二）创作方法："模拟情况"与"现实主义"

1. "模拟情况"

韩南在《〈蒋兴哥重会珍珠衫〉与〈杜十娘怒沉百宝箱〉的创作》一文中指出，冯梦龙是以宋懋澄所作传奇《珠衫》为基础改编的《蒋兴哥重会珍珠衫》，其改编策略主要是再现说书人的"模拟情况"，并以此实现人物之间的"道德平衡"。

韩南认为，将《珠衫》转换为《蒋兴哥重会珍珠衫》的过程主要是不同叙事策略的作用。他认为，在所有有关小说叙事策略的批评理论中，有一个方面往往被忽略，这就是如何寻找一种貌似真实的情况（context，或译"语境"——笔者注），只有在这种情境中，作者才能把小说传递给读

---

① Patrick Hanan, *The Chinese Vernacular Story*, p. 105.

② Patrick Hanan, *The Chinese Vernacular Story*, p. 106.

者。一系列的书信、日记、精神病专家的记录等——这些只不过是曾经出现在欧洲小说中最明显的例子。当然，这个情况是一个假象，但它是作者和读者都默认的，目的是使小说得到有效的交流。韩南称之为模拟情况（simulated context）。但须注意，它不仅包含叙述者和听众的身份，而且还包括一个人向另一个人叙述时的确实情况。那么，如果我们采纳一种受这些因素所支配的普遍的文学风格观念，相关情况就将决定作品措辞的"语气"或风格，且更广泛地讲，将会影响到它技巧的所有方面。"当然，中国白话小说中的模拟情况是职业说书人向听众说书时的情况。从一作品到另一作品，这个情况很大程度上保持了原状。"① 实际上，讲故事者不是一个独立的个体，而是一种典型，听众也是一种典型。因此，如果允许语言和方言的差异的话，那么小说的主要叙事风格会显示出作品间惊人的一致性。像这样的定型化"情况"对作者来说有一个不可否认的优势：它提供了一个事先准备好的观点和语调。这两者是小说创作中的两大难题。正因为中国古典白话小说具备这种"模拟情况"，所以才产生了《蒋兴哥重会珍珠衫》的"道德平衡"效果。

韩南的"模拟情况"观点在英语世界影响深远，被众多学者所采纳。如李润芬的《中国短篇小说中的艺术和世界：西方批评方法视野下的"三言"》在探讨"三言"的叙事结构时即受到此论点的影响。"话本小说最突出的形式特征是韩南所说的'模拟情况'，这是一个比喻情景，小说故事在其中从作者传达到读者。"② 可以说，"模拟情况"观点解释了话本小说内部主题多元复杂的原因，对国内该领域研究具有一定参考价值。

2. "现实主义"

毕晓普、韩南、吴百益等汉学家指出，冯梦龙对"三言"的创作在一定程度上符合"现实主义"原则。毕晓普在《中国白话小说："三言"研究》中指出："与现实主义问题相关是这些故事的一个特性，我们可以称之为'叙事逻辑'。这由对情节设置的细小关注构成，并通过提前植入故

---

① Patrick Hanan, "The Making of the Pearl-sewn Shirt and the Courtesans Jewel Box," in *Harvard Journal of Asiatic Studies*, Vol. 33 (1973), p. 136.

② Yun Phin Lee, Art and World in the Chinese short story: San-Yen collection in the light of western critical method (Ph. D. diss., Washington University, 1982), p. 20.

事一个证明（verification）来为故事的每一步发展做准备。"① 比如，故事讲蒋兴哥九岁随父经商，因为他"生得眉清目秀，齿白唇红；行步端庄，言辞敏捷。聪明赛过读书家，伶俐不输长大汉"，所以其父怕人妒忌，就将其改名换姓，只说是内侄罗小官人。这一信息在故事的后半部分再次出现，当他遇见妻子的情人陈大郎时，因其假名，陈大郎没有认出其真实身份，故而将自己与三巧的奸情告诉了他。

韩南在《中国白话小说史》讲道："对比原著和改著就可以看出，这里表现了白话小说的一个共同特点，即琐细的现实主义。"② 文言小说是惜墨的、直接的，每一小段文字都应是情节所必需的，白话小说却可以不惜篇幅，只要和情节略微沾边就可以铺开来写。例如写王氏自杀的一段，就从她起心自缢开始，将如何放凳子，如何拴汗巾，母亲如何撞进来救人，如何泼洒了酒，如何劝解等，写了整整一大段。而这些琐碎的描写符合现实主义原则。

（三）创作目的："艺术作为娱乐"

客观来讲，中外学者在骨子里均认为"三言"具有说教的功能。伯奇讲道："《古今小说》的无名作者追随了对故事道德意义进行评判的传统，他们或出现在说教的序言中，或在叙述中以插话的形式出现。"③《蒋兴哥重会珍珠衫》也不例外。比如，韩南即认为它在这方面是"杰出的"，并总结道，它的叙事者展示了"显著的道德和说教"观念，"根据他（或她）的道德功过"赋予"每个人物适当的命运"。④

与传统"说教"观念相反，黄宗泰却认为《蒋兴哥重会珍珠衫》的创作目的是"娱乐"。他指出："当我们做出完美合理的假设，即除了现实主义或说教主义外，让娱乐为这个故事提供真正的动力，如它在所有其他

---

① John Lyman Bishop, *The Colloquial Short Story in China: A Study of the San-Yen Collections*. Cambridge: Harvard University Press, 1956, p. 42.

② Patrick Hanan, *The Chinese Vernacular Story*, p. 107.

③ Cyril Birch, "Feng Meng-lung and the 'Ku chin Hsiao shuo'," in *Bulletin of the School of Oriental and African Studies Studies*, *University of London*, Vol. 18, No. 1 (1956), p. 80.

④ Patrick Hanan, "The Making of the Pearl-sewn Shirt and the Courtesans Jewel Box," *Harvard Journal of Asiatic Studies*, Vol. 33 (1973), p. 136.

《古今小说》故事中所做的一样，那么这个问题就解决了。"① 黄宗泰认为，如果暂时不考虑故事的许多巧合的话，我们会认识到情节的审美平衡。情节的对称可如图 1 所示。

图 1　《蒋兴哥重会珍珠衫》人物关系在情节中的走向

黄宗泰认为，这个图超出美学范围地吸引了读者对适当和公正发自内心的感受：引诱别人妻子的无赖最终失去了自己的妻子，并将其给了他引诱的女人的丈夫。"这种情节引起的惊奇和高兴的感受——它的娱乐潜质——的确值得重视。"②

但是这种潜质无法实现，除非将这个难以置信的情节从一厢情愿的领域内移出。"因此，在其他《古今小说》故事里面，一个现实的表现模式——真人大小的人物、个性的语言模式，等等——被用来掩盖大量貌似真实背后的奇特巧合。"③

最后，黄宗泰总结道，它不是一个真正的说教故事：尽管具有令人同情的转折，但它再次肯定了读者的道德观念——甚至是这些有关通奸的故事中的观念——而不是劝说读者坚守一个他之前并不持有的立场观点。"对本质高尚的通奸者的动机认真描写并不反常：为了使娱乐的情节得以被接受，作者必须这样做，就如集子中其他故事必须依靠貌似真实才能使那些令作者满意的情节在真实世界中看起来可能一样。因为这些话本故事——读者求助这些故事以从日常操劳和失望中获取轻松——正是用这种方式，才开始为人们提供欢乐。"④

---

① Timothy C. Wong, "Entertainment as Art：An Approach to the Ku-Chin Hsiao-Shuo," in *Chinese Literature*：*Essays*, *Articles*, *Review*, Vol. 3, No. 2（Jul. 1981）, p. 248.

② Timothy C. Wong, "Entertainment as Art：An Approach to the Ku-Chin Hsiao-Shuo," in *Chinese Literature*：*Essays*, *Articles*, *Review*, Vol. 3, No. 2（Jul. 1981）, p. 249.

③ Timothy C. Wong, "Entertainment as Art：An Approach to the Ku-Chin Hsiao-Shuo," in *Chinese Literature*：*Essays*, *Articles*, *Review*, Vol. 3, No. 2（Jul. 1981）, p. 249.

④ Timothy C. Wong, "Entertainment as Art：An Approach to the Ku-Chin Hsiao-Shuo," in *Chinese Literature*：*Essays*, *Articles*, *Review*, Vol. 3, No. 2（Jul. 1981）, pp. 248 – 249.

（四）人物塑造："重像手法"

李前程在《织女、牛郎面面观：〈蒋兴哥重会珍珠衫〉中的冲突、妥协与重像手法》中认为小说中的四个人物分别为牛郎与织女的重像，他们每人均代表古代男女的一种类型。其中，两位女性可以说是一个复合的织女，两位男性是一个复合的牛郎。小说作者通过这种方法使矛盾达到最大限度的妥协。

李前程认为，"这个神话（牛郎织女神话）可以被看作对女性——特别是对'情'及其'节制'——问题的糊涂的典型例子"①。起初，织女和牛郎只有劳动而没有其他想法。接着，天帝介入，让他们结了婚。然而，这对情侣沉湎婚姻生活而放弃了自己的责任。天帝必须再次介入，规定了他们见面的频率和时长。"这个故事看起来是一个妥协：最后，感情并没有完全被排斥，而是克制。也就是感情是被认可的，但同时必须服从于社会责任。像织女这样的女性，如果固执自己的方式，可能一开始就被其家属所拒绝——遭受离婚。"②的确，之后的版本中，类似家庭不和的情节增多，且还有织女与其他凡人私通的故事，比如与郭翰私通。而且，牛郎也不总是忠实的。李前程认为，这些传说的回音存在于冯梦龙的故事中：它们与其主要情节相似，预示了故事的发展。

李前程认为，"故事内的许多张力及其解决正是通过对称的手法对其进行戏剧化处理，这种对称主要是存在于两对男女之间的相反性，他们与牛郎和织女的不同传说有关"③。女主人公出生在七月七日（乞巧节），因为她是家中第三个女儿，也是最小的，所以取名为"三巧儿"。"三巧儿"

---

① Li Qiangcheng, "Faces of the Weaving Maid and the Herdboy: Tension, Reconciliations, and the Doubling Device in 'The Pearl Shirt Reencountered'," in *Monumenta Serica*, vol. 50 (2002), p. 341.

② Li Qiangcheng, "Faces of the Weaving Maid and the Herdboy: Tension, Reconciliations, and the Doubling Device in 'The Pearl Shirt Reencountered'," in *Monumenta Serica*, vol. 50 (2002), p. 343.

③ Li Qiangcheng, "Faces of the Weaving Maid and the Herdboy: Tension, Reconciliations, and the Doubling Device in 'The Pearl Shirt Reencountered'," in *Monumenta Serica*, vol. 50 (2002), p. 345.

是对乞巧节的隐喻。然而，七月七日是个不祥的日期。迷信认为出生在这一天的人身体不健康，并且早亡。在传说和文学中，出生在这一天的女性人物，如果长大成人，常常被赋予难以自持的风骚本性，并以此给她们带来巨大灾难。除此之外，"巧"的意思是对世俗事务的灵巧，有时候则是欺骗。它也意味着有助于传统家庭经济的针织女红技巧或其他行为。这个方面，我们的女主人公与其类似的织女相反，她很不幸没有这些技巧。另外，它还意味着巧合，不论是幸或者不幸。所有这些都与女主人公有关，以或直接或相反的方式：她没有纺织的技巧，但她可以欺骗，与三个男人纠缠（因此，恰当地成为"三巧"），且她的结局是相对完美的一个。

不仅三巧与织女有关，平氏也与织女有关联，尽管是这位女神不同的一面。当她考虑嫁给蒋兴哥时，她说："奴家卖身葬夫，傍人也笑我不得。"李前程认为，"这是一个令人愉快的对董永故事的拙劣模仿"。① 在董永做奴隶时，他得到天上仙女的帮助，而这仙女正是织女。她与他成婚，在帮他还清债务之后重回天庭。"平氏象征被控制和驯化的感情，这种感情屈服于孝顺、社会责任和儒家规范。"② 她第二次婚姻的动机是履行对第一任丈夫的义务。她平凡谦虚的名字，"平"——是"巧"的反义词，她的女红技巧——由女神织女赋予——在支持这一点上添加了重重的砝码。

同样，李前程认为，蒋兴哥和陈大郎也可以被看作一个复合的牛郎，甚至陈大郎象征着中国传统男人的所有凶恶特征。在某种程度上，陈大郎可以被看作蒋兴哥的影子，因为他代表了"自我消极和意欲毁灭的特征"③。

对于这种重像手法，李前程认为，冯梦龙在这篇小说中运用这种策略是恰当的，因为它也反映了他自己内心的冲突。"尽管冯梦龙有进步的思

---

① Li Qiangcheng, "Faces of the Weaving Maid and the Herdboy: Tension, Reconciliations, and the Doubling Device in 'The Pearl Shirt Reencountered'," in *Monumenta Serica*, vol. 50 (2002), p. 349.

② Li Qiangcheng, "Faces of the Weaving Maid and the Herdboy: Tension, Reconciliations, and the Doubling Device in 'The Pearl Shirt Reencountered'," in *Monumenta Serica*, vol. 50 (2002), p. 349.

③ Bettina L. Knapp, *A Jungian Approach to Literature*, Carbondale, 1984, p. 17.

想，但是过分强调他反传统的立场其实是一种扭曲。"① 他的确向传统道德提出挑战，但是，"除了这些挑战，冯梦龙自己特别忠于儒家主流思想。他不会寻找任何理想的自我作为与社会的分离或对立"②。重像手法正体现了作者的这种复杂情感。

（五）叙事研究："蒜酪之意义"

梅春指出，"宋懋澄《珠衫》不含诗词。《蒋兴哥重会珍珠衫》则因白话故事的一般特征，变成一个'创造性'的空间。在令学者疑窦重重的诗词下面，是冯梦龙对形式、文体和意义的故意操纵"③。梅春对小说中诗词与散文的矛盾意义做出探讨。

梅春认为，对散文叙事的增添，"可以看作试图原谅妇人的不道德行为"④。当兴哥被无休止地拘役在他所谓"不长"的生意途中时，故事中新添加了算命事件。算命者对兴哥即将回来的预言增加了三巧的希望，但却被证明是错误的，这使三巧的情感消耗殆尽。小说对陈大郎和薛婆的周密引诱计划做了详细叙述，它进一步将三巧描绘成一个受害者，并使其罪责得以减免。

而"故事中的诗词全部是冯梦龙的作品，它组成了一个与众不同的独立叙事，反映了十分保守的道德观念"⑤。从对"随分安闲得意"重要性的评论和"我不淫人妇，人不淫我妻"的警告开始，诗词向听众展现了一个因果报应的故事。在散文叙事中人们发现了韩南所谓的"一个非常有吸引

---

① Li Qiangcheng, "Faces of the Weaving Maid and the Herdboy: Tension, Reconciliations, and the Doubling Device in 'The Pearl Shirt Reencountered'," in *Monumenta Serica*, vol. 50 (2002), p. 353.

② Patrick Hanan, *The Chinese Vernacular Story*, p. 80.

③ Mei Chun, "Garlic and Vinegar: The Narrative Significance of Verse in 'The Pearl Shirt Reencountered'," in *Chinese Literature: Essays, Articles, Reviews (CLEAR)*, Vol. 31 (December 2009), p. 33.

④ Mei Chun, "Garlic and Vinegar: The Narrative Significance of Verse in 'The Pearl Shirt Reencountered'," in *Chinese Literature: Essays, Articles, Reviews (CLEAR)*, Vol. 31 (December 2009), p. 34.

⑤ Mei Chun, "Garlic and Vinegar: The Narrative Significance of Verse in 'The Pearl Shirt Reencountered'," in *Chinese Literature: Essays, Articles, Reviews (CLEAR)*, Vol. 31 (December 2009), p. 34.

力的偿还类别"，人报。① 而诗词叙事基于兴哥和三巧之间的爱情，强调了天报，或者道德果报。"尽管叙事标志强调了诗词叙事与散文叙事的兼容性，但是诗词叙事实际上是与散文故事那种详细的、人文的和现实的叙事方式相分离的。"②

"冯梦龙利用说唱形式使两种不同的叙事视角并置：散文叙事往往通过指出诗词叙事道德概括的无效性来对诗词进行怀疑。"③ 例如，在兴哥来年春天没能回家之后，诗词叙事评论道："只为蝇头微利，抛却鸳被良缘。"这个简单的陈述与散文叙事告诉我们的相反，散文叙事的内容是，兴哥除了经商道路外别无可选——经商是他仅有的继承下来的事业，且家里的资金也不充裕，正如兴哥指出的："坐吃山空。"和妻子待在家的结果是"抛了这衣食道路"，因为商业关系需要不断关注维持。在散文叙事中，兴哥对妻子的爱通过细节讲述出来："原有两房家人，只带一个后生些的去，留一个老成的在家，听浑家使唤，买办日用。"因此，兴哥的悲哀在于被迫从事商人这个职业，并注定要离开心爱的妻子。诗词中尖锐、粗心和制作笨拙的概括与散文叙事相反，但讽刺的是它还呼吁对散文叙事进行关注，而散文叙事对人的爱和无助做了详尽呈现。

在并置的散文和诗词之间最独特的差异是对女主人公三巧的呈现。诗词叙事者将三巧描述为一个水性杨花的妇女，其错误行为得到了报应。散文叙事者将三巧展示为一个充满"情"的女人，她在性上的犯罪不仅可以得到原谅，而且还可得到理解。

最后，梅春总结道，运用说唱形式创造的叙事声音策略（policing voices）代表了自我意识对正统程朱理学意识形态的颠覆和反抗。"冯梦龙用散文和诗词两种不同的叙事视角，鼓励读者对两种不同的叙事方法和讲

---

① Patrick Hanan, *The Chinese Vernacular Story*. Cambrige：Harvard University Press, 1981, p. 105.

② Mei Chun, "Garlic and Vinegar：The Narrative Significance of Verse in 'The Pearl Shirt Reencountered'," in *Chinese Literature*：*Essays*, *Articles*, *Reviews*（*CLEAR*）, Vol. 31（December 2009）, pp. 34 – 35.

③ Mei Chun, "Garlic and Vinegar：The Narrative Significance of Verse in 'The Pearl Shirt Reencountered'," in *Chinese Literature*：*Essays*, *Articles*, *Reviews*（*CLEAR*）, Vol. 31（December 2009）, p. 35.

故事与阅读故事的本质进行仔细思考。因此，说唱形式是意义的承载者。"① 保持了说唱形式的口述故事的多元性和对话性是白话小说作家模仿说书人方式和吸纳诗词的激励刺激——这里的诗词被作为叙事的作料，即凌濛初认为的"蒜酪"。

三　对异质性观点的反思

英语世界这些研究成果丰富了我们对《蒋兴哥重会珍珠衫》的理解，同时也有助于促进国内该领域研究的范式更新。但这些观点是英语世界学者在固有文化语境下和学术修养基础上得出的，是他者文化过滤之后的产物。英语世界《蒋兴哥重会珍珠衫》异质性观点产生的原因如下。

（一）西方小说理论顺延的产物

英语世界《蒋兴哥重会珍珠衫》研究是在西方 20 世纪小说理论指导下产生的成果。如"模拟情况"的观点来源于韦恩·布斯的《小说修辞学》。布斯认为，"修辞"这个术语被用来表示作者的调解活动，他介入读者和故事之间试图控制情节发展的意义，并操纵读者的反应。总之，它是"作者控制读者的方式"②。尽管他的理论是立足于西方小说而产生的，但也不能否认，其内涵与中国话本小说的叙事方式有相似之处。因此，韩南、李润芬等英语世界学者将《小说修辞学》作为研究中国白话短篇小说的理论切入点和言说话语，并在其启发下创造出"模拟情况"理论。"形式现实主义"观点则直接取自伊恩·瓦特《小说的兴起》的"形式现实主义"理论。西方在 18 世纪出现了笛福、理查逊等作家，他们创作的小说的贡献在于其站在"传奇"故事的对立面，取材当下，描写真实的人。而中国明朝后期，也出现了内容世俗化、语言通俗化的"世情小说"，因此，海外学者自然而然将两者联系起来，认为中国"世情小说"也运

---

① Mei Chun, "Garlic and Vinegar: The Narrative Significance of Verse in 'The Pearl Shirt Reencountered'," in *Chinese Literature: Essays, Articles, Reviews* (*CLEAR*), Vol. 31 (December 2009), p. 43.

② Wayne C. Booth, *The Rhetoric of Fiction*. Chicago: University of Chicago Press, 1962, p. 5.

用了"现实主义"手法。但中国古典白话小说成长的文化语境与文学基因和西方现实主义文学并不一致，中国古典白话小说不符合严格意义上的现实主义文学。①

（二）现代性思想的投射

英语世界学者以"人文主义"精神立场对这篇小说进行审视，关注小说人物的内心冲突和矛盾处境，而非进行"脸谱化"的纯粹道德评判。另外，如上文所讲，在西方"现实主义"小说理论的影响下，海外汉学家更注重小说对现实真实人物的刻画，而非"漫画式"人物的夸张。在这两点的影响下，英语世界学者特别重视作品对"圆形"或"真实"人物的塑造，以及对人生社会复杂性和多元性的关注，并将此作为艺术成功的重要标准。如韩南认为《蒋兴哥重会珍珠衫》的成功之处就在于它实现了"道德平衡"。故事中添加的三巧因懊悔而试图自杀和最后拯救蒋兴哥的情节说明三巧是一位有情有义的女子，这就减轻了对她的道德谴责。而其他学者，如夏志清、李润芬等也一致认为这部小说反映了传统伦理道德与情感自身之间的矛盾和冲突。虽然这些结论是西方现代思想先验影响的产物，但对丰富我们对该小说内涵的理解具有参考意义。

（三）原创性的焦虑

不能否认，英语世界《蒋兴哥重会珍珠衫》研究也有原创性焦虑的成分在内。夏志清、韩南等人之后，英语世界很难有更新颖的观点产生。为了使自己的研究获得关注，海外学者对文本有过度阐释的嫌疑。如黄宗泰认为这篇故事"结构上的平衡"是出于"娱乐"的目的，便忽略了故事本身所具有的社会思想内涵。而李前程在西方神话原型理论指导下形成的"重像"观点，也有过度阐释的缺陷。虽然他们的观点具有"原创性焦虑"，但仍然具有一定参考价值。

---

① 参见董首一《"现实主义"概念不适合中国古典白话小说研究——以古典"世情小说"为例》，《求索》2016 年第 10 期。

四　结语

通过对英语世界《蒋兴哥重会珍珠衫》研究的考察，我们可以从中一窥英语世界中国古典白话短篇小说研究的基本方法和维度。这些方法与中国传统的探求故事来源、进行文字比勘等研究方法有极大不同。而中国文学特别是中国古典文学研究长期以来形成了自己完善的研究方法和学术体系，因此，汲取新的研究方法，促成范式更新是其维持学术发展和与时俱进的重要策略，"在一个全球都在改革开放的信息时代，如果不充分利用世界的智力来研究中国，受到最大损失的，首先是我们自己"①。因此，将国外学术成果进行汲取并使之与国内研究互识、互证、互补，便具有巨大的理论价值和现实意义。当然，我们对英语世界《蒋兴哥重会珍珠衫》研究也应辩证看待。一方面，我们应对这些异质性观点大胆汲取，拓展我们的学术视野，同时启发新的学术方法和学术范式；但另一方面，也应对这些成果保持清醒和批判，杜绝一味"媚外"，以免陷入"汉学主义"的危机。

---

① 中国社会科学院文献信息中心、外事局合编《世界中国学家名录》，社会科学文献出版社，1994，第5页。

英语世界六朝小说的译介及研究特点分析

芦思宏[*]

摘　要： 中西方文明生成于异质性的土壤中，因此在思维方式、价值观念等多个方面存在差异，这对于中西方理解六朝小说产生了直接影响。通过对英语世界六朝小说研究成果的总结分析，可以看出英语世界的研究呈现出三个方面的特点：第一，译介传播的时间跨度较大，且在翻译过程中以志怪小说为主；第二，以个案作品研究为主，较少涉及六朝小说的学术史建构问题；第三，文本分析多基于方法论观照。本文以变异学相关理论为基础，系统分析英语世界六朝小说的译介与研究特点，以期对国内研究起到积极的借鉴作用。

关键词： 变异学　六朝小说　英语世界　研究特点

六朝小说作为中国古小说的代表之作，上承先秦两汉的史传文学，下启唐传奇、宋话本，代表着中国古典小说文体形态的基本定型，对后世的小说创作产生了深远的影响。近年来，关于六朝小说的研究已经逐步得到了学界的重视，并取得了大量的研究成果，无论是对《搜神记》《世说新语》等作品的个案研究，还是对六朝小说整体的史述探讨，都有突破性的进展。英语世界中六朝小说的译介与研究，标志着中国古小说业已进入西方学者的研究视野，为西方世界认识和了解中国中古时期的文学发展、社会文化、宗教观念等内容，提供了崭新的探究路径。英语世界中对六朝小

　＊ 芦思宏，大连外国语大学新闻与传播学院副教授，中华文化海外传播研究中心研究员，主要从事中西文学比较、海外汉学研究。本文系教育部人文社会科学青年基金项目"英语世界的六朝小说研究"（项目编号：18YJC751033）阶段性研究成果。

说的译介与研究，虽然起步的时间相对较晚，在系统性与全面性上仍有待深入，但已出现了不少具有洞见性的著作。尤其是西方学者独特的研究兴趣和研究方法，对于国内六朝小说的研究有积极的借鉴作用，有助于打破当前研究中的学术瓶颈。总体而言，英语世界六朝小说研究与国内研究，既有合流，也有差异，尤其是对志怪小说的研究，在研究视角和研究方法上，都体现了西方学者特有的学术特点，因此具有重要的意义和价值。

英语世界的六朝小说研究，与中国本土的研究有多种相似之处，中西方都将六朝小说视为中国小说的雏形阶段，将其放置于中国小说史的纵向发展中，分析此时小说作品的历史起源、文体特点、人物形象、故事情节，以及对后世小说发展的具体影响。但是，文学作品作为文化的重要载体，在传播的过程中会产生一系列的"他国化"现象。所谓文学"他国化"是指："一国文学在传播到他国后，经过文化过滤、译介、接受之后产生的一种更为深层次的变异，这种变异主要体现在传播国文学本身的文化规则和文学话语已经在根本上被他国所化，从而成为他国文学和文化的一部分。"① 对于六朝小说的研究而言，这些以文言文创作的古小说作品，在海外译介、传播、研究的过程中发生了种种变化，因此呈现出与中国不尽相同的特点。通过中西方的对比分析，用对话的形式沟通中西方之间的学术成果，分析西方学界的研究角度和取向，有助于中国学界挖掘新的视角和方法。

一　六朝小说译介的历史分期

基于英语世界对于六朝小说英译和阐释的实际情况，可以将六朝小说的英译划分为三个阶段：第一，滥觞期（1812—1883），19 世纪是六朝小说译介的萌芽阶段，此时对于六朝小说的翻译多以零散的节选和选译为主，旨在向西方介绍中国的通俗文学；第二，发展期（1919—1942），自叶慈在《中国评论》选译了部分六朝小说的作品后，20 世纪上半叶的六朝小说英译传播有了传播中国文学的客观需要，呈现出中西双向的译介特

---

① 曹顺庆主编《比较文学概论》，中国人民大学出版社，2011，第 156 页。

点；第三，繁荣期（1966—），第二次世界大战后，汉学研究在西方世界成为一门"显学"，伴随对中国文学的整体研究，六朝小说的译介呈现出专业化的特点，《搜神记》《世说新语》等具有代表性的六朝小说全译本在此时出现，并在学界有了更为深入的研究。

受各个时期特殊历史情况的影响，英语世界的六朝小说研究在各阶段呈现出明显不同的特点，在翻译主体、翻译对象等各个方面，六朝小说的英译呈现出一种渐进发展的态势。本文根据上述历史时期的划分，对每个阶段的六朝小说英译特点进行总结，并试图梳理其翻译特征。根据六朝小说的译介情况，可以看出英语世界对六朝小说的研究，相对侧重于志怪小说的部分，六朝小说早期的译介也是以志怪小说为主。六朝小说蕴含着魏晋南北朝时期丰厚的文化背景，再现了当时社会各个阶层的真实风貌，中国人对于鬼神的信仰观念，引起了汉学家们的广泛关注，特别是志怪小说中灵异怪诞的故事内容，成为六朝小说早期翻译的重点。

（一）滥觞期

由于六朝小说涉及的内容较为庞杂，从大类上可以分为志人小说与志怪小说两大类型，英语世界的六朝小说译介同样围绕这两大主题进行。相较于文化意蕴较为深刻的志人小说，志怪小说由于篇幅短小、生动有趣，并且能够反映出魏晋时期鬼神观念等特点，成为较早向英语世界进行传播的作品。此时关于志怪小说的翻译多呈现零散化、碎片化的特点，没有诞生全译本，而是从六朝志怪中截取了部分篇目，用以介绍中国的通俗文学。

1812 年罗伯特·马礼逊（Robert Morrison）编译的《中国通俗文学翻译》中，收录有中国道教、佛教以及《搜神记》中的故事。叔未士（J. L. Shuck）在《中国评论》上相继发表的《中国水手里的女神小传》（1841）、《中国慈悲女神观音小传》（1841）、《玄天上帝的神话描写及中国人的上帝崇拜》（1849）、《中国神话里的最高神祇之一——玉皇大帝传》（1849），均以干宝的《搜神记》为依据。裨雅各（J. G. Bridgman）译著的《关于若干中国神祇的神话描写》（1850）、波乃耶（J. D. Ball）译著的《中国神话点滴：玉皇大帝的由来》（1882—1883），也是以《搜神记》为材料，发表于《中国评论》。此时的研究成果多发表于《中国评论》与《新中国评论》两本刊物上，译者身份主要是来华的传教士。基于了解中国语言文化的客观需要，志怪小说开始初步成为汉学家研究的对象，但在翻译的广度与深度上，与明清时期的长篇章回体小说仍不可同日而语。

（二）发展期

进入 20 世纪后，基于对"中国叙事文学起源"等学术问题的探讨，关于六朝小说的译介呈现出稳定发展的态势，作为文言小说代表作的六朝小说得到了西方汉学界的广泛关注，在翻译主体、翻译对象、翻译策略，以及学界对六朝小说的研究方面，均超越了前代的研究成果，为六朝小说全译本的出现奠定了良好的基础。然而，此时的翻译仍然以志怪小说为主，较少涉及志人小说的故事篇目，可见西方汉学界对人物故事难以把握。

有关《搜神记》的译介成果有颜慈（W. P. Yetts）翻译的《道家的故事：焦山隐士》，发表于《新中国评论》（1919），其中选译了《搜神记》中的第 10 则、第 12 则。翟理斯（Lionel Giles）翻译的《唐写本搜神记》，发表于《新中国评论》（1921），内容包括《搜神记》的部分译文及部分论述介绍。卫礼贤（R. Wilhelm）编译的《中国神话故事选》（1921）中，收录了《搜神记》的第 21 则、第 25 则、第 51 则故事的英译文。1922 年，倭讷（E. T. C. Werner）出版译著《中国神话与传说》，包括《搜神记》的选译和概括介绍。1935 年，冯惠云（H. Y. Feng）与施赖奥克（J. K. Shryock）的合译著《中国之蛊——黑魔》，载于《美国东方学会会刊》，选译了《搜神记》中的 12 则故事。1938 年，翟林奈编译的《中国不朽的长廊：传记选译》，介绍干宝的传记内容与《搜神记》的译文，还包括了东方朔、左慈、关辂、吴猛的传记资料。20 世纪中期，林语堂也翻译了《搜神记》中的许多故事，如 1941 年发表于《研究论丛》的《亚洲有关犬的祖先的神秘传说》一文，论及了《搜神记》中有关动物起源的神话故事。林语堂翻译的《卖鬼的人》《惊人的豪饮》两则《搜神记》中的故事，也收录于1942 年出版的《中国与印度之智慧》中。1941—1942 年，德克·卜德（Derk Bodde）相继发表了两篇论文，即《若干中国超自然故事：干宝及其〈搜神记〉》和《若干中国超自然故事：干宝及其〈搜神记〉》（续），

除了翻译了《搜神记》中的 9 则故事外，还肯定了干宝对于志怪小说发展
的推动作用，指出由于干宝"实录"的写作原则，《搜神记》一书混合了
现实与幻想、实际性与轻信，这两篇文章也是对研究志怪小说而言极具参
考价值的材料。1961 年，杨宪益、戴乃迭夫妇翻译了《不怕鬼的故事》，
收录了从六朝至清代的志怪小说，是国内翻译六朝志怪小说的重要译本。

本阶段的研究特点主要有两点：第一，对志怪小说的翻译不再带有明
显的文化传播色彩，而是从学术研究的角度入手，对中国叙事文学的起
源、发展等问题做出了积极的探索，在译介志怪小说的同时，将其放置于
中国小说发展史的历程中，探究其对于中国叙事小说的影响和意义；第
二，除了西方汉学家外，国内的学者积极参与志怪小说的翻译，林语堂、
杨宪益、戴乃迭等翻译家都对该时期的小说作品进行了节译，呈现出中西
方并驾齐驱的翻译进程。

（三）繁荣期

进入 20 世纪下半叶后，六朝小说的英译进入了一个较为辉煌的时期，
翻译者、翻译对象、译本数量均较前期有了稳定增长。这个阶段最为杰出
的成果是出现了《搜神记》和《世说新语》的全译本。六朝小说限于篇幅
短小、意蕴深厚等因素，其全译本代表作直至 20 世纪下半叶才正式出现，
这代表着六朝小说在英语世界的译介与研究走向了一个新的阶段。

1966 年，布莱克韦尔（Roger Blackwell Bailey）的博士论文《〈搜神
记〉研究》在下半部分集中翻译了《搜神记》，这也是迄今为止《搜神
记》的唯一全译本。尽管该全译本在翻译策略、翻译技巧等方面仍有很多
值得改进的地方，但布莱克韦尔的筚路蓝缕之功值得肯定，同时为六朝志
怪小说的翻译起到了良好的奠基作用。与志怪小说相比，志人小说的翻译
则相对较晚，因六朝时期朝代更迭频繁，涉及的社会环境纷繁复杂，历史
人物众多，因此《世说新语》的翻译工作在长时期内没有突破。1976 年，
美国明尼苏达大学出版了马瑞志教授的《世说新语全译》，这也是英语世
界中《世说新语》唯一的全译本。马瑞志是来华传教士的后代，有多年在
中国生活的经历，因此能较好地完成《世说新语》的翻译工作。马氏将毕
生精力用于《世说新语》的翻译工作中，此书一经面世即受到了极高的评

价，体现了马瑞志教授极高的汉学研究水平。除马译本《世说新语》外，英语世界中对志人小说的翻译和研究，无论是时间还是深度都有所不及，可以看出西方学者对志怪小说的研究热度远大于志人小说，西方学者在"他者"的视角，对充满超自然因素的志怪小说更为热衷。

此外，本时期其他六朝小说作品的翻译和研究也有了长足的发展，涉及的内容篇目更多，并吸引了华人学者和西方汉学家的目光，使六朝小说在英语世界的研究更加深入。1974 年，付思德（Lawrence Chapin Foster）的博士论文《〈拾遗记〉及其与志怪小说的关系》在研究《拾遗记》的同时，也对其进行了完整的翻译。作者以台北新兴书局出版的《拾遗记》为底本，并添加了许多标记和阐释，使读者对《拾遗记》有更为全面的理解，是《拾遗记》英译的主要成果。除了上述三部全译本外，间或有六朝小说的节译本出现，如周宗德（D. E. Gjertson）的《鬼神与因果报应：六朝与初唐佛教奇迹故事 9 种》（1978），是篇目不多但时间跨度较大的译本。高辛勇（Karl S. Y. Kao）的《中国古代超自然与幻想故事》（1985），翻译了 60 篇六朝志怪小说。1988 年，旅英华裔学者张心沧编译的《中国神怪故事集》，向西方世界介绍了中国最早的小说样式。故事集收录了魏晋六朝的《搜神记》《搜神后记》《幽明录》《列异传》《齐谐记》《西京杂记》。

二 以个案小说研究为主要视角

在英语世界的六朝小说中研究成果中，基本上都是六朝小说的个案研究，作品主要涉及《搜神记》《拾遗记》《幽明录》《世说新语》。英语世界的学者们，大多选择一种作品文本，以特定的文化视角对其进行研究，如杜志豪主要研究《搜神记》的考据和文献知识，将志怪小说作为一种文体类型进行分析，并探究其对后世鬼神小说创作的影响，是英语世界关于《搜神记》与志怪小说较早的研究成果。此后，杜志豪以《搜神记》为研究基础，展开了自己的汉学研究，并有相关研究成果问世。[①] 张振军侧重

---

① Lawrence Chapin Foster, *The Shih-I Chi and its Relationship to The Genre Known as Chih-kuai Hsiao-shuo*（Ph. D. diss. , University of Washington, 1974）, pp. 7 – 17.

于《幽明录》与佛教的影响关系，以《幽明录》中体现的佛教观念为切入点，详细论述了佛教传入后对六朝志怪小说的影响，用以小见大的方式探讨了六朝志怪小说中的佛教因素，从而凸显了中国传统文学受外来文化影响后，在创作中产生的一系列变化。① 而钱南秀对《世说新语》的研究则集中于人性分类和叙事艺术，钱南秀从语言学和历史学的研究视角出发，对魏晋时期的"人伦鉴识"活动进行了研究，同时追溯了"世说体"的形成过程，并提出"世说体"是一种新型的文体。她以《世说新语》原文为基础，总结出《世说新语》的两大特点：其一是36个条目中体现出的人性分类学倾向；其二是《世说新语》能够在字里行间刻画出人物突出的性格特点。② 英语世界多位学者的个案研究成果，详细地探讨了《搜神记》《世说新语》等作品的人物（鬼神）形象、艺术特色、创作手法，促进了六朝小说作品在西方社会中的影响和传播。然而，从整体研究的角度看，尚未有全面研究六朝小说的成果问世。

英语世界现行的诸版《中国文学史》，对六朝小说的研究往往是一带而过，或仅限于介绍《搜神记》和《世说新语》的作者和主要内容。在孙康宜、宇文所安主编的《剑桥中国文学史》中，关于六朝小说的介绍只有"刘义庆与其文学集团"一节，概述了刘义庆的生平事迹，以及《世说新语》的性质和主要内容。在梅维恒主编的《哥伦比亚中国文学史》中，胡缨简要地介绍了六朝志怪小说的发展情况，以干宝的《搜神记》和陶潜的《搜神后记》作为主要代表作品，并提及刘义庆的生平和《世说新语》的成书过程。骆玉明主编的《中国文学简史》相对较为全面，按照魏晋和南北朝的历史发展顺序，对此时的小说创作进行了概述，但也仅限于对作者与作品的介绍，并未对其历史地位、艺术特色等内容做出深入研究。英语世界中的六朝小说研究主要以个案为主，较少涉及整体的史述研究，甚至在各种《中国文学史》的介绍中，也是以作品为切入点进行重点介绍。西

---

① Zhenjun Zhang. *Buddhism and the Supernatural Tale In Early Medieval China*: *A Study of Liu Yiqing's* (*403 - 444*) *You ming lu* (Ph. D. diss., University of Wisconsin-Madison, 2007), pp. 87 - 98.

② Qian Nanxiu. *Spirit and Self in Medieval China-The Shih-shuo hsin-yu and Its Legacy*, Honolulu: University of Hawaii Press, 2001, pp. 17 - 24.

方学者重视个案视角的研究，虽然在文本研究上取得了较为深入的成果，使西方读者了解了如《搜神记》《世说新语》等作品的故事内容和艺术特色，但却未能从整体上对六朝小说的发展全貌做出论述，这也是英语世界六朝小说研究的一大缺憾。

中国学界则较早意识到了六朝小说的文体建构问题。鲁迅的《中国小说史略》标志着中国小说史学科的正式形成，将六朝小说分为"志怪"与"志人"两种类型，全面系统梳理了六朝小说的发展线索，对六朝小说的作品进行了论述。此后，"六朝小说史"的研究呈现出渐进式的发展趋势，并于20世纪80年代后达到了阶段性的高潮，在刘叶秋、侯忠义、王枝忠、宁稼雨等的带领下，"六朝小说文体史的建构"逐步被学界所认可，涌现出不胜枚举的专著和论文成果，包括李剑国的《唐前志怪小说史》（南开大学出版社，1984）、王枝忠的《汉魏六朝小说史》（浙江古籍出版社，1997）、侯忠义的《江魏六朝小说史》（春风文艺出版社，1989）、宁稼雨的《中国志人小说史》（辽宁人民出版社，1991）等，推动六朝小说研究成为中国小说研究的重镇。① 通过中西方的对比，可以看出中国较早地产生了文体史的意识，并在整体思路的指导下，不断加深六朝小说史的研究。相较之下，西方在整体研究的部分显得明显不足，这也可视作未来研究的重点。

三　方法论观照下的文本探析

西方的20世纪是批评的世纪，文艺批评理论的氛围空前兴盛，此时汉学界的六朝小说研究同样受到西方文论的理论影响。何谷理指出，"无论是数量还是质量，最近使用西方批评理论和研究方法研究中国古典小说的成果已经超越了以前所有的尝试，特别是在明清白话小说研究领域"②。区别于国内专注于考据、校注、语词等研究方法的运用，西方文论观照下的六朝小说呈现更加明显的理论特色，"以西释中"的批评方法已经成为西

---

① 宁稼雨：《六朝小说研究的回顾、反省与展望》，《中国文学研究》2017年第2期。
② Robert Hegel. "Traditional Chinese Fiction——the State of Field. " *Journal of Asian Studies*, Vol. 53. 2 （1994），p. 403.

方汉学界的主流，对中国叙事小说的研究产生了积极的推进作用。由于中西方不同的文化土壤、思维方式、研究兴趣等差异，使中西方在六朝小说的研究方面，表现出了不尽相同的特点。对英语世界六朝小说的研究不仅能够揭示出西方世界的研究风貌，对中国未来的六朝小说研究也有着重要的借鉴作用，有助于我国学术视野、思维范式的更新。尤其是西方学者运用了多种当代文学理论，对简短零散的六朝小说进行系统的理论分析，涉及的方法论包括社会历史研究、叙事学研究、女性主义研究、人类学研究、文学地理学研究、跨文明比较研究，从理论上更新了六朝小说的研究传统，对国内学界有着积极的启示作用。本文将结合西方汉学家的方法论研究特点，对汉学家视域下的六朝小说研究进行介绍，同时指出西方汉学研究的问题，对汉学家研究做出辩证性阐释。

（一）社会历史文化研究

由于对魏晋名士生活的关注，国内对于《世说新语》蕴含的社会历史文化关注较多，但对于志怪小说的文化研究则相对较少，多是从中国叙事文学的起源角度关注志怪小说。然而，西方汉学家对志怪小说的社会文化研究相对更为深入，很多学者结合六朝时期的宗教文化对其进行解读，这也与西方学者的研究兴趣有很大关系。

付思德的《〈拾遗记〉及其与志怪小说的关系》，对六朝时期的文学背景加以介绍，并详细分析了此时的社会状况和文化氛围，将《拾遗记》与志怪小说的研究放置于六朝的时代环境之中。作者首先分析了六朝时期的文学背景，以及志怪小说在此时的发展情况，系统地介绍了中国这一独特的文学样式。文章的主体部分重点介绍了《拾遗记》，对《拾遗记》发展脉络进行了详细论述，并将各朝代不同的《拾遗记》版本进行比较。该论文最为突出的观点在于，作者认为《拾遗记》的创作并没有完全遵循志怪小说的创作传统，作者将志怪小说的传统与《拾遗记》进行比较，认为二者之间存在明显差异。

张振军的《中国早期社会中佛教与超自然因子：刘义庆的〈幽明录〉研究》将作品与宗教结合得更为紧密。作者结合魏晋时期佛教传入中国的社会背景，对《幽明录》与其中的佛教思想进行了研究。张振军认为，

《幽明录》作为六朝志怪的代表作品，在主题、人物、创作动机上均受到了佛教思想的深刻影响。该论文并不对《幽明录》做综合性的总体研究，而是集中于其中最重要的佛教因子部分，不仅力图探究《幽明录》中的印度佛教思想，还分析了印度佛教在传入中国后于中国文学中发生的变化情况，对《幽明录》与佛教思想的研究有积极的现实意义。

此外，高辛勇、蒲慕州、杜志豪、太史文等学者关于六朝志怪小说的研究，都与当时的佛教、道教等宗教文化观念相联系，从深层的文化角度对志怪小说的形成、情节、特点等内容进行详细的剖析。英语世界中关于六朝志怪小说的文化研究，占据了西方学者们研究领域的重要位置，他们的研究视角与方法可对国内学界产生积极的借鉴作用。

（二）叙事学研究

从现有的研究成果来看，英语世界对六朝小说的研究，往往根植于文体和艺术特色等方面，尤其对叙事学研究方法的运用，是国内学界需要学习借鉴的重要部分。钱南秀专注于《世说新语》的本体研究，在她的专著《中国中古精神与自我意识——〈世说新语〉与其遗产》中，她详细论述了《世说新语》的叙事艺术特点，以及《世说新语》的人性分类原则，突出其作为"世说体"代表的叙事特点。钱著使用的叙事学理论方法，也使《世说新语》在传统研究的基础上取得了新的成就。钱南秀以叙事学理论为基础，总结出《世说新语》在叙事上的特点是在 36 个条目中体现出的人性分类学倾向。钱南秀详细地分析了《世说新语》的叙事艺术，从人性分类学的角度指出魏晋士人徘徊于"有序"和"无序"之间的生活状态，同时对人物品藻的魏晋风尚提出了自己的见解。

康儒博则以六朝时期的志怪小说为研究对象，对中国这种特殊的超自然小说形式进行了完整系统的探究。在《奇异书写：中国早期的志怪小说》中，康儒博将六朝志怪小说看成一个整体，详细分析了志怪小说的故事来源、叙述模式、修辞手法等内容。康儒博对六朝志怪小说的研究，不仅是英语世界六朝小说研究中的集大成之作，与中国的志怪小说研究相比，在深度和广度上也有过之而无不及。康儒博在六朝志怪的研究中，展现了西方学者宽阔的理论视野，运用了叙事学等研究方法，从艺术特点的多个侧面呈现出六朝志怪的完整内容。

(三) 女性主义研究

六朝小说中的主人公形象，包括很多女性鬼怪和女性人物，也构成了六朝小说研究的主题之一。在志怪小说中，女性大多以"他者"的身份存在，或是善良贤惠的女鬼，或是邪恶阴险的妖怪，这也是志怪小说超自然情节的关键要素。在《世说新语·贤媛篇》中，刘义庆则生动地刻画了许多才能卓越、特立独行的女性人物，她们的生活状态和言行方式充分说明了此时相对宽松的社会文化，为"魏晋风度"的形成做出了重要的注解。女性主义的思潮在兴起后，迅速蔓延至文学研究的领域之中，特别是对古典小说女性人物的研究，已经成为女性主义研究的重镇。

钱南秀认为，"贤媛"之"贤"并非是儒教礼教中的"贤"，而是"竹林七贤"之"贤"，指的是那些有卓越才能和独立精神的魏晋人物。[①]"竹林七贤"之所以被世人推崇，正是因为他们敢于反抗儒家思想的桎梏，以道家自然无为的精神为指导生存于世，这反映出魏晋士人"自由"与"超越"的内在品质，"竹林七贤"也因此成为魏晋士人的典型代表。在六朝小说的研究过程中，西方学者较早地使用了女性主义的研究方法，这对国内研究也有重要的借鉴作用。

薛京玉的博士论文《魔镜：中国古典小说中的恶魔表现》集中于志怪小说中的人物形象研究，包括志怪小说中女性的"他者"身份。薛京玉认为，在六朝小说的创作中，女性始终处于消极被动的位置，她们与男性的交往多与性相关，特别是引诱男性的情节设定，反映出女性在男权社会中的弱势情况，以及男权社会对女性身份存在双重认知：一方面认为女性的存在会对男性造成诱惑，威胁家庭和社会的稳定；另一方面认为女性缺乏独立的意识，其男性附庸的地位会弱化她们的主导性影响。

(四) 人类学研究

中国文学中包括大量的神话传说故事，虽然大多篇幅短小，但其中瑰

---

① Qian Nanxiu. *Spirit and Self in Medieval China-The Shih-shuo hsin-yu and Its Legacy*, p.144.

丽奇幻的想象和叙事，不仅反映了先民对于世界的美好幻想，同时也为后世的文学创作提供了宝贵的财富。西方学者对六朝小说的研究，也多着眼于文学人类学的领域，以具体的故事情节为切入点，挖掘文本背后的文化内涵。

西方学者们首先意识到志怪小说在人类学研究的价值，并指明了研究的方向和路径。傅飞岚在评述《搜神记》时就提出，志怪小说展示出中国魏晋时期人们生活的真实风貌，《搜神记》等志怪小说对于文化研究更是有着重要的价值和意义，其中囊括的神话寓言、圣徒传记、民俗志、神话地理等内容，大致类似于西方的民俗学研究范畴。杜志豪也提出，志怪小说是人们探索未知世界的有力证明，此时人们开始运用已知的知识和想象来探究世界。在研究的主体方面，杜志豪认为许多民族志学者构成了志怪小说的创作者，许多前代的故事构成了志怪小说的主题。从人类学的研究角度看，文学是民族文化的深刻印记，志怪小说与《诗经》、楚辞一样，都是中国社会文化的真实缩影。

相较而言，付思德对六朝志怪小说的人类学价值有更为清晰的认识。他指出，六朝志怪小说的主题是鬼、魂、梦境、变形，这些故事汲取了早期民俗神话的材料来源，通过改编形成了志怪小说的文学类型。付思德认为，志怪小说并不是纯粹的文学题材，在内容上更多体现出民俗志的特点，具有重要的史学考证价值，是哲学、史学、社会学研究的基础性材料，但中外学界均未对六朝志怪小说的民俗价值加以重视，只是将其作为后世小说的材料来源，这也是当前研究中的缺憾与空白之处。

（五）文学地理学

"六朝"不仅是时间上的概念，也是空间上的定义，代表着在建康（今南京）建都的六个朝代，即东吴、东晋，以及南朝的宋、齐、梁、陈。六朝小说的创作，无论故事选题、文字习惯，还是故事中的对话俚语，都明显呈现出六朝时期建康附近的区域特点。在西方学者的研究成果中，可以看到如康儒博、菲勒等均使用了文学地理学的研究方法，透视六朝小说中的区域文化特点，可为国内研究提供新的方法和视角。

康儒博根据志怪小说的主体身份研究，指出其大多数作者集中于南朝的都城建康周边（现今南京地区），同时辐射至现在的河南、江苏、安徽、浙江等地区，明显反映出建康周边的区域文化特点。此外，康儒博认为在志怪小说的故事条目中，大量出现了建康附近的民俗风情内容，并有明显的"其民曰""俗曰"等标志，体现了地理志和民俗志对于志怪小说的创作影响。

西方汉学家对于六朝小说的研究，展现出较为开阔的学术视野，能够以世界性的审美眼光看待中国文学的传统命题，并且能够从跨文化的比较研究出发，探究中西小说之间的共通之处。康儒博、付思德等学者既是六朝小说的翻译者，也是杰出的汉学家，兼具翻译与研究的学术能力，因此对于六朝小说的整体观照能力更强，同时将六朝小说的研究拓展到其他领域，更能在专门领域取得成果。需要注意的是，海外汉学家在六朝小说的研究过程中，广泛使用了"以西释中"的研究方法，甚至华裔学者钱南秀、萧虹等人的研究也有明显的西方理论色彩。虽然西方的理论视角灵活多变，值得我们效仿借鉴，但同样要保持清醒理智的判断，避免单向阐发使中国文学成为西方理论的注脚。正如曹顺庆所说："无论是以中释西，还是以西释中，弄不好很有可能只片面地站在某一文化立场上，从而把某种文学简单地当作另一种文学理论的图解材料。"①

余　论

在过去很长的一段时间内，国内对英语世界六朝小说的译介与研究成果的关注程度不够，仅对马瑞志的《世说新语》译本进行过相应述评研究，并没有对其他的成果进行跟进式的考察和研究。在全球化趋势日益加深、跨文明对话不断深入的当今时代，我国对西方学界的成果需要进行不断地探究，积极挖掘未知的学术领域，促进中西方文学研究的深层互动。从现有的成果上看，中国文学的本土研究虽已取得了汗牛充栋的成果，但由于基础材料的局限、观念方法的固化等问题，在创新性上表现出诸多不足。因此，在未来的研究中，我们需要坚持兼容并包的治学理念，吸收西

---

① 曹顺庆：《比较文学论》，四川教育出版社，2002，第343页。

方学界的研究视角和方法，推动中国文学在未来的发展，以双方平等交流对话为基础，实现中国文学的转型，参与到世界文学的整体建构之中。通过对英语世界中六朝小说研究的总结，我们可以审视"他者"眼中六朝小说的发展情况和艺术特点，从而探索英语世界对中国文学接受与阐释背后的文化变异机制。

　　英语世界的六朝小说研究不仅有对国内成果的总结归纳，而且在研究中体现出西方学者的独有特点，这就构成了中西方关于六朝小说相互沟通与借鉴的基础。如前文所述，英语世界的六朝小说研究虽与国内有合流之处，但在研究兴趣、研究方法上均与国内有明显不同。英语世界的六朝小说研究，大多侧重于超自然的志怪小说部分。在研究方法和视角上，西方学者多以个案作品为切入点，结合六朝时期的社会文化、宗教思想等因素，将作品放置于文化发展的大环境中进行审视，在"六朝小说史"的史述观念和文体建构方面，探究的深度和广度略有不及。笔者认为，在全球化急剧加速的当前语境下，我们应该学习西方多元并存、兼容并包的文化态度，秉持平等交流、取长补短的开放心态，主动吸收西方的研究成果，为中国学界注入国际化因素。笔者从中西方的研究材料和特点出发，对二者进行了比较性的归纳和考察，总结了中西方学界在研究重点和研究方法等方面的差异，可为未来研究起到积极的借鉴作用。尤其是西方学者运用了新的批评方法，有助于国内学者打开新的思路，进一步深化六朝志怪小说的研究。

王粲《登楼赋》在朝鲜的传承与变异

摘 要：王粲的《登楼赋》是魏晋时期抒情小赋的名篇，其跟随《文选》流传域外，在朝鲜受到广泛欢迎，朝鲜文人竞相对其进行模仿。《登楼赋》已经成为朝鲜文学中的一个典型意象，对朝鲜文人的文学创作有着深远影响。但朝鲜文人由于期待视野和审美心理的不同，在吸收借鉴过程中对《登楼赋》进行了创造性的转化，在诗歌中主要是意象所蕴含感情的变化；在辞赋中则体现在骚体赋的形式和核心概念范围的扩大。这都可以看作《登楼赋》在朝鲜的变异。

关键词：《登楼赋》 朝鲜 传承 变异

王粲的《登楼赋》是抒情小赋的代表，开创了我国文人登高而赋的先河，在我国赋作历史上有着举足轻重的地位，不仅如此，它还远播海外，对朝鲜文人的文学创作产生了重要影响。《登楼赋》当在朝鲜三国时代传入朝鲜半岛地区，据《三国史记》记载，新罗在实行"读书三品科"制度时，规定"读《春秋左氏传》，若《礼记》若《文选》而能通其义兼明《论语》《孝经》者为上，读《曲礼》《论语》《孝经》者为中，读《曲礼》《孝经》者为下"①。《登楼赋》最早被记载在《文选》中，由此可知，其应当是跟随《文选》传入朝鲜，而后又被朝鲜文人争相传阅和模仿，出现了仿作近20篇，这足以看出朝鲜文人对《登楼赋》的偏爱。

王粲的《登楼赋》写于自己流离失所、远寓荆州之时。有人认为王粲

---

* 娄玉敏，曲阜师范大学文学院硕士研究生，研究方向为朝鲜古代文学与文化，东方文学。
① 金富轼著，李丙焘译注《三国史记》，乙酉文化社，2002，第107页。

写《登楼赋》是为了抒发自己不为刘表所重，报国无门、壮志难酬的失意
之情。① 据说王粲在避乱荆州时，曾投靠刘表，而刘表却"以粲貌寝而体
弱通脱，不甚重也"②。《博物志》也记有"初，粲与族兄凯避地荆州，依
刘表。表有女，表爱粲才，欲以妻之，嫌其形陋。乃谓之曰：'君才过人
而体陋，非女婿才也'。凯有风貌，乃妻凯"③。也有人认为《登楼赋》写
于曹操平定荆州之后，王粲面临新的选择之时。他处于人生又一个重要的
转折点，不知道曹操会如何对待自己，内心有所担忧，所以才登楼而作
赋，写下了这传世名篇④。无论王粲的《登楼赋》是在何种情况下写成的，
其中都蕴含作者深深的羁旅流离之苦、思乡怀国之殷、人生苦短之叹和壮
志难酬之忧，可以说，《登楼赋》所蕴含的感情是十分复杂的，几乎涵盖
了古代文人所有的情感心理特征。⑤ 这也许是其能够在中国和朝鲜文坛上
享有盛名的重要原因之一。

　　《登楼赋》跟随《文选》传入朝鲜之后，被海东文人争相传阅，新罗、
高丽、朝鲜朝文人或化用"王粲登楼"的事迹入诗文，或拟《登楼赋》韵
作文与之相和，形成了一股"王粲热"，朝鲜文人黄俊良（1517—1563）
写给李滉（1501—1570）的和韵诗"三春踏遍旧山川，到处登楼赋仲
宣"⑥ 写出了王粲及其《登楼赋》在朝鲜流传的盛况。

一　《登楼赋》在朝鲜诗歌中的化用

　　王粲写《登楼赋》的事迹早在中国元代就被杂剧作家郑光祖改编成杂
剧《王粲登楼》，之后就被文人当作典故来使用，传到朝鲜之后，更是被

---

① 王怀让：《〈登楼赋〉写作二辨》，《齐鲁学刊》1992 年第 6 期。
② 童超、张光勤主编《三国志精华注译》，北京广播学院出版社，1993，第 275 页。
③ 齐豫生、夏于全主编《中国古典文学宝库第六十五辑·志怪小说》，延边人民出版社，1999，第 215 页。
④ 曹成浩：《王粲〈登楼赋〉研究中的几个问题》，《东岳论丛》1985 年第 3 期。
⑤ 王锐：《登高之作的里程碑——谈王粲〈登楼赋〉的文学地位及影响》，《济南大学学报》2007 年第 3 期。
⑥ 〔朝〕黄俊良：《次退溪韵》，《锦溪先生文集卷之四·外集》，《影印标点 韩国文集丛刊》第 37 辑，韩国民族文化推进会，1989，第 111 页。

众多文人学士争相引用。朝鲜文人在自己的诗歌中有意引用王粲写作《登楼赋》的典故,把它当作整体的意象来看待,对王粲在其中抒发的情感存在共情。

(一) 伤时谩咏登楼赋

中国和朝鲜是古代儒家文化圈里两个重要的国家,两国的文化、文学发展有着千丝万缕的联系。[①] 朝鲜文人在汉文学方面深受中国古代文人和文化的影响,在遭遇挫折或不幸时也更能感同身受,所以,王粲在《登楼赋》中所抒发的感情也更能引起朝鲜文人的共鸣。他们在各自的作品中借《登楼赋》以抒怀,或写思乡怀国之殷,或抒羁旅流离之苦,或发人生苦短之叹,或表壮志难酬之忧,《登楼赋》在这里俨然已经成为这种复杂感情的代名词。

如朝鲜朝著名文人柳梦寅 (1559—1623) 曾在留学中国时写诗:

> 伤时谩咏登楼赋,
> 对客频倾避暑杯。
> 十二碧峰西日尽,
> 揽衣空下望乡台。[②]

流离他乡的羁旅哀愁使作者产生了与王粲同样的感情,王粲登楼而作赋,诗人登望乡台而作诗,二者都是登高望远,思念故乡的人事。柳梦寅当时在中国留学,远离故国,所以更能体会这种流离之苦。但与王粲不同,柳诗表达更多的是对故土的思念,而王粲在《登楼赋》中所表达的情感较为复杂,既有羁旅流离之苦、思乡怀国之殷,又有人生苦短之叹、壮志难酬之忧。大概是因为有着寄寓异国他乡的相同经历,朝鲜朝著名文人徐居正 (1420—1488) 在留学中国时也产生过与柳梦寅相似的思乡情

---

① 曹春茹、王国彪:《朝鲜诗家论明清诗歌》,中央编译出版社,2016,第6页。
② 〔朝〕柳梦寅:《西绣录 又次七言排律六韵》,《於于集卷之一·诗》,《影印标点 韩国文集丛刊》第63辑,韩国民族文化推进会,1991,第298页。

感，他在诗集《四佳诗集》中写道："秋雨萧萧篁竹林，客怀寥寂伴蛩吟。未成王粲登楼赋，一片斜阳万里心。"① 表达了和柳梦寅相同的去国离乡之愁。

无论在中国文人还是朝鲜文人心中，客居他乡都是一种不能平复的缺憾。中国古人讲究"叶落归根"，其中蕴含的是对故乡深深的眷恋。朝鲜文人也一样，客居他乡的游子就像浮萍一样无所依靠，尤其是独自流落天涯的时候，其境况更是不尽如人意。

古阜客舍咏怀②

孤城吹角到残更，独宿天涯客梦惊。

风撼幽篁终夜响，月穿疏林满窗明。

杜陵忧国悲忠愤，王粲登楼赋远征。

莫对秋光写怀抱，黄花赤叶动伤情。

郭说这首客居他乡的咏怀诗写出了独自流落天涯的游子感时伤怀，忧愁抑郁的内心活动。"一切景语皆情语"，在这荒凉的客居之所，作者所见所感都带有浓重的凄凉哀伤色彩，诗人自然而然地联想到王粲写作《登楼赋》的情景，并与王粲产生了强烈的心理共鸣。

人生苦短和壮志难酬似乎总是连在一起的，当诗人意识到人生苦短、无法再报效国家时，常常就会产生壮志难酬的忧叹。同样，当诗人不被重用，远离京都，寓居他乡时，也会增加人生苦短的哀愁。

朝鲜朝著名文人申钦（1566—1628）在和友人一起寓居于外时写过一组（十六首）律诗以抒发内心情怀，其第十五首如下：

凭栏一望路何长，绝塞高秋意易伤。

瀚海万重云尽黑，辽山千树叶俱黄。

---

① 〔朝〕徐居正：《秋雨》，《四佳诗集卷之五十·诗类》，《影印标点 韩国文集丛刊》第 11 辑，韩国民族文化推进会，1988，第 75 页。

② 〔朝〕郭说：《古阜客舍咏怀》，《西浦先生集卷之五·七言四律》，《影印标点 韩国文集丛刊》（续）第 6 辑，古典翻译院，2005，第 126 页。

羁愁未就登楼赋，旅恨空成梦草章。

每忆正平当世杰，晚依刘表却彷徨。①

作者在这里不仅写到《登楼赋》，而且提及王粲投靠刘表而不被重用一事。申钦在这里想要表达的不仅仅是流寓他乡的羁旅哀愁，更有人生苦短、年华易逝和壮志难酬、报国无门的悲叹，这就和王粲在《登楼赋》中表达的复杂情感不谋而合。

天涯漂泊、去国离乡、人生苦短、壮志难酬，种种情感交织在一起，最容易引发文人墨客内心的感怀。王粲的《登楼赋》是最适合文人排遣内心孤寂忧愁的作品，但是，在这忧伤之时再读《登楼赋》只怕会让人愁情更添一层，起到"抽刀断水水更流，举杯消愁愁更愁"的效果。

（二）到处登楼赋仲宣

前面已经提到，《登楼赋》在传入朝鲜之后，深受文人喜爱，被广泛传阅和模仿。同时，《登楼赋》也被当作一个整体意象来使用，这种做法在朝鲜文坛广受欢迎，文人们无论在何种情况下，似乎都能联想到《登楼赋》，并用以抒发自己内心的感情。正像文人黄俊良所写的那样，"三春踏遍旧山川，到处登楼赋仲宣"，王粲及其《登楼赋》在朝鲜的受欢迎程度由此可见一斑。文学大家徐居正似乎对《登楼赋》更加偏爱，其诗作中多处提及王粲和此赋，分别用以表达自己内心不同的情感，如下面这首与诗人柳根的和韵诗：

次柳根东轩韵②

云物杨州入半湖，风流落魄似吾无。

仲宣才思登楼赋，摩诘江山着色图。

满架葡萄堆马乳，进阶修竹引龙雏。

---

① 〔朝〕申钦：《寓居海村书怀》，《象村稿卷之十三·七言律诗》，《影印标点 韩国文集丛刊》第 71 辑，韩国民族文化推进会，1991，第 418 页。

② 〔朝〕徐居正：《次柳根东轩韵》，《四佳诗集卷之三·诗类》，《影印标点 韩国文集丛刊》第 10 辑，韩国民族文化推进会，1988，第 273 页。

何时一艇苍江月，谢尽浮名醉作娱。

徐居正在这首诗作中以戏谑的口吻自我解嘲，说自己是最"风流落魄"之人，进而借用王粲《登楼赋》和王维山水诗所取得的成就之大来反衬自己对浮名的厌弃和对自由闲适生活的向往。这也从侧面反映出朝鲜文人对《登楼赋》的推崇和认可度极高。

又如：

睡起有作①

狂谋谬算又残年，身世陶然北牖眠。

万事堪惊双鬓改，一生何事百忧煎。

已成王粲登楼赋，欲和谪仙问月篇。

桃李满园香雨过，赏春何惜费千钱。

徐居正在这里将《登楼赋》与李白的诗对举，既有家国之忧，又想像李白一样潇洒狂放，这大概是因为他向世祖的新政妥协，虽然仕途比较顺利，但是始终抹不掉"失节"的阴影，加之他的仕途并不是一味平坦，所以才会有这种矛盾心理。诗中所写并不是作者真正登楼时的所想所见，而是把《登楼赋》当作一种感情的寄托，其在这里被当作一个整体的意象看待。

二 《登楼赋》在朝鲜辞赋中的传承

王粲的《登楼赋》自诞生以来就在文坛上享有盛名，清朝中期著名赋学家浦铣（1729—1813）在《复小斋赋话》中曾给予王粲及其《登楼赋》很高的评价，其曰："王仲宣《登楼赋》，情真语至，使人读之泪下。文之能动人如此。晋枣据亦有此赋，皆脱胎于粲。"② 可见，《登楼赋》影响了

---

① 〔朝〕徐居正：《睡起有作》，《四佳诗集卷之五十一·诗类》，《影印标点 韩国文集丛刊》第 11 辑，韩国民族文化推进会，1988，第 104 页。

② （清）浦铣著，何新文、路成文校证《赋小斋赋话》，《历代赋话校证》，上海古籍出版社，2007，第 394 页。

一代赋作家的创作。前文提到，《登楼赋》传到朝鲜以后，朝鲜文人对《登楼赋》十分钟爱，竞相模仿，有仿作近20篇，将其按时间顺序列表如表1。

表1　朝鲜文人《登楼赋》仿作情况

序号	作者	作品	内容	感情	用韵	有无分字
1	申叔舟	和雪霁登楼赋	酬唱应和	喜悦赞颂	不同	有
2	徐居正	次韵祁户部太平馆登楼赋	酬唱应和	表明事大决心	不同	有
3	金宗直	拟登楼赋	离乡回京	思乡怀归	不同	无
4	申光汉	登楼赋 用仲宣韵	寓居于外	羁旅感怀	同	有
5	李安讷	次王粲登楼赋韵	流寓在外	羁旅哀愁	同	无
6	朴长远	昭阳亭 次登楼赋	吊古伤今	自伤感怀	同	有
7	申晟	次登楼赋	奉命守外	羁旅伤怀	同	有
8	李敏叙	次登楼赋 西行过平壤作	抚今追昔	劝诫君主	同	有
9	任相元	拟王粲登楼赋	写景抒情	愉悦闲适	同	有
10	朴泰辅 南子闻	次南子闻登楼赋韵 乐民楼 次仲宣登楼赋	次韵作赋 写胸怀抱负	忧国奋进 表明雄心壮志	同 同	无
11	任守干	开云楼 次登楼赋 受降楼 次登楼赋	客居他乡 旅途所见	忧国念君 感路途艰险	同	有
12	蔡彭胤	太平楼 次登楼赋	旅途所见	感路途艰辛	同	有
13	赵泰亿	开云浦镇馆 次登楼赋韵	登楼远望 写景抒情	决心为君尽忠	同	有
14	赵龟命	学士楼 次登楼赋韵	流寓他乡	羁旅哀愁	同	无
15	曹夏望	锦江亭 次韵王粲登楼赋	凭吊屈原	感叹天命	同	有
16	徐命瑞	次登楼赋	怀古念人	忧国伤时	同	有

由表1可以看出，朝鲜文人的模拟之作到处都有王粲《登楼赋》的影子，有些作品无论是在内容、感情还是用韵方面都与王粲有着惊人的相似。这些模拟之作按内容可分为三类，一是为了展示才学，酬唱应和的作品；二是客居他乡，感叹羁旅哀愁的作品；三是描写征途艰辛，忧国念君，以表明雄心壮志的作品。由此可知，朝鲜文人在接受《登楼赋》时，把它运用到各种题材和情境之中，这既体现了朝鲜文人对《登楼赋》的熟悉，又可以看出其在朝鲜流传之广泛，对朝鲜文坛影响之深刻。

从用韵方面来看，在这18篇仿作中，有15篇和王粲原作押了相同的韵，都是用忧、仇、洲、流、丘、畴、留、今、任、襟、岑、深、禁、音、吟、心、极、力、食、匿、色、翼、息、恻、臆、侧这 26 个字做韵脚，所属韵部都为尤、侵、职三部，且韵脚字的先后次序也相同，这一方面说明朝鲜文人次韵的严格，另一方面也可以看出朝鲜文人对原作的熟悉和喜爱程度。任相元（1638—1697）在其仿作序中写道："诗而步韵，俗矣，赋则尤不必步也。余读王粲登楼赋，爱其辞旨怆悢凄切，能叙流离羁旅之怀，令人追想，余登寒碧而吟赏之余，遂拟粲赋，仍次其韵。虽愉戚殊遇，古今异感，其托事摛辞，一也。"① 虽然知道步韵而作会落入俗套，但还是选择用原韵，朝鲜文人对王粲《登楼赋》的喜爱由此可见一斑。

　　另外，朝鲜文人也把拟作《登楼赋》当作比试才学的工具，中国文人出使朝鲜时也往往用此以展示才学。上表中《和雪霁登楼赋》《次韵祁户部太平馆登楼赋》都是朝鲜朝廷馆阁文人竞技才学的代表作品。据《虚白先生年谱》记载，朝鲜成宗七年（1475），中国明朝政府任命祁顺、张瑾为皇华使，颁诏于朝鲜，成宗任命徐居正为馆伴使，与祁顺、张瑾相互酬唱，往复发弹，略不相输，户部欲以多穷之，作登楼赋六十余韵，徐居正令洪贵达次之，洪贵达代徐公立次其韵，户部赞赏不已。② 倪谦出使朝鲜时所作《雪霁登楼赋》，起初朝鲜的馆伴文臣并没有能和韵者，后来申叔舟奉命和韵，才解了朝鲜馆伴文臣的燃眉之急。而且，在此之前，朝鲜没有文人拟作《登楼赋》，在其后，朝鲜文人的仿作才日渐增多。可以说，馆阁文人之间的文学竞技也在一定程度上推动了《登楼赋》在朝鲜的流传。

　　朝鲜文人对《登楼赋》的接受是由内而外全面性的，他们的作品无论从思想内容还是艺术形式上都对其有所借鉴，但是，任何跨文化的文学交流活动都存在"文化过滤"，即"接受者根据其自身与对象的不同文化背

---

① 〔朝〕任相元：《拟王粲登楼赋》，《恬轩集卷之三十·杂著》，《影印标点 韩国文集丛刊》第 148 辑，韩国民族文化推进会，1995，第 475 页。
② 〔朝〕洪贵达：《虚白先生年谱》，《虚白亭集续集·年谱》，《影印标点 韩国文集丛刊》第 14 辑，韩国民族文化推进会，1988，第 210 页。

景和文学传统，对交流信息作出选择、改造、移植与渗透等行为"①。朝鲜文人在吸收借鉴时并不是不加甄别的，他们在吸收借鉴《登楼赋》的过程中对其进行了创造性的转化，并赋予了它不同的文化意义。

三 《登楼赋》在朝鲜的变异

曹顺庆在比较文学变异学理论中指出，文学从一国传到他国，必然会面对语言翻译以及接受方面的变异等问题，会产生文化过滤、误读或翻译上的"创造性叛逆"，甚至发生"他国化"的变异，而这些都是文学流传、影响和接受中不可回避的变异现象。②在朝鲜，《登楼赋》和"王粲登楼"的典故就发生了变异，这种变异在诗歌中主要体现在意象的感情色彩上，即朝鲜文人对王粲在其中抒发的感情提出了异议，而在辞赋中的变异则比较明显，朝鲜文人的仿作从内容到形式都发生了一系列的改变，呈现出"他国化"的现象。

（一）丁宁莫赋登楼赋

王粲在《登楼赋》中抒发的情感真挚感人，读后令人动容，但正如皎然在《诗式》中所说："夫诗人之诗初发，取境偏高，则一首举体便高，取境偏逸，则一首举体便逸"③，王粲在《登楼赋》中所抒发的感情虽然情真意切，但缺少这种高格，没有洒脱豪放的胸怀和气概。朝鲜的诗人便看到了这一点，在诗作中对王粲所抒发的感情提出了不同的看法。

朝鲜著名文人柳方善（1388—1443）在《呈西坡子》一诗中写道：

> 出处曾闻自有时，百年身事付渔矶。
>
> 胸中济世经邦策，笔下吟风咏月诗。
>
> 民意久怀安石起，圣心应念子陵归。

---

① 曹顺庆：《南橘北枳》，中央编译出版社，2014，第156页。
② 曹顺庆：《变异学确立东西方比较文学合法性》，《中国社会科学报》2011年7月5日。
③ （唐）释皎然著，李壮鹰校注《诗式校注》，齐鲁书社，1986，第53页。

丁宁莫赋登楼赋，会见天书下紫墀。①

诗人在这里表达的情感与王粲截然相反。诗人虽然自己也有怀才不遇、壮志难酬的隐忧，但还是心怀天下人民，他相信只要自己像王安石一样，始终为国为民，心系国家，君主就不会忘记自己，所以他主张不要像王粲一样写《登楼赋》这样忧愁哀伤的作品，而要坚信君主会征召自己回去，为国效力，实现自己的凌云壮志。"会见天书下紫墀"一句尤其可见诗人内心的积极乐观态度。诗人李沃在离开故旧，移居新地时也写诗自我勉励：不要像王粲一样，写下那情调低沉消极的《登楼赋》，而要像杜甫一样，心系天下，并时刻以莲花为标格，保持自己内心的高洁。其诗曰："清淮异江汉，莫学登楼赋。宁少浣花酒，愿留子美句。停车秋始半，投辖岁仍暮。新居卜南江，高止近莲浦。"②

朝鲜诗人写到《登楼赋》和"王粲登楼"的典故时表达的不再是低沉消极的情感，而是积极乐观，努力报国，建功立业的雄心壮志。如诗人李贺朝送亲友的这首诗：

奉贶金姊兄北关之行③

汉家书记晋参军，幕府风流迥出群。
塞外寒光恒白雪，沛中佳气尚红云。
羁愁谩作登楼赋，壮志应须勒石文。
看取腰间雄剑在，防身且可报明君。

作者在诗中运用一系列边塞意象，如寒光、白雪、红云等营造出一种阔大豪迈的氛围，与燕然勒功的典故两相对照，表达出勉励亲友建功立业的雄

---

① 〔朝〕柳方善：《呈西坡子》，《泰斋先生文集卷之三·诗》，《影印标点 韩国文集丛刊》第8辑，韩国民族文化推进会，1990，第639页。

② 〔朝〕李沃：《和梅翁》，《博泉先生诗集卷之七》，《影印标点 韩国文集丛刊》（续）第44辑，古典翻译院，2007，第141页。

③ 〔朝〕李贺朝：《奉贶金姊兄北关之行》，《三秀轩稿卷之一·诗》，《影印标点 韩国文集丛刊》（续）第55辑，古典翻译院，2008，第505页。

心壮志，虽然诗人说"羁愁谩作登楼赋"，但反观整首诗，完全没有王粲在《登楼赋》中所表现出的羁旅哀愁，更多的是积极进取、昂扬向上的情感。

（二）古今愉戚殊相感

首先，前文已经提到，在朝鲜文人的仿作中，客居他乡，感叹羁旅哀愁的内容占了绝大多数，这说明朝鲜文人在接受《登楼赋》时看到了自己与王粲相似的境遇，而这些文人则成了王粲《登楼赋》的忠实读者。朱立元《接受美学》一书论及"读者群"："读者之间也存在着文化教养、经历、习惯、兴趣比较接近的情况，存在着审美经验的某种程度的一致性，正是这种一致性，才使不同的读者个体有可能结合成一个接受视界大体相近或相似的读者群。"① 在这里，和王粲有相似或相同经历的文人们就形成了一个读者群，他们和王粲有着心理上的共鸣，因而，他们也是王粲《登楼赋》的主要接受者和模拟者。

同时，从以上的仿作可以看出，朝鲜文人在模拟王粲《登楼赋》时，侧重点是不同的。前文已经提到，王粲在《登楼赋》中寄托的感情是复杂的，既有羁旅流离之苦、思乡怀国之殷，又有人生苦短之叹和壮志难酬之忧。而朝鲜文人在模拟《登楼赋》时则有各自的侧重点，既有客居他乡的哀愁，又有忧国伤时、系念君主，愿为国效力的决心，也有凭吊古人，抚今追昔的感叹，这是与作者的期待视野紧密相连的。童庆炳在《文学理论教程》中提出："作为接受主体的读者，基于个人与社会的复杂原因，心理上往往会有既成的思维指向与观念结构，读者这种据以阅读文本的既定心理图式，叫作阅读经验期待视野，简称期待视野。"② 朝鲜文人在这里既是读者又是作者，既是接受者又是创作者，他们的接受和创作与他们的期待视野紧密相关，他们从自己的已有经验出发来接受王粲在《登楼赋》中抒发的不同情感，进而在自己的仿作中表现出来，这是一种创造性的转化，也可以看作一种变异。

其次，从这些仿作的形式来看，在这 18 篇仿作中，有 13 篇用了

① 朱立元：《接受美学》，上海人民出版社，1989，第 179—180 页。
② 童庆炳主编《文学理论教程》，高等教育出版社，2008，第 324 页。

"兮"字,这是中国古代骚体赋的典型形式,由西汉的贾谊首倡。骚体赋不同于以铺陈排比事类的汉代大赋,更不同于以骈为体的骈赋,也不同于以文为体的文赋,而是与以"兮"字为句读的骚体辞相近。① 晋代挚虞在《文章流别论》中提出:"古诗之赋以情义为主,以事类为佐;今之赋以事形为本,以义正为助。情义为主则言省而文有例矣,事形为本则言富而辞无常,文之烦省,辞之险易,盖由于此。夫假象过大则与类相远,逸辞过壮则与事相违,辩言过理则与义相失,丽靡过美则与情相悖,此四过者所以背大体而害政教。是以司马迁割相如之浮说,扬雄疾辞人之赋丽以淫。"② 由此可知,骚体赋更适合用来表达作者内心的感情,而且骚体赋是由屈原的《离骚》衍生而来,大都是抒发怀才不遇、报国无门的牢骚和不平,但在朝鲜文人的仿作中,不仅有写自己的胸怀抱负,表明雄心壮志的作品,如《乐民楼 次仲宣登楼赋》《开云浦镇馆 次登楼赋韵》等,也有抒发隐居的愉悦闲适的内容,如任相元(1638—1697)的《拟王粲登楼赋》,这充实了骚体赋的内容,扩大了其书写题材范围,是《登楼赋》的一种"他国化"的变异。朝鲜文人在这里有意选用骚体赋的形式来对《登楼赋》进行仿作,可见其对中国古代赋作体裁的了解与熟悉程度。

在这些"他国化"的作品中,尤以任相元的《拟王粲登楼赋》更为突出,他登高作赋并不是为了抒发自己内心的不快与忧愁,而是对王粲的《登楼赋》爱不释手,才会想要对其进行仿写。正如他自己在序中所说:"余读王粲《登楼赋》,爱其辞旨怆恨凄切,能叙流离羁旅之怀,令人追想,余登寒碧而吟赏之余,遂拟粲赋,仍次其韵。虽愉戚殊遇,古今异感,其托事摛辞,一也。"③ 任相元在这篇赋中描写的都是他隐居生活的舒心惬意,以及隐居之地景色的优美,环境的清幽。"赫彤楼之高峙兮,宜因境而纾忧"在开篇便奠定了整篇辞赋愉悦欢欣的感情基调,接着,作者用大量篇幅来描写登高所见的山山水水,"观众山之駊騀兮,凿绝险而疏流,缘风磴而中辟兮,据丰茸之原丘,村庐疏而掩映兮,有来牟之腴,畴

----

① 曾枣庄:《中国古代文体分类学》,上海书店出版社,2012,第169页。
② (唐)欧阳询撰《宋本艺文类聚》卷五十六,上海古籍出版社,2013,第1539—1540页。
③ 〔朝〕任相元:《拟王粲登楼赋》,《恬轩集卷之三十·杂著》,《影印标点 韩国文集丛刊》第148辑,韩国民族文化推进会,1995,第475页。

伊山水之关情兮，余结绥以淹留"①，喜爱、愉悦之情溢于言表，虽然此时作者是因议论朝政而遭贬谪才到此地，但从这篇赋中完全看不出其内心的抑郁与忧愁，有的只是对山林乡村景色和生活的适意与喜爱。在这里，"兮"字的使用也给作品增添了朗读上的音乐感，读起来朗朗上口，并且使得声音绵长，有利于感情的抒发。

登高望远往往使人感觉到天地的开阔和自我的渺小，进而生发出无限的感慨，"天高地迥，觉宇宙之无穷；兴尽悲来，识盈虚之有数"，这会使人自然而然地陷于一种悲观失落的情绪之中。但任相元并不如此，他虽也登高望远，但并没有那种宇宙生命的忧思，而是将自我融入自然万物之中，在赋中充满对自然万物的喜爱之情，这就彻底颠覆了王粲在原作中寄寓的情感，也颠覆了人们对"骚体赋"的传统认识。

最后，也是最重要的一点，王粲的《登楼赋》主要用于表现自我内心的情怀，所抒发的情感也是个人化的，而综观朝鲜文人的仿作，多数篇目写到了忧国念君。而且，"骚体"的形式也自然而然地加强了这种情感。用屈原对国家君主的忧念、对内心的坚守来表达自己对国家和君主的忠心，借他人之酒杯浇自己之块垒，也是一种表达内心感情的策略和手段。"忠"是传统儒家意识形态的重要组成部分，朝鲜文人在对王粲《登楼赋》进行仿写的过程中，时刻强调儒家思想内容，体现了朝鲜对中华正统文化的尊崇，这是朝鲜在政治、文化层面上的自觉选择②，这一方面可以看出中国文化的影响力和辐射力，另一方面，也说明儒家意识形态在朝鲜文人心中已经根深蒂固，也难怪在中国的明朝灭亡之后朝鲜曾以"小中华"自称。

四　结语

生活方式和思想观念是文化的重要组成部分，一种生活方式或思想观念要成为传统，首先需要形成一个典范。在典范的传播过程中，接受者有

---

① 〔朝〕任相元：《拟王粲登楼赋》，《恬轩集卷之三十·杂著》，《影印标点 韩国文集丛刊》第 148 辑，韩国民族文化推进会，1995，第 475 页。
② 王国彪：《朝鲜"燕行录"中的"华夷"之辨》，《外国文学评论》2017 年第 1 期。

其不同的选择，有接受，有改造，有增益，有淘汰，这使得典范所代表的核心观念更加丰富，也使得其观念的接受者更为广泛。[①] 朝鲜文人在接受王粲的《登楼赋》时，对其进行了创造性的转化，不仅采用了"骚体赋"的形式，而且在内容上也扩大了"登高而赋"的题材范围。这一方面说明《登楼赋》在朝鲜流传广泛，被广大文人所熟知和喜爱，另一方面也说明了朝鲜文人对儒家思想文化的认同和坚守。

"登高"是一个由小空间向大空间的伸张与亢进，是人类精神力量的一种大幅度提升，所以"登高"绝不是一种简单的行为，而是映射着人类文化心理的一种文化活动。[②] 朝鲜文人与自然宇宙的关系似乎并不像中国文人那样紧密，朝鲜的国民性因受山岳、峡谷与盆地等狭小地形的影响，不像生活于广袤土地上的人民那样的旷达；[③] 因此，他们更加关心社会现实，不会出现中国文人那种"为赋新词强说愁"的情况。中国文人在登高望远时会生发出一种沧海一粟、宇宙浩瀚而自我渺小的感觉，而朝鲜文人则更加趋于现实，他们登高的所想所思时刻与他们自身眼前的处境相关联，自身乐便是乐，自身忧便是忧，而不会像中国文人那样，将自身眼前的处境与时空宇宙相结合，作天地浩渺、时光流逝的感叹，这种特质由朝鲜文人在其作品中抒发的感情单一性也可以看出来。这是中朝两个民族不同的文化审美心理造成的，也是《登楼赋》在朝鲜发生变异的主要原因。

① 张伯伟：《再论骑驴与骑牛——汉文化圈中文人观念比较一例》，《清华大学学报》（哲学社会科学版）2007 年第 1 期。

② 赵松元：《王粲登楼与登楼怀乡的传统——〈登楼赋〉的文学美学价值之新认识》，《中国韵文学刊》1996 年第 1 期。

③ 〔韩〕李丙焘：《韩国史大观》，许宇成译，台湾正中书局，1961，第 2 页。

专题资料

2019 年中华文化海外传播领域主要研究论文、专著索引

冯晓雪　张明慧　张恒军

按语：2019 年，中华文化海外传播领域取得了一系列令人瞩目的研究成果。为完整、权威地反映年度状况，我们专门设计了一个研究课题，对相关论文和专著进行系统汇编，希望为广大研究者提供第一手的权威研究文献索引，力争能使广大读者既对 2019 年中华文化海外传播领域的研究有一个全面、客观的认识，又能以最快捷的方式找到最优秀的研究成果。

一　论文

[1] 陈立生：《"一带一路"视域下文化"走出去"的逻辑理路——基于广西文化"走东盟"的实践思考》，《学术论坛》2019 年第 6 期。

[2] 王梅、杨美君：《中国印刷术对"一带一路"文化圈的影响与流变》，《出版广角》2019 年第 24 期。

[3] 周银银：《另类乡土中国形象的域外旅行与文学公共性》，《南京师范大学文学院学报》2019 年第 4 期。

[4] 张琦：《"一带一路"背景下我国对外文化传播力的提升路径》，《人民论坛·学术前沿》2019 年第 24 期。

[5] 赖文斌、温湘频：《19 世纪朱子学在英语世界的译介考略》，《中国文化研究》2019 年第 4 期。

[6] 符晓：《乔治·萨杜尔与中法电影早期交流及其电影史意义》，《北京电影学院学报》2019 年第 12 期。

［7］杨睿宇、马箫：《跨界新融合："一带一路"背景下盐文化的多元传播模式》，《盐业史研究》2019年第4期。

［8］李昕蕾：《习近平生态文明思想的国际传播及其路径优化》，《当代世界社会主义问题》2019年第4期。

［9］张建、李源、梁勤超：《"一带一路"背景下中国武术跨文化传播论析》，《体育文化导刊》2019年第12期。

［10］白亚仁、杨平：《美国汉学家白亚仁谈中国小说在英美的翻译与传播》，《国际汉学》2019年第4期。

［11］鄢宏福：《中国传统文人形象在英语世界的建构与价值观念传播——以〈儒林外史〉的传播为例》，《湖南科技大学学报》（社会科学版）2019年第6期。

［12］许钧：《浙江文化"走出去"源流及新时期对外传播路径剖析》，《湖南科技大学学报》（社会科学版）2019年第6期。

［13］姚春燕：《多元立体传播助力陕西剪纸文化走出去》，《传媒》2019年第23期。

［14］魏琛琳、袁楚林：《从陌生到会通：〈笠翁十种曲〉在英语世界的传播与接受》，《戏曲艺术》2019年第4期。

［15］赵倩：《非遗之后：周家班的"菠林喇叭"传播研究》，《艺术评论》2019年第12期。

［16］赵茜：《戏曲，何以成为主流艺术？——兼论国家艺术基金资助戏曲传播交流推广项目情况》，《艺术评论》2019年第12期。

［17］范玉刚：《现实主义电影与社会主流价值传播》，《中国文艺评论》2019年第12期。

［18］张桂红、陈健：《"一带一路"视域下中国当代艺术创作问题刍议》，《美术》2019年第10期。

［19］沈壮海、许家烨：《习近平关于新时代中华文化走向世界的实践引领》，《马克思主义理论学科研究》2019年第6期。

［20］郝然：《传播儒家思想，助推世界和平——"国际儒学论坛·2019"会议综述》，《孔子研究》2019年第6期。

［21］李季刚：《文化传播学视野下的中国志怪文化与文化产业创新》，《文

化艺术研究》2019年第4期。

[22] 王砚文：《"一带一路"视野下对外贸易与汉语传播相关性研究——评〈国际贸易实务〉》，《国际贸易》2019年第11期。

[23] 佟迅：《基于孔子学院的中华文化海外传播理念创新研究》，《艺术百家》2019年第6期。

[24] 王廷信：《中国戏曲剧种在东南亚的传播——兼论戏曲剧种跨国传播的六大法则》，《艺术百家》2019年第6期。

[25] 黄露、刘俊玲：《文明互鉴视域下粤剧在东南亚的传播论略》，《艺术百家》2019年第6期。

[26] 郭萌萌、王炎龙：《"转文化"：中国文化对外传播范式转换的逻辑与方向》，《现代出版》2019年第6期。

[27] 李丽敏：《传统更新与文化认同——中国民族管弦乐队在港、澳、台地区及海外的传播与发展》，《音乐研究》2019年第6期。

[28] 杨威：《"一带一路"视阈下中国海洋文化国际传播路径探析》，《湖湘论坛》2019年第1期。

[29] 程潇爽：《论系列纪录片〈中国面临的挑战〉的对外传播策略》，《当代电视》2019年第1期。

[30] 申唯佳：《新中国成立以来对外传播中的国家角色设定》，《河南大学学报》（社会科学版）2019年第1期。

[31] 马志霞：《新时代中国价值观国际传播的逻辑思考》，《思想理论教育》2019年第1期。

[32] 王亚文：《中国本土文学译介传播能力的提升：从走出去到走进去——以刘慈欣小说〈三体〉为例》，《中国出版》2019年第1期。

[33] 高彬、吴赟：《刘震云小说在阿拉伯语世界的传播与接受》，《小说评论》2019年第1期。

[34] 胡陈尧、刘云虹：《译与变：关于〈西游记〉海外传播路径的思考》，《小说评论》2019年第1期。

[35] 朱孝成：《〈文心雕龙〉的欧美国家传播》，《中国出版》2019年第1期。

[36] 张萱：《论社交媒体中汉语国际传播的国家安全战略——以符号传播

学视域下的"哥大门牌事件"为例》，《中国图书评论》2019 年第
1 期。

［37］李义杰：《武侠电影对中国武术文化符号的选择呈现及传播启示》，
《西南民族大学学报》（人文社科版）2019 年第 2 期。

［38］张汩：《中国文学的海外传播：译者主体视角——汉学家、翻译家蓝
诗玲访谈录》，《外语学刊》2019 年第 1 期。

［39］苏永前：《移植与借用：中国西北民间故事在中亚地区东干人中的传
播》，《民族文学研究》2019 年第 1 期。

［40］刘名扬：《"〈红楼梦〉在东亚的传播"国际学术研讨会综述》，《红
楼梦学刊》2019 年第 1 期。

［41］尹倩、曾军：《中国网络文学的海外传播：现状及其问题》，《社会科
学》2019 年第 1 期。

［42］申莉：《汉语国际传播与中国文化认同》，《人民论坛》2019 年第
1 期。

［43］熊坚：《中华龙狮文化海外传播实证研究——以新加坡为例》，《体育
文化刊》2019 年第 1 期。

［44］杨婕：《国产电视剧的中华文化传播探析》，《当代电视》2019 年
第 2 期。

［45］王敏：《跨文化语境下电影海报中的"中国图式"设计探究》，《当
代电影》2019 年第 1 期。

［46］陆地、乔小河、臧新恒：《藏族周边交往和文化传播的特点》，《当代
传播》2019 年第 1 期。

［47］王开澄：《核心价值观与文化传播中的话语创新——评〈社会主义核
心价值观与中国文化国际传播〉》，《传媒》2019 年第 1 期。

［48］朱佳妮、姚君喜：《外籍留学生对"中国文化"认知、态度和评价的
实证研究》，《当代传播》2019 年第 1 期。

［49］韩梅：《论中国纪录片解说在全球化传播中的美学建构》，《中国电
视》2019 年第 2 期。

［50］杜莹杰、杨婕：《文学经典改编剧的海外传播研究》，《中国电视》
2019 年第 2 期。

［51］包澄章：《中国与阿拉伯国家人文交流的现状、基础及挑战》，《西亚非洲》2019 年第 1 期。

［52］唐永亮、赵珍慧：《酱在中日韩三国间的跨文化传播及特点——兼谈对中国文化的启示》，《延边大学学报》（社会科学版）2019 年第 1 期。

［53］蔡明宏：《中国福建民间信仰在东南亚的传播力研究——基于"一带一路"视角》，《中央民族大学学报》（哲学社会科学版）2019 年第 1 期。

［54］王传英、田国立：《从〈史记〉的对外传播看文化自觉的多维表征》，《河北学刊》2019 年第 2 期。

［55］时闻、刘润泽、魏向清：《政治话语跨文化传播中的"术语滤网"效应与术语翻译策略反思——以"一带一路"话语传播为例》，《中国外语》2019 年第 1 期。

［56］胡作友、张丁慧：《权力话语与中国话语的建构——以〈文心雕龙〉首部英文全译本为例》，《河南社会科学》2019 年第 1 期。

［57］郑端：《跨领域多媒介的华艺西渐——"中华艺术走进西方 300 年"讨论会综述》，《上海文化》2019 年第 2 期。

［58］黄会林、杨歆迪、王欣、杨卓凡：《中国电影对中国文化欧洲传播的影响研究——2018 年度中国电影欧洲地区传播调研报告》，《现代传播（中国传媒大学学报）》2019 年第 1 期。

［59］姜可雨：《移情、反思、质疑：美食类纪录片跨文化传播的解码分析——基于一项对武汉来华留学生的质性研究》，《现代传播（中国传媒大学学报）》2019 年第 1 期。

［60］王欣：《古老与新生　会通以超胜——"当代与传统：中国文化国际影响力生成"暨中国文化国际传播研究院第九届年会综述》，《文艺研究》2019 年第 2 期。

［61］李沁、史越：《中国文化海外沉浸传播模式：以 Facebook Live 为例》，《现代传播（中国传媒大学学报）》2019 年第 1 期。

［62］胡钰、景嘉伊：《"一带一路"倡议在伊斯兰世界的传播：战略能力与文明对话》，《新闻与传播评论》2019 年第 2 期。

［63］ 朱孝成：《中国文学走出去中的文学贸易逆差探讨》，《出版广角》
2019 年第 1 期。

［64］ 杨曙、尹付：《国际传播视域下中国网络文学"走出去"策略分
析——以 Wuxiaworld 网站为例》，《传媒》2019 年第 4 期。

［65］ 胡开宝、张晨夏：《基于语料库的"中国梦"英译在英美等国的传播
与接受研究》，《外语教学理论与实践》2019 年第 1 期。

［66］ 王春晓：《文化符码·国际视野·彰显中国梦——"一带一路"题材
纪录片的跨文化传播》，《当代电视》2019 年第 3 期。

［67］ 彭贵昌：《从马来西亚独中教材〈华文〉看中国现当代文学的海外传
播》，《暨南学报》（哲学社会科学版）2019 年第 10 期。

［68］ 欧阳骞：《"一带一路"倡议国际传播的战略性议题设置》，《和平与
发展》2019 年第 5 期。

［69］ 邵滨、梁宇：《"一带一路"语言学类著作出版的现状及趋势》，《中
国图书评论》2019 年第 10 期。

［70］ 马玉梅：《中国学术著作海外传播现状与提升策略研究——以国家社
科基金中华学术外译项目为例》，《上海翻译》2019 年第 5 期。

［71］ 张步中、季思岑：《"一带一路"主题纪录片〈共筑未来〉的大国形
象塑造》，《电视研究》2019 年第 10 期。

［72］ 张颖：《影视剧助力中华文化"走出去"路径探析》，《人民论坛》
2019 年第 28 期。

［73］ 张耀军、邱鸣：《北京社科基金项目成果 "一带一路"文明之路是
构建人类命运共同体的必由之路》，《人民论坛》2019 年第 28 期。

［74］ 薛凌：《中国文化与欧美文化交流合作的现实理路》，《人民论坛》
2019 年第 28 期。

［75］ 大灵·德内·罗德里格：《从李小龙到甄子丹——非洲影迷眼中的中
国功夫》，《当代电影》2019 年第 10 期。

［76］ 龚艳：《战后香港戏曲电影的国族文化形象建构及跨境传播研究》，
《当代电影》2019 年第 10 期。

［77］ 刘小杏、申琪：《对外传播视域下〈中国文化概况〉的出版及文化传
播意义》，《出版广角》2019 年第 17 期。

［78］陈昌兴：《当代中国价值观念国际话语权的生成逻辑与建构策略》，《江西师范大学学报》（哲学社会科学版）2019 年第 5 期。

［79］王巾轩：《基于孔子学院的我国民族传统体育国际传播路径研究》，《体育文化导刊》2019 年第 9 期。

［80］宋俊华、倪诗云：《非遗保护的中国经验与中国声音——"非物质文化遗产保护的中国实践"论坛会议综述》，《文化遗产》2019 年第 5 期。

［81］张乃禹：《〈红瓦〉走红的奥秘：曹文轩作品在韩国的传播与接受》，《小说评论》2019 年第 5 期。

［82］唐桂馨：《18 世纪法国启蒙思潮与中国明清小说的传播》，《外语教学与研究》2019 年第 5 期。

［83］丁卫华：《中国生态文明的国际话语权建构》，《江苏社会科学》2019 年第 5 期。

［84］屈彤：《中国古印在日本的传播及影响》，《文化艺术研究》2019 年第 3 期。

［85］张龙、曹晔阳：《向世界讲述生态文明的中国故事——浅析电视剧〈让我听懂你的语言〉的思想艺术特色》，《中国电视》2019 年第 9 期。

［86］范波：《从〈风味人间〉看国产纪录片的跨文化传播》，《中国电视》2019 年第 9 期。

［87］魏宏君：《促进对外文化交流应坚持"三个必须"》，《人民论坛》2019 年第 26 期。

［88］刘堃：《王安忆作品在美国的译介与阐释》，《江西社会科学》2019 年第 9 期。

［89］谢婷婷、骆立：《受众理论视角下的"一带一路"话语传播——基于马来西亚华人社会回应数据库的分析》，《东南亚研究》2019 年第 1 期。

［90］于凤静、王文权：《丝路精神与中国海洋文化理念的契合性论析》，《江淮论坛》2019 年第 1 期。

［91］张磊、杨志：《从文化政治到文化贸易——20 世纪中国书籍装帧艺术海外传播的转型研究》，《编辑之友》2019 年第 3 期。

[92] 林航、原珂：《孔子学院是否促进了中医文化海外传播——基于中药材出口的实证》，《统计与决策》2019 年第 5 期。

[93] 黄鑫宇、董晓娜：《"中国特色话语对外翻译标准化术语库"数据加工标准研制》，《中国翻译》2019 年第 1 期。

[94] 魏向清、杨平：《中国特色话语对外传播与术语翻译标准化》，《中国翻译》2019 年第 1 期。

[95] 沈悦、孙宝国：《"一带一路"视阈下中国梦的多维建构与全球想象——以纪录片跨文化传播为视角》，《云南社会科学》2019 年第 2 期。

[96] 蒲瑶、陆明：《构建面向人类命运共同体的中国文化对外出版话语体系》，《中国出版》2019 年第 5 期。

[97] 杨柳：《"文化出海"背景下数字内容产业引导与监督机制探析》，《新闻爱好者》2019 年第 2 期。

[98] 刘兰兰：《"一带一路"倡议下中国文化网络传播机制构建》，《中州学刊》2019 年第 3 期。

[99] 荣新江：《纸对丝路文明交往的意义》，《中国史研究》2019 年第 1 期。

[100] 周健强：《江户时期中国小说传播的阶段特征——以〈舶载书目〉为中心》，《中国文化研究》2019 年第 1 期。

[101] 姚敏：《"大华语"视角下的汉语国际传播策略思考》，《语言文字应用》2019 年第 1 期。

[102] 关熔珍、原淼：《当代中国关键词英译与对外话语体系建设研究》，《中国文化研究》2019 年第 1 期。

[103] 王丽耘、董明伟：《〈红楼〉梦难圆——论英语小说〈红楼〉对〈红楼梦〉海外传播的危害》，《红楼梦学刊》2019 年第 2 期。

[104] 刘茹斐：《英文版〈京华烟云〉的修辞性叙事研究》，《湖北大学学报》（哲学社会科学版）2019 年第 2 期。

[105] 李牧：《"中国非物质文化遗产在北美地区的跨文化传播研究"项目简介》，《民族艺术》2019 年第 1 期。

[106] 姜智芹：《当代小说他者译介与海外接受中的意见领袖》，《山东师

范大学学报》（人文社会科学版）2019 年第 1 期。

[107] 赵卫东：《中国文化海外传播视域中"酒"的英译》，《西安外国语大学学报》2019 年第 1 期。

[108] 王学强：《中华优秀文化典籍外译何以"走出去"》，《人民论坛》2019 年第 9 期。

[109] 陈定家、唐朝晖：《网络文学：扬帆出海正当时》，《文艺争鸣》2019 年第 3 期。

[110] 孙子荀、马琛：《"当代与传统：中国文化影响力生成"国际论坛综述》，《现代传播（中国传媒大学学报）》2019 年第 2 期。

[111] 卫灵：《增强中华文化认同缘何重要》，《人民论坛》2019 年第 7 期。

[112] 张海燕：《"一带一路"建设离不开文化交流》，《人民论坛》2019 年第 4 期。

[113] 王方晗：《纹样与观念：丝绸之路与晕裥织物在东西方之间的传播》，《西北民族研究》2019 年第 1 期。

[114] 刘毅、徐莉娜：《从两类书评看中国通俗文学在英国的出版传播——以〈射雕英雄传〉为例》，《出版发行研究》2019 年第 2 期。

[115] 韩雪：《寻找中国文学海外传播的秘诀——以莫言〈师傅越来越幽默〉为例》，《出版广角》2019 年第 3 期。

[116] 邓祯：《网络文学的海外传播与中国文化形象构建》，《中国编辑》2019 年第 3 期。

[117] 李奕华：《新时代黄梅戏海外传播中的译介探究——基于多元系统理论的视角》，《安徽师范大学学报》（人文社会科学版）2019 年第 2 期。

[118] 饶曙光：《"一带一路"电影的地缘政治与文化构型》，《电影艺术》2019 年第 2 期。

[119] 战迪：《观念、身份、结构：当代中国电影对国家形象塑造的建构主义机制与路径》，《当代电影》2019 年第 2 期。

[120] 王蔚蔚：《对于"一带一路"倡议下中国电影在中亚的传播调研及对策研究——以中亚区域留学生为调查对象》，《当代电影》2019 年第 3 期。

[121] 杨歆迪、杨卓凡：《"看中国"如何讲好中国故事？——"当代与传统：中国文化国际影响力生成之'看中国'的美学表达与国际影响力"研讨会综述》，《当代电影》2019 年第 3 期。

[122] 王文中、刘平章、陈璐：《新媒体动画助力"陕元素"文化传播》，《传媒》2019 年第 7 期。

[123] 焦悦梅：《中国影视在俄罗斯的传播及建议》，《传媒》2019 年第 7 期。

[124] 陈伟军：《人类命运共同体构建与中国价值观的国际传播》，《新闻界》2019 年第 3 期。

[125] 章远：《21 世纪海上丝绸之路与中国化宗教外交构建——以中国佛教对东南亚地区交流为例》，《国际展望》2019 年第 2 期。

[126] 李沁、王雨馨：《华人华侨身份认同程度与中华文化传播行为研究》，《当代传播》2019 年第 2 期。

[127] 刘有缘、黎桂华、石爱桥：《"走出去"到"走进去"：新时代健身气功跨文化传播的思考》，《武汉体育学院学报》2019 年第 3 期。

[128] 赵敏：《符号的漂移："一带一路"视域中的玄奘符号演化及其当代价值》，《艺术评论》2019 年第 3 期。

[129] 陈梅霞：《文化"走出去"战略下中国特色词汇译介研究——基于〈中国日报〉和〈纽约时报〉的实证分析》，《新闻爱好者》2019 年第 3 期。

[130] 许文胜、方硕瑜：《国际语境下的术语翻译与中国形象建构——基于语料库的"普通话"概念词使用实证研究》，《中国外语》2019 年第 2 期。

[131] 刘利、赵金铭、李宇明、刘珣、陈绂、曹秀玲、徐正考、崔希亮、鲁健骥、贾益民、吴应辉、李泉、陆俭明：《汉语国际教育知识体系的特色与构建——"汉语国际教育知识体系的特色与构建研讨会"观点汇辑》，《世界汉语教学》2019 年第 2 期。

[132] 匡文波、武晓立：《跨文化视角下在华留学生微信使用行为分析——基于文化适应理论的实证研究》，《武汉大学学报》（哲学社会科学版）2019 年第 3 期。

[133] 贾洪伟：《〈哥伦比亚元杂剧选集〉评析及对中国文化外译的启示》，《国际汉学》2019年第1期。

[134] 时宇娇：《〈道德经〉在海外译介的原因、历史和启示》，《出版发行研究》2019年第3期。

[135] 谷慧娟：《〈论语〉英译与中国文化"走出去"》，《出版发行研究》2019年第3期。

[136] 张晓雪：《翻译说服论视角下〈论语〉英译本接受效果分析——以Google Scholar被引统计为依据》，《出版发行研究》2019年第3期。

[137] WANG《〈20世纪中国古代文化经典在美国的传播编年〉出版》，《国际汉学》2019年第1期。

[138] 党东耀：《"一带一路"背景下面向东盟的中国价值观传播对策研究》，《新闻爱好者》2019年第3期。

[139] 田伟宏：《人类命运共同体视野下提升我国意识形态话语权研究》，《学校党建与思想教育》2019年第7期。

[140] 段辉琴、陆俊：《中国国家形象对外传播的策略分析——评〈中国国家形象传播研究〉》，《新闻记者》2019年第3期。

[141] 任晓霏、张杰、陈丹蕾、刘俞君：《中国古代蒙学典籍海外传播和影响研究》，《江苏大学学报》（社会科学版）2019第1期。

[142] 高源：《明清古典文学在北欧的译介与传播——兼论汉学诠释中哲学精神对传译策略和风格的影响》，《厦门大学学报》（哲学社会科学版）2019年第3期。

[143] 谭娟娟：《贾平凹作品专题研讨会暨首届中国文学国际传播上海交大论坛综述》，《中国比较文学》2019年第2期。

[144] 陆俭明：《试论中华文化的传播》，《学术交流》2019年第4期。

[145] 喻辉、萨利·施罗德：《中国音乐世界传播的新视野——欧美一流大学中国音乐课程设置量化统计研究》，《星海音乐学院学报》2019年第2期。

[146] 殷俊、康建兵：《"一带一路"背景下中国电影对外传播的创新思考》，《西南民族大学学报》（人文社科版）2019年第5期。

[147] 张月月：《对外传播中如何讲好中国故事》，《新闻爱好者》2019年

第 4 期。

［148］郑振锋、邓科：《公共外交价值视阈下中越跨国族群信息传播研究》，《新闻爱好者》2019 年第 4 期。

［149］费周瑛、辛红娟：《〈传习录〉在西方世界的传播与研究》，《浙江社会科学》2019 年第 5 期。

［150］季进：《译介与研究》，《南方文坛》2019 年第 3 期。

［151］李宝贵、于芳：《俄罗斯汉语传播与中俄经贸合作相关性研究》，《辽宁大学学报》（哲学社会科学版）2019 年第 3 期。

［152］覃潇婧：《广西民族歌剧的对外传播与翻译策略》，《广西民族研究》2019 年第 2 期。

［153］李炜：《孔子学院中国影视文化传播现状及对策》，《华中师范大学学报》（人文社会科学版）2019 年第 3 期。

［154］吴昆：《中国地方文化的跨文化传播路径：基于北美潮汕文化的个案考察》，《新闻界》2019 年第 4 期。

［155］汪宝荣：《中国文学译介传播模式社会学分析》，《上海翻译》2019 年第 2 期。

［156］龙晓翔：《大数据时代的"大翻译"——中国文化经典译介与传播的若干问题思考》，《外国语（上海外国语大学学报)》2019 年第 2 期。

［157］沈阳：《中国科幻电影如何走向世界》，《人民论坛》2019 年第 13 期。

［158］任彩红：《传播中华优秀传统文化的五种思维方法》，《人民论坛》2019 年第 13 期。

［159］易华勇：《我国文化话语权提升的几个维度》，《人民论坛》2019 年第 13 期。

［160］杨竺松、胡明远、胡鞍钢：《中美文化软实力评估与预测（2003—2035)》，《清华大学学报》（哲学社会科学版）2019 年第 3 期。

［161］曾林姣：《"禅世界的创出：中国禅及其在东亚的传播"国际会议综述》，《世界宗教研究》2019 年第 2 期。

［162］吕冠南：《〈韩诗〉遗说在日本的保存与传播》，《北京社会科学》2019 年第 6 期。

［163］周秀杰、彭雨晴：《海上丝绸之路的闽南语出版物：溯源、传承、流播》，《出版发行研究》2019年第4期。

［164］魏李梅、朱伟建：《试析"一带一路"纪录片的价值传播策略》，《电视研究》2019年第3期。

［165］陈璃：《传播、传承与引领——中国传统技艺类纪录片的价值与文化自信》，《当代电视》2019年第5期。

［166］云海辉：《融媒体背景下微纪录片对国家形象的建构》，《当代电视》2019年第5期。

［167］孟建、史春晖：《场域与传播：中国世界文化遗产的"话语网络"》，《当代传播》2019年第3期。

［168］李红秀：《"一带一路"倡议下的新媒体公共外交：理论与实践》，《学术论坛》2019年第2期。

［169］梁昊光、李英杰、宋佳芸、朱英英：《"一带一路"建设中的体育交流与合作研究》，《首都体育学院学报》2019年第3期。

［170］鲁旭：《中医文化的海外传播与翻译》，《晋阳学刊》2019年第3期。

［171］吉云飞：《"起点国际"模式与"Wuxiaworld"模式——中国网络文学海外传播的两条道路》，《中国文学批评》2019年第2期。

［172］王青：《网络文学海外传播的四重境界》，《中国文学批评》2019年第2期。

［173］王琦：《中国出版企业外宣与重新语境化——以出版企业网页翻译为例》，《中国出版》2019年第11期。

［174］姚斌、Ursula Deser Friedman：《中文社科文献外译的挑战、对策与建议——以〈20世纪中国古代文化经典在域外的传播与影响研究〉英译为例》，《中国翻译》2019年第2期。

［175］白茹雪、孙黎明：《跨文化传播视角下纪录片对国家形象的塑造——以〈一带一路〉为例》，《中国电视》2019年第6期。

［176］李春：《文学跨国传播中的误读、减值与大众审美权问题——论路易·艾黎英译中国古诗》，《文艺理论与批评》2019年第3期。

［177］余江英：《领域汉语传播规划研究：目标与任务》，《语言文字应用》2019年第2期。

[178] 张会、陈晨：《"互联网＋"背景下的汉语国际教育与文化传播》，《语言文字应用》2019年第2期。

[179] 司显柱、赵艳明：《论对外新闻话语创新——基于中外媒体"中国梦"英语话语对比视角》，《中国外语》2019年第3期。

[180] 徐广东：《跨文化传播中术语翻译策略解析——以"公义"释义为例》，《外语学刊》2019年第3期。

[181] 切尔西·弗克斯维尔、博蓝奇：《作为视觉信息的木刻版画——日本江户时代中期中日书籍版画的传播及影响》，《美术观察》2019年第5期。

[182] 侯毅：《图理琛〈异域录〉在西方世界的传播》，《历史档案》2019年第2期。

[183] 曾琼：《本土化：中国文学作品的印度传播之路》，《西安外国语大学学报》2019年第2期。

[184] 郭彦娜：《20世纪初鲁迅作品外译实践对当下中国文学"走出去"的启示》，《西安外国语大学学报》2019年第2期。

[185] 刘云虹、胡陈尧：《论中国古典文学名著外译的生成性接受》，《外语教学理论与实践》2019年第2期。

[186] 陈立峰：《中国现当代文学在东欧的传播与接受》，《国际汉学》2019年第2期。

[187] 林晶：《妈祖文化在日本的传播研究：从变异体到共生》，《福建论坛》（人文社会科学版）2019年第5期。

[188] 刘阳：《中国网络文学对外传播的"在地化"建构：历史、现状和思辨》，《现代传播（中国传媒大学学报）》2019年第5期。

[189] 余志为、张雅倩：《国家形象的他者想象和自我建构——中日两版纪录片〈新丝绸之路〉对照分析》，《艺术百家》2019年第2期。

[190] 王晓明：《汉字艺术和汉语对外传播交流的研究》，《新美术》2019年第5期。

[191] 叶磊：《中国传统造型艺术的对日传播与回流——以古代书画艺术的中日交流为例》，《艺术百家》2019年第2期。

[192] 彭洪明：《"一带一路"背景下井盐文化的对外传播》，《盐业史研

究》2019 年第 2 期。

［193］张卫、樊佩佩、马岚：《大运河文化带建设国际性传播发展状况及策略——以江苏段为例》，《艺术百家》2019 年第 2 期。

［194］黄会林、李慧研、蔡璨：《"当代与传统：中国文化影响力生成"国际论坛综述》，《艺术百家》2019 年第 2 期。

［195］欧婧：《中国文学"蛇妖"形象在日本的传播——分析从〈白娘子永镇雷峰塔〉到〈蛇性之淫〉的变异》，《华文文学》2019 年第 3 期。

［196］许宗瑞：《中译外海外出版对中国文化"走出去"的启示——基于联合国教科文组织"翻译索引"数据库的研究》，《上海翻译》2019 年第 3 期。

［197］常爱玲：《以音乐为媒介推动齐鲁文化对外传播》，《山东社会科学》2019 年第 6 期。

［198］李宝贵：《习近平关于语言传播的重要论述及其对汉语国际传播的启示研究》，《东北师大学报》（哲学社会科学版）2019 年第 4 期。

［199］杨小凤：《中国文化对外传播的新路径探析——以人民网英文版为例》，《传媒》2019 年第 11 期。

［200］冉海涛：《国产影视作品"走出去"的生态翻译策略》，《电视研究》2019 年第 5 期。

［201］曾麟：《〈西游记〉海外影视改编与传播研究》，《当代电视》2019 年第 6 期。

［202］谭笑晗：《〈侠女〉的海外传播及其东方美学本体建构》，《北京电影学院学报》2019 年第 5 期。

［203］储常胜、高璐夷：《论中国哲学典籍译介出版的主体自信》，《出版发行研究》2019 年第 6 期。

［204］龙鸿祥：《〈先锋报〉与长征的早期海外传播》，《江西社会科学》2019 年第 4 期。

［205］项久雨：《"一带一路"视域下中国价值观国际传播的三重向度》，《思想理论教育》2019 年第 7 期。

［206］李雪梅：《〈毛泽东选集〉海外传播的历程及启示》，《国外社会科学》2019 年第 3 期。

[207] 王俊鹏、陶喜红、张怀成:《"一带一路"倡议下体育外交的价值与发展策略》,《体育文化导刊》2019 年第 6 期。

[208] 李柏、夏晚莹:《"一带一路"背景下我国体育小镇文化传播研究》,《沈阳体育学院学报》2019 年第 3 期。

[209] 陈刚:《"一带一路"倡议中体育的历史使命与行动路径研究》,《成都体育学院学报》2019 年第 3 期。

[210] 靳风华、艾士薇:《刘醒龙作品在法国的传播与接受》,《小说评论》2019 年第 4 期。

[211] 顾文艳:《北岛在德语世界的传播与接受》,《扬子江评论》2019 年第 4 期。

[212] 杨瑞玲:《传播学视域下中国文学海外翻译出版偏差与矫正》,《中国出版》2019 年第 13 期。

[213] 布小继、张敏:《现代汉英双语作家笔下的中国故事和中国形象》,《云南师范大学学报》(哲学社会科学版) 2019 年第 4 期

[214] 郭彧斌、彭萍:《从传播效果看西藏时政外宣翻译》,《西藏民族大学学报》(哲学社会科学版) 2019 年第 3 期。

[215] 陈清洋、黄瑞璐:《市场细分与渠道拓展:中国电视剧海外市场化推广布局研究 (2013—2018)》,《中国电视》2019 年第 7 期。

[216] 任迪、姚君喜:《外籍留学生媒介使用与中国文化认同的实证研究》,《西南民族大学学报》(人文社会科学版) 2019 年第 9 期。

[217] 于小博、陈墨白:《基于手机游戏的中国传统文化海外传播分析——以马来西亚为例》,《中国教育学刊》2019 年第 7 期。

[218] 胡桑、徐宜修:《搭建学界译界沟通平台　助力中国文学海外传播——"中国现当代文学在海外的译介与接受国际研讨会"综述》,《外语研究》2019 年第 3 期。

[219] 王倩、张绪忠:《影响中国文学外译因素的辩证考察》,《文艺争鸣》2019 年第 7 期。

[220] 刘江凯:《世界经典化视野下的中国当代文学海外传播研究反思》,《文学评论》2019 年第 4 期。

[221] 赵永亮、葛振宇:《汉语文化传播与"中国制造"的海外影响力》,

《南开经济研究》2019 年第 3 期。

[222] 丰子义：《中国文化如何走向世界》，《前线》2019 年第 6 期。

[223] 王启涛：《道教在丝绸之路上的传播》，《西北民族大学学报》（哲学社会科学版）2019 年第 4 期。

[224] 金一：《中韩两国现代文学中社会主义现实主义文学理论之比较——以 20 世纪三四十年代的文论为中心》，《东疆学刊》2019 年第 3 期。

[225] 张晓蒙：《我国网络文学海外输出路径研究》，《出版科学》2019 年第 4 期。

[226] 康继军、张梦珂、黎静：《孔子学院对中国出口贸易的促进效应——基于"一带一路"沿线国家的实证分析》，《重庆大学学报》（社会科学版）2019 年第 5 期。

[227] 张永凯：《"一带一路"背景下少数民族传统音乐的海外形象塑造与国际传播力提升研究》，《贵州民族研究》2019 年第 5 期。

[228] 阴艳、付妍妍：《文化适应框架：中国影视文化在韩国传播的有效路径》，《传媒》2019 年第 12 期。

[229] 余传友：《影像外交：对"一带一路"语境下央视大型纪录片的解读》，《电视研究》2019 年第 6 期。

[230] 李姝慧：《国家形象宣传片中的声音研究》，《当代传播》2019 年第 4 期。

[231] 刘堃：《梦魇叙述、自我意识与女性主义：残雪在美国的译介与接受》，《海南大学学报》（人文社会科学版）2019 年第 4 期。

[232] 鲁旭：《经典文学打开世界之窗——中国现代文学在俄罗斯的传播与接受》，《江汉论坛》2019 年第 7 期。

[233] 颜敏：《华文文学的跨语境传播研究：对象、问题与方法》，《暨南学报》（哲学社会科学版）2019 年第 6 期。

[234] 谭林茂：《领土争端报道与我国国际传播策略探讨——以印越菲日媒体为例》，《亚太安全与海洋研究》2019 年第 4 期。

[235] 杨威、张秀梅：《"一带一路"沿线国家中华文化国际传播路径探赜——基于思想政治教育的分析视角》，《思想政治教育研究》2019

年第 2 期。

［236］吴献举：《经济全球化背景下国家形象跨文化传播的路径选择》，
《中国出版》2019 年第 12 期。

［237］姜飞、张楠：《中国对外传播的三次浪潮（1978—2019）》，《全球
传媒学刊》2019 年第 2 期。

［238］李彦：《新时代国家形象的塑造与传播》，《人民论坛》2019 年第
17 期。

［239］徐晓红、白蓝、向伟、李端生：《“一带一路”与中国西部少数民族
文化传播关系及意义——以中国西部少数民族文化在加拿大的传播
为分析点》，《吉首大学学报》（社会科学版）2019 年第 S1 期。

［240］董刚、金玉柱：《从“走出去”到“走进去”——中国武术国际传
播的理念迭代与路径选择》，《天津体育学院学报》2019 年第 4 期。

［241］王晓跃、韩红章：《新时期对外传播人才培养的“三个意识”》，
《传媒》2019 年第 12 期。

［242］王晓娟：《中国电视剧对俄传播现状与策略》，《中国电视》2019 年
第 8 期。

［243］张阿利、王璐：《“一带一路”电影样态生成与中国电影对外传播话
语体系重构》，《艺术评论》2019 年第 8 期。

［244］司达、赖思含：《中国大陆纪录片的海外传播特征——基于日本山
形国际纪录电影节参展影片的定量研究》，《艺术评论》2019 年第
8 期。

［245］刘鹏宇：《中俄文旅交流视觉形象设计中的中国文化映射》，《艺术
评论》2019 年第 8 期。

［246］关韶峰、许正林：《“佛教初传中国”学说对中国文化对外传播的启
示》，《中国宗教》2019 年第 7 期。

［247］吴春燕：《日本中世禅僧对中华道教文化的认同与传播》，《郑州大
学学报》（哲学社会科学版）2019 年第 4 期。

［248］辛文：《〈道德经〉视域下的“人类命运共同体”思想》，《中国出
版》2019 年第 15 期。

［249］褚苑苑：《中国音乐剧全球传播的价值认同研究》，《现代传播（中

国传媒大学学报)》2019 年第 7 期。

[250] 谢程程：《着力提升儒学文化的国际影响力》，《人民论坛》2019 年第 22 期。

[251] 李伟：《"一带一路"文化交流的差异性与包容性》，《人民论坛》2019 年第 22 期。

[252] 闻竞：《中华文化如何在国际舞台重放光彩》，《人民论坛》2019 年第 23 期。

[253] 吴玥璠、刘军平：《小议〈射雕英雄传〉英译本的海外热销》，《出版广角》2019 年第 14 期。

[254] 刘颖：《中国文学译介出版的生产场域与译介模式——以〈文心雕龙〉英译为中心的考察》，《出版广角》2019 年第 14 期。

[255] 王丹红：《文化自信视域下中国网络文学海外传播的路径探析》，《出版广角》2019 年第 14 期。

[256] 尤达：《从文化输出到文化认同——浅析网络文学海外受众身份认同的构建过程》，《编辑之友》2019 年第 8 期。

[257] 何明星：《中国当代文学的世界影响评估研究——以〈三体〉为例》，《出版广角》2019 年第 14 期。

[258] 江锦年、张昆：《全球语境下中国文学海外传播的发展路径分析》，《出版广角》2019 年第 14 期。

[259] 蒋海军、童兵：《基于 5W 传播模式的中国文学海外传播研究》，《出版广角》2019 年第 14 期。

[260] 汤天甜、温曼露：《讲好中国故事：中国文学借船出海的传播策略》，《出版广角》2019 年第 14 期。

[261] 汪云霞：《论俞铭传诗歌的传播及其"世界性"意义》，《东岳论丛》2019 年第 7 期。

[262] 张经武：《中国文学在东南亚传播的历史脉络与多元路径》，《东岳论丛》2019 年第 7 期。

[263] 刘慎军：《汉语国际教育出版业的海外传播力提升对策研究》，《出版广角》2019 年第 14 期。

[264] 黎明婉：《浅谈中国纪录片的国际传播策略》，《传媒》2019 年第

15 期。

［265］肖林、李炫锡：《中国风动画片的跨文化传播——以"中国唱诗班"系列动画为例》，《出版广角》2019 年第 14 期。

［266］庄宇：《1950 年代中国戏剧在苏联的传播》，《俄罗斯文艺》2019 年第 3 期。

［267］徐百灵、李小琴：《我国科幻电影的对外传播——以〈流浪地球〉为例》，《出版广角》2019 年第 13 期。

［268］李畅、万婷：《人类命运共同体思想对外传播的视像化建构理路研究》，《新闻界》2019 年第 8 期。

［269］白文刚：《美国的"衰落焦虑"与中国对美传播的话语创新》，《现代传播（中国传媒大学学报）》2019 年第 7 期。

［270］唐润华、曹波：《人类命运共同体视阈下中国对外话语体系的时代特征》，《现代传播（中国传媒大学学报）》2019 年第 7 期。

［271］袁媛、卢鹏、韩昀：《中华优秀传统文化对外传播实践路径探索——基于华侨大学"华文星火"中华文化海外传播实践项目》，《思想教育研究》2019 年第 7 期。

［272］范波：《从〈风味人间〉看国产纪录片的跨文化传播》，《中国电视》2019 年第 9 期。

［273］刘云虹：《关于新时期中国文学外译评价的几个问题》，《中国外语》2019 年第 5 期。

［274］罗选民：《大翻译与文化记忆：国家形象的建构与传播》，《中国外语》2019 年第 5 期。

［275］李玮、熊悠竹：《中华价值观在俄罗斯》，《中国文化研究》2019 年第 3 期。

［276］王秀丽、梁云祥：《日本人眼中的中国文化》，《中国文化研究》2019 年第 3 期。

［277］陈琰：《叙事策略、国家形象与价值传播——2018"一带一路"国际电影系列的文本内外》，《南京艺术学院学报》（音乐与表演）2019 年第 3 期。

［278］魏佳：《讲好"本国故事"的电影视域——2018"一带一路"国际

电影系列的话语框架建构》，《南京艺术学院学报》（音乐与表演）2019 年第 3 期。

[279] 赵立敏：《跨文化传播理解的实现路径：以中国儒释道文化沟通为例》，《宁夏社会科学》2019 年第 5 期。

[280] 刘冰琳：《秦腔"走出去"之译者认知对秦腔译介内容制约研究》，《外语教学》2019 年第 5 期。

[281] 白蓝：《新时代武术文化对外翻译的瓶颈与对策》，《西安体育学院学报》2019 年第 5 期。

[282] 朱玲：《中国昆剧英译的现状、问题与对策》，《外语教学》2019 年第 5 期。

[283] 范敏：《新时代〈论语〉翻译策略及其传播路径创新》，《西安外国语大学学报》2019 年第 3 期。

[284] 顾文艳：《中国现代文学在德语世界传播的历史叙述》，《中国比较文学》2019 年第 3 期。

[285] 吴赟、顾忆青：《中国网络文学在英语世界的译介：内涵、路径与影响》，《中国比较文学》2019 年第 3 期。

[286] 代慧婷：《汉语国际推广中的中国文化传播研究——评〈汉语文化国际传播实践与推进策略研究〉》，《新闻记者》2019 年第 9 期。

[287] 张周洲、陈越：《中华文化国际传播多元化路径探析》，《人民论坛》2019 年第 25 期。

[288] 谢瑾：《中国电影海外传播的经验分析——以电影〈长城〉为例》，《传媒》2019 年第 17 期。

[289] 王巾轩：《基于孔子学院的我国民族传统体育国际传播路径研究》，《体育文化导刊》2019 年第 9 期。

[290] 吴喜：《论人类命运共同体与中国文化对外传播》，《河南大学学报》（社会科学版）2019 年第 6 期。

[291] 贾颖妮：《从马华文学论争看中国文学的海外传播》，《东南学术》2019 年第 6 期。

[292] 刘泽青：《孙过庭〈书谱〉英译本比较及其海外传播探究》，《出版

发行研究》2019 年第 10 期。

［293］陈丹：《视觉传播如何构建国家形象——基于 2022 年北京冬奥会申奥片的分析》，《传媒》2019 年第 19 期。

［294］卓宏勇：《"一带一路"倡议下的文化传播研究》，《传媒》2019 年第 20 期。

［295］佟延秋：《融媒体时代中国文化的纪录片国际传播》，《电影评介》2019 年第 Z1 期。

［296］石嵩、丁明瑾：《崛起与创新：改革开放以来中国电影的北美传播》，《电影评介》2019 年第 Z1 期。

［297］王艳玲、冯译萱：《"一带一路"视阈下的中俄影视文明互鉴》，《电影评介》2019 年第 Z1 期。

［298］武恒、巩杰：《中国电影在丝绸之路沿线国家的传播空间建构》，《电影评介》2019 年第 Z1 期。

［299］姜婷：《戏曲对外传播的跨文化障碍研究——评〈中国古代戏曲考信与传播研究〉》，《炭素技术》2019 年第 6 期。

［300］王东、张策：《〈流浪地球〉对中国国家形象的建构》，《电影文学》2019 年第 24 期。

［301］高山湖：《川剧跨文化传播剧目的来源与选择探究》，《四川戏剧》2019 年第 11 期。

［302］周隽：《美食纪录片与中华饮食文化的传承与交流——以系列美食纪录片〈舌尖上的中国〉为例》，《美食研究》2019 年第 4 期。

［303］郑卫新、周昱：《文化认同理论下中华民族音乐文化的国际传播探讨——评〈中华民族音乐文化的国际传播与推广〉》，《林产工业》2019 年第 12 期。

［304］徐和建：《讲好中国故事：主流媒体微纪录片的场域、视角与叙事》，《新闻与写作》2019 年第 12 期。

［305］于越、张海、王潇：《借助中华优秀传统文化符号传播新时代中国国家形象——评〈中国国家形象与文化符号传播〉》，《新闻与写作》2019 年第 12 期。

［306］李灿、罗玉成：《汉语典籍的编译、教学与传播方式探究——评林

语堂〈孔子的智慧〉》,《高教探索》2019年第12期。

[307] 刘雯、覃哲:《推动服务国家战略的周边传播研究共同体建设——第二届中国周边传播论坛综述》,《中国广播电视学刊》2019年第12期。

[308] 孟夏韵:《"一带一路"倡议下中国文化在拉美的传播路径及其改善》,《江苏大学学报》(社会科学版)2019年第6期。

[309] 毛剑杨:《构建人类命运共同体语境下中国体育外交的价值、面临挑战及其应对策略》,《广州体育学院学报》2019年第6期。

[310] 王宁:《文明交流互鉴背景下中国文史纪录片的创新表达》,《电影评介》2019年第19期。

[311] 王福来:《文化形象与时代回响:70年来中国纪录片传播影响力研究》,《电影评介》2019年第19期。

[312] 吴真:《贯云石〈孝经直解〉在日本的传播与影响》,《民族文学研究》2019年第6期。

[313] 高亢:《从文化折扣与文化增值的互动性调和看如何讲好中国故事——以电视剧〈延禧攻略〉为例》,《西南民族大学学报》(人文社会科学版)2019年第11期。

[314] 李雅、夏添:《"一带一路"背景下中亚汉语国际教育与中华文化传播机遇与挑战》,《当代教育与文化》2019年第6期。

[315] 王志强:《平行视角下的中国传统文化研究与传播——评〈中国传统文化十五讲〉》,《语文建设》2019年第21期。

[316] 沈琳琳:《中原囍文化的民俗释义与外译传播》,《河南社会科学》2019年第11期。

[317] 冉景太、陆平:《当代中国价值观念话语体系对外传播策略探讨》,《中学政治教学参考》2019年第30期。

[318] 黄海、段泽孝:《中国道路的国际传播话语体系构建研究》,《河海大学学报》(哲学社会科学版)2019年第5期。

[319] 樊小玲:《汉语教科书话语实践的功能维度与中国形象的传播》,《现代传播(中国传媒大学学报)》2019年第10期。

[320] 侯旭、刘明:《论中国跨文化传播学"交往话语权"范畴的构建》,

《外国语文》2019 年第 1 期。

［321］颜纯钧：《从文化折扣到文化对冲：新全球化与中国电影的国际传播》，《现代传播（中国传媒大学学报）》2019 年第 10 期。

［322］张经武：《传媒多元化视域下中国文学的东南亚传播》，《江苏大学学报》（社会科学版）2019 年第 5 期。

［323］赵贺：《传统文化国际传播的策略分析——以中医药文化的国际传播为例》，《青年记者》2019 年第 27 期。

［324］陆琼：《"一带一路"背景下中国影视文化的传承与传播研究》，《电影评介》2019 年第 18 期。

［325］孙秀丽、王敏、贺薪颖：《从〈茶经〉英译本看茶文化传播中词汇空缺及其对策》，《茶叶通讯》2019 年第 3 期。

［326］汪宝荣、李伟荣：《同一译介传播模式下的译作传播影响力差异社会学分析——以〈红高粱家族〉〈酒国〉为例》，《外国语文》2019 年第 5 期。

［327］杨丽、盛新娣：《文化自信现实性的本质内涵与提增路径》，《中南民族大学学报》（人文社会科学版）2019 年第 5 期。

［328］钟小红：《一部视角新颖的中国古代文学传播研究新作——评〈唐代文人文学传播意识研究〉》，《语文建设》2019 年第 18 期。

［329］高歌、蔡欣：《理性的交往：中国丝绸服装文化英译与传播策略》，《丝绸》2019 年第 10 期。

［330］刘汉文：《中国电影走出去：困境透析与路径优化》，《电影评介》2019 年第 17 期。

［331］陆生发：《中国电影在泰国的传播路径与影响研究》，《电影文学》2019 年第 17 期。

［332］刘军：《加强中华文化融媒体国际传播内容构建》，《中国广播电视学刊》2019 年第 9 期。

［333］郝利强：《金庸武侠小说的电影改编与海外译介传播研究》，《电影评介》2019 年第 16 期。

［334］任金妮：《"中国英语"在国际新闻编译中的跨文化传播力》，《青年记者》2019 年第 23 期。

[335] 王建荣:《中国茶简史及其对外传播》,《文物保护与考古科学》2019年第4期。

[336] 付璐、肖永芝:《浅谈〈中华帝国全志〉对〈本草纲目〉的翻译与传播》,《中医杂志》2019年第15期。

[337] 王玉良:《当下中国军事题材电影海外传播研究》,《电影文学》2019年第14期。

[338] 郭惠琴:《中国文化的教育传承与对外传播》,《中学政治教学参考》2019年第19期。

[339] 韩东:《"5W"传播模式下侗族大歌的海外传播研究——基于"一带一路"倡议的新思考》,《四川戏剧》2019年第5期。

[340] 朱斌:《传播学视角下中国戏剧"走出去"的反思与启示——以〈牡丹亭〉英译为例》,《四川戏剧》2019年第6期。

[341] 刘彩虹:《英语学习:探索中国文化的新途径——评〈英语畅谈中国文化〉》,《当代教育科学》2019年第6期。

[342] 李宗伦:《大数据助力"一带一路"影视传播的路径》,《青年记者》2019年第15期。

[343] 耿迪、何颖、李小刚:《"一带一路"建设中体育文化国际传播的价值与策略》,《中华文化论坛》2019年第3期。

[344] 左为东:《中美篮球文化传播发展对我国篮球运动影响的分析研究》,《广州体育学院学报》2019年第3期。

[345] 骆婧:《戏曲传播与文化认同新论 以〈西厢记〉在闽南的传播为例》,《中国戏剧》2019年第5期。

[346] 杜波:《对外文化传播与文化产业国际化发展》,《青年记者》2019年第14期。

[347] 彭雁萍:《动画电影〈功夫熊猫〉的跨文化传播策略拓新》,《电影评介》2019年第9期。

[348] 唐婷、敬鹏林:《论中国故事走向东盟的影视传播路径》,《电影文学》2019年第9期。

[349] 徐翔、靳菁:《中介角色视域下我国文化国际传播效果探析——基于Twitter数据的分析》,《青年记者》2019年第12期。

［350］张丽芬：《跨文化视域下洪深在美国的传播与影响研究》，《四川戏剧》2019 年第 3 期。

［351］谭慧、李安琪：《1920 年代邵氏电影在东南亚传播中的"文化中国"建构》，《电影文学》2019 年第 8 期。

［352］郑燕芳：《〈流浪地球〉：国家文化形象的建构与传播》，《电影文学》2019 年第 8 期。

［353］肖凤翔、殷航：《向世界推介中国职教故事的逻辑理路》，《中国职业技术教育》2019 年第 12 期。

［354］王传领：《美食类纪录片〈风味人间〉的传播特质》，《青年记者》2019 年第 11 期。

［355］郭亚文、张清菡：《〈西厢记〉非英语译本在海外的译介和传播》，《四川戏剧》2019 年第 2 期。

［356］张颖、黄城倩、耿仕洁：《跨文化视域下国产影视剧对外传播策略及新思考》，《四川戏剧》2019 年第 2 期。

［357］薛晓静、肖涛、王莹莹、杨金生、刘智斌：《西医东渐对中医药国际传播的启示》，《中国中医基础医学杂志》2019 年第 3 期。

［358］朱琳：《"丝路"纪录片跨文化传播策略》，《中国广播电视学刊》2019 年第 3 期。

［359］邱敏、谢柯：《"文化走出去"之中国纪录片对外传播研究》，《电影评介》2019 年第 4 期。

［360］张梦晗、邵超琦：《"盒子里的大使"：华莱坞电影对外传播的现状审视与路径优化》，《电影评介》2019 年第 2 期。

［361］张星：《困境·路径与未来：中医药文化传播的时代影像投射》，《电影评介》2019 年第 2 期。

［362］卢洪：《主流文化传播途径的新探索——以〈战狼 2〉为例》，《电影评介》2019 年第 2 期。

［363］潘艳艳：《多模态视阈下的国家安全话语分析——以中美警察形象宣传片的对比分析为例》，《外国语文》2019 年第 1 期。

二　专著

[364] 晏青、杨威：《再访传统：中国文化传播理论与实践》，广州：暨南大学出版社，2019年12月。

[365] 谢清果：《华夏文明研究的传播学视角》，厦门：厦门大学出版社，2019年12月。

[366] 董召锋、王莉、吴佳宝：《"一带一路"倡议下中原文化建设与对外传播研究》，长春：吉林大学出版社，2019年1月。

[367] 丁超主编《20世纪中国古代文化经典在中东欧国家的传播编年》，郑州：大象出版社，2019年1月。

[368] 〔美〕伊皮法纽·威尔逊：《西人中国纪事——中国文学》，北京：五洲传播出版社，2019年1月。

[369] 〔英〕翟理斯：《西人中国纪事——中国的文明》，北京：五洲传播出版社，2019年1月。

[370] 苗春梅、周晓蕾、王光明编著《20世纪中国古代文化经典在韩国的传播编年》，郑州：大象出版社，2019年2月。

[371] 陆静：《当代中国文化对外传播》，北京：经济科学出版社，2019年2月。

[372] 刘明编著《通往文化传播之路》，北京：知识产权出版社，2019年3月。

[373] 孙宜学：《"一带一路"与中华文化国际传播》，上海：同济大学出版社，2019年3月。

[374] 衣永刚、张雪梅主编《中华文化海外传播的理论研究与实践探索》，北京：光明日报出版社，2019年4月。

[375] 谢明良：《贸易陶瓷与文化史》，北京：生活·读书·新知三联书店，2019年1月。

[376] 林施望译著《英语世界的南戏传播与研究》，北京：学苑出版社，2019年4月。

[377] 逄增玉主编《汉语国际教育与中国文化国际传播》，北京：中国传

媒大学出版社，2019 年 5 月。

［378］李建军、郭卫东、邓新、刘成、梁云：《国际理解视域下的文化传播理论与实践——以中亚孔子学院为例》，天津：南开大学出版社，2019 年 5 月。

［379］王镇：《何惧西天万里遥——〈西游记〉在英美的传播研究》，北京：人民出版社，2019 年 5 月。

［380］吉峰：《中华传统文化传播研究举隅》，北京：九州出版社，2019 年 7 月。

［381］蔡馥谣：《国际传播视角下的"中国梦"德国媒体建构研究》，北京：中国戏剧出版社，2019 年 8 月。

［382］徐翔：《中国文化国际社交媒体传播研究》，上海：同济大学出版社，2019 年 8 月。

［383］孙宜学主编《"一带一路"与文化国际传播经典案例》，上海：同济大学出版社，2019 年 9 月。

［384］〔日〕奥野信太郎：《中国文学的魅力》，王新民，姚佳秀译，上海：三联书店，2019 年 9 月。

［385］李丽娟：《妈祖文化跨语境传播的话语模式建构》，厦门：厦门大学出版社，2019 年 9 月。

［386］张恒军、吴秀峰：《中华文化海外传播：话语权、价值观与影响力——以中华老字号为中心的考察》，北京：中国社会科学出版社，2019 年 10 月。

［387］何嵩昱：《中国古代女诗人在英语世界的传播与研究》，北京：中国社会科学出版社，2019 年 10 月。

［388］凌来芳、张婷婷编《中国戏曲跨文化传播及外宣翻译研究——以越剧为例》，杭州：浙江工商大学出版社，2019 年 10 月。

［389］刘志刚：《中国文化对外话语体系与传播策略研究》，北京：中国社会科学出版社，2019 年 11 月。

［390］龙明慧：《传播学视域下的茶文化典籍英译研究》，杭州：浙江大学出版社，2019 年 12 月。

［391］邹少芳：《空间想象与文化输出：全球化语境下中国电影的跨文化

传播》，杭州：浙江大学出版社，2019年11月。

[392] 高森：《"鲁剧"传播与艺术鉴赏》，北京：中央编译出版社，2019年11月。

[393] 高永亮：《迷思与进路：中国电影国际传播效果研究》，北京：中国传媒大学出版社，2019年12月。

征稿启事

《中华文化海外传播研究》是以中国文化的海外传播为研究对象，面向全球学界的社会科学类中文刊物，创刊于 2017 年，由大连外国语大学中华文化海外传播研究中心和社会科学文献出版社联合编辑出版发行，是我国中华文化海外传播领域唯一的学术集刊。

本刊紧密贴近中华文化海外传播工作实际，着力解决中华文化海外传播中的理论和实践问题，推动构建中国风格、中国气派、中国精神和时代面貌的文化传播理论，促进中华文化海外传播实现国家战略和外交政策目标。从 2018 年起，《中华文化海外传播研究》已被中国知网（CNKI）中国期刊全文数据库全文收录。

《中华文化海外传播研究》每年出版两辑，出版时间为每年 6 月和 12 月；每期容量为 30 万字左右，本刊设"本刊特稿""名家对话""研究发布""传播战略与策略""海外汉学""汉语传播""孔子学院传播""跨文化传播""学术动态""书评"等相关栏目。论文一般以 1.5 万字左右为宜；书评一般不超过 8000 字。

一　投稿说明：

1. 稿件应为中华文化海外传播相关领域，不仅涵盖社会、历史、文化、经济等学科范畴，更着重将思想的触角延伸至人类科学的各个门类。

2. 稿件应为尚未公开发表的原创性学术作品。本刊以质取稿，特别优秀的文章字数不限。

3. 请尊重学术规范，勿一稿二投。本刊实行匿名评审和三审定稿制度，审稿周期大约 1 个月，作者可随时致电咨询。

4. 本刊不收取审稿费、版面费等任何费用，实行优稿重酬。

5. 投稿邮箱：ccoc@ dlufl. edu. cn，邮件主题格式请用"投稿工作单位姓名职称论文名",如"投稿××大学××教授海外汉学研究"。

《中华文化海外传播研究》真诚地欢迎来自全球中华文化传播学界的赐稿和监督批评。

二 联系方式：

联系电话：0411 – 86111821

联系邮箱：ccoc@ dlufl. edu. cn

联 系 人：芦思宏

联系地址：大连市旅顺南路西段 6 号大连外国语大学中华文化海外传播研究中心《中华文化海外传播研究》编辑部

邮政编码：116044

三 格式规范：

（一）论文内容基本要求

论文为尚未公开发表的原创论文。主题与内容不限，与中华文化海外传播相关研究均可。论文字数范围以 7000 ~ 12000 字为佳。所有投稿论文必须包含以下内容模块：题目（中文、英文）、摘要（中文、英文）、关键词（中文、英文）、作者简介、正文、参考文献或注释。获得科研基金资助的文章须注明基金项目名称及项目编号。论文以课题组署名须注明课题组主要成员姓名及工作单位。

（二）摘要、关键词、作者简介要求

1. 摘要：五号，宋体，字数为 200 字左右，简明扼要地陈述研究目的和结论。

2. 关键词：3 ~ 5 个词条，用逗号隔开；英文关键词词组首字母大写。

3. 作者简介：应包括姓名、出生年月、性别、民族、职称或学位、工作单位等内容，请一并附上作者的通信地址、邮政编码、E – mail、联系电话等，并列于文末。

（三）图表规范

1. 图表的标题中需加单位；图标题放在图的下方，表标题放在表的上方；图名称不需要"××图"，但是表格中的名称可加"××表"。

2. 注意图表数据和文中数据的统一。

3. 全文图表数据，统一保留小数点后一位。

4. 图表形状的选择：当图表中百分比大于100％，需要注明是多选题，或者造成该结果的原因，同时建议使用柱状图，而非饼状图。

5. 自动生成图表数据，可能会造成数据总量的出入，需要慎用，或者使用后手动检查。

（四）其他

论文中出现的英文作者或英文书名等，需翻译成中文，并在第一次出现时用括号标示英文。

例如：乌尔里希·贝克（Ulrich Beck）

图书在版编目（CIP）数据

中华文化海外传播研究. 总第四辑 / 刘宏，张恒军，
唐润华主编. -- 北京：社会科学文献出版社，2022.2
ISBN 978 - 7 - 5201 - 9704 - 5

Ⅰ. ①中… Ⅱ. ①刘… ②张… ③唐… Ⅲ. ①中华文
化 - 文化传播 - 研究 Ⅳ. ①G125

中国版本图书馆 CIP 数据核字（2022）第 024780 号

中华文化海外传播研究 总第四辑

主　　编／刘　宏　张恒军　唐润华

出 版 人／王利民
责任编辑／周　琼
文稿编辑／张静阳
责任印制／王京美

出　　　版／社会科学文献出版社·政法传媒分社（010）59367156
　　　　　　地址：北京市北三环中路甲 29 号院华龙大厦　邮编：100029
　　　　　　网址：www.ssap.com.cn
发　　　行／社会科学文献出版社（010）59367028
印　　　装／三河市尚艺印装有限公司

规　　　格／开　本：787mm × 1092mm　1/16
　　　　　　印　张：17　字　数：262 千字
版　　　次／2022 年 2 月第 1 版　2022 年 2 月第 1 次印刷
书　　　号／ISBN 978 - 7 - 5201 - 9704 - 5
定　　　价／98.00 元

读者服务电话：4008918866